本书由
中央高校建设世界一流大学（学科）
和特色发展引导专项资金
资助

中南财经政法大学"双一流"建设文库

创 | 新 | 治 | 理 | 系 | 列 |

管理会计工具与案例：
企业转型、升级与创新

王 华 著

中国财经出版传媒集团
中国财政经济出版社

图书在版编目（CIP）数据

管理会计工具与案例：企业转型、升级与创新／王华著．--北京：中国财政经济出版社，2019.12

（中南财经政法大学"双一流"建设文库创新治理系列）

ISBN 978－7－5095－9421－6

Ⅰ.①管… Ⅱ.①王… Ⅲ.①企业管理－管理会计－案例 Ⅳ.①F275.2

中国版本图书馆 CIP 数据核字（2019）第 250652 号

责任编辑：武志庆　　　　责任校对：胡永立

封面设计：陈宇琰

管理会计工具与案例：企业转型、升级与创新

GUANLI KUAIJI GONGJU YU ANLI：QIYE ZHUANXING、SHENGJI YU CHUANGXIN

中国财政经济出版社 出版

URL：http：//www.cfeph.cn

E－mail：cfeph@cfemg.cn

（版权所有　翻印必究）

社址：北京市海淀区阜成路甲 28 号　邮政编码：100142

营销中心电话：010－88191537

北京财经印刷厂印装　各地新华书店经销

787×1092 毫米　16 开　17.75 印张　286 000 字

2019 年 12 月第 1 版　2019 年 12 月北京第 1 次印刷

定价：80.00 元

ISBN 978－7－5095－9421－6

（图书出现印装问题，本社负责调换）

本社质量投诉电话：010－88190744

打击盗版举报热线：010－88191661　QQ：2242791300

总 序

"中南财经政法大学'双一流'建设文库"是中南财经政法大学组织出版的系列学术丛书,是学校"双一流"建设的特色项目和重要学术成果的展现。

中南财经政法大学源起于1948年以邓小平为第一书记的中共中央中原局在挺进中原、解放全中国的革命烽烟中创建的中原大学。1953年,以中原大学财经学院、政法学院为基础,荟萃中南地区多所高等院校的财经、政法系科与学术精英,成立中南财经学院和中南政法学院。之后学校历经湖北大学、湖北财经专科学校、湖北财经学院、复建中南政法学院、中南财经大学的发展时期。2000年5月26日,同根同源的中南财经大学与中南政法学院合并组建"中南财经政法大学",成为一所财经、政法"强强联合"的人文社科类高校。2005年,学校入选国家"211工程"重点建设高校;2011年,学校入选国家"985工程优势学科创新平台"项目重点建设高校;2017年,学校入选世界一流大学和一流学科(简称"双一流")建设高校。70年来,中南财经政法大学与新中国同呼吸、共命运,奋勇投身于中华民族从自强独立走向民主富强的复兴征程,参与缔造了新中国高等财经、政法教育从创立到繁荣的学科历史。

"板凳要坐十年冷,文章不写一句空",作为一所传承红色基因的人文社科大学,中南财经政法大学将范文澜和潘梓年等前贤们坚守的马克思主义革命学风和严谨务实的学术品格内化为学术文化基因。学校继承优良学术传统,深入推进师德师风建设,改革完善人才引育机制,营造风清气正的学术氛围,为人才辈出提供良好的学术环境。入选"双一流"建设高校,是党和国家对学校70年办学历史、办学成就和办学特色的充分认可。"中南大"人不忘初心,牢记使命,以立德树人为根本,以"中国特色、世界一流"为核心,坚持内涵发展,"双一流"建设取得显著进步:学科体系不断健全,人才体系初步成型,师资队伍不断壮大,研究水平和创新能力不断提高,现代大学治理体系不断完善,国际交流合作优化升级，综合实力和核心竞争力显著提升，为在2048年建校百年时，实现主干学科跻身世界一流学科行列的发展愿景打下了坚实根基。

"当代中国正经历着我国历史上最为广泛而深刻的社会变革，也正在进行着人类历史上最为宏大而独特的实践创新"，"这是一个需要理论而且一定能够产生理论的时代，这是一个需要思想而且一定能够产生思想的时代"①。坚持和发展中国特色社会主义，统筹推进"五位一体"总体布局和协调推进"四个全面"战略布局，实现"两个一百年"奋斗目标、实现中华民族伟大复兴的中国梦，需要构建中国特色哲学社会科学体系。市场经济就是法治经济，法学和经济学是哲学社会科学的重要支撑学科，是新时代构建中国特色哲学社会科学体系的着力点、着重点。法学与经济学交叉融合成为哲学社会科学创新发展的重要动力，也为塑造中国学术自主性提供了重大机遇。学校坚持财经政法融通的办学定位和学科学术发展战略，"双一流"建设以来，以"法与经济学科群"为引领，以构建中国特色法学和经济学学科、学术、话语体系为己任，立足新时代中国特色社会主义伟大实践，发掘中国传统经济思想、法律文化智慧，提炼中国经济发展与法治实践经验，推动马克思主义法学和经济学中国化、现代化、国际化，产出了一批高质量的研究成果，"中南财经政法大学'双一流'建设文库"即为其中部分学术成果的展现。

文库首批遴选、出版二百余册专著，以区域发展、长江经济带、"一带一路"、创新治理、中国经济发展、贸易冲突、全球治理、数字经济、文化传承、生态文明等十个主题系列呈现，通过问题导向、概念共享，探寻中华文明生生不息的内在复杂性与合理性，阐释新时代中国经济、法治成就与自信，展望人类命运共同体构建过程中所呈现的新生态体系，为解决全球经济、法治问题提供创新性思路和方案，进一步促进财经政法融合发展、范式更新。本文库的著者有德高望重的学科开拓者、奠基人，有风华正茂的学术带头人和领军人物，亦有崭露头角的青年一代，老中青学者秉持家国情怀、述学立论、建言献策，彰显"中南大"经世济民的学术底蕴和薪火相传的人才体系。放眼未来、走向世界，我们以习近平新时代中国特色社会主义思想为指导，砥砺前行，凝心聚

---

① 习近平：《在哲学社会科学工作座谈会上的讲话》，2016年5月17日。

力推进"双一流"加快建设、特色建设、高质量建设,开创"中南学派",以中国理论、中国实践引领法学和经济学研究的国际前沿,为世界经济发展、法治建设做出卓越贡献。为此,我们将积极回应社会发展出现的新问题、新趋势,不断推出新的主题系列,以增强文库的开放性和丰富性。

"中南财经政法大学'双一流'建设文库"的出版工作是一个系统工程,它的推进得到相关学院和出版单位的鼎力支持,学者们精益求精、数易其稿,付出极大辛劳。在此,我们向所有作者以及参与编纂工作的同志们致以诚挚的谢意!

因时间所囿,不妥之处还恳请广大读者和同行包涵、指正!

中南财经政法大学校长

序

我国政府提出打造中国经济的升级版，会计在经济建设中的基础作用比较重要，推动经济转型，会计大有作为。特别是管理会计，在企业管理乃至经济管理中具有基础支持和战略支撑作用。全面推进管理会计体系建设，释放管理因素在经济转型中的巨大潜力，是打造中国经济升级版的必然要求。2013年，财政部已将管理会计列入今后会计改革发展的重点方向，定调会计工作转型升级的方向就是发展管理会计，旨在全面推进管理会计体系建设，提升会计工作总体水平，推动经济更有效率、更加公平、更可持续发展，拉开了管理会计大发展的帷幕。"财务会计"到"管理会计"的转型已是大势所趋，这为管理会计的变化带来了新挑战和新契机，管理会计的理论和实践也随之发生了很大的变化，对管理会计人才的需求也逐步加大，财务决策、预测预算、规划控制等新工具直接支撑管理决策层面，从而使企业风险降到最低，实现利润最大化，换言之，管理会计能为企业创造价值、创造财富。

中国经济"升级版"的关键在于推动经济转型，而打造中国会计工作"升级版"的重点就在于大力培育和发展管理会计，加快培育我国管理会计人才，为打造中国经济"升级版"服务。2013年9月，财政部印发了《企业产品成本核算制度（试行）》，这不仅是财政部门全面推进我国管理会计体系建设的重要探索，也是财政、会计工作服务经济社会发展的重大举措。2014年，《关于全面推进管理会计体系建设的指导意见》作为全面推进我国管理会计工作的总纲，确立了建立管理会计体系的主要目标，即力争通过5—10年的努力，基本形成中国特色管理会计理论体系，管理会计人才队伍显著加强，使我国管理会计跻身于世界先进水平行列。财政部2016年发布《管理会计基本指引》，2017年发布《管理会计应用指引第100号——战略管理》等22项应用指引，2018年印发《管理会计应用指引第202号——零基预算》等7项应用指引征求意见稿，财政部会计司编写组2019年编写出版《管理会计案例示范集》。至此，我国已经初步形成了战略管理、预算管理、成本管理、营运管理、投融资管理、绩效管理、风险管理和其他领域共八大领域以管理会计基本指引为统领、以应用指引为具体指导、以案例示范为补充的管理会计指引体系。

中南财经政法大学管理会计与绩效研究所承担了多项财政部、湖北省等管理会计课题。2015年，本人承担了湖北省财政厅《管理会计理论与应用研究》子课题"管理会计案例库"。2015年11月20日，本课题在湖北省财政厅总会计师关红主持下，由中南财经政法大学会计研究所所长郭道扬教授、财政部财政科学研究所所长刘尚希、武汉大学财政金融研究中心主任吴俊培教授、中国财政杂志社副总编辑秦中艮、财政部会计司高大平处长等组成的答辩委员会进行了结题答辩，并获通过。2016年，本人承担的财政部"部部省共建项目"《管理会计指引体系与示范案例》通过验收。感谢上海财经大学潘飞教授、北京工商大学谢志华教授、中国兵器装备集团公司李守武总会计师、财政部会计司高大平处长等评审专家的宝贵意见。2018年11月，本人承担的财政部立项、中国会计学会管理的"全国会计科研课题（一般项目）"《中国管理会计指引体系研究》通过结项鉴定，鉴定结果为优秀。

2016年4—9月，根据湖北省财政厅统一部署，湖北省中央企业会计学会负责在汉中央企业管理会计的案例征集工作。我们作为专家支持团队，负责了湖北省管理会计案例评选与技术支持工作，全程参与修改的5个案例入选了财政部案例库。2019年6月，我们与协和医院联合撰写的《双维多级变动成本法在医院成本管理中的应用》案例，与葛洲坝集团联合撰写的《以流程管控为核心的投资决策体系》案例，均入选财政部会计司编写组正式出版的《管理会计案例示范集》。

同时，在中国财政经济出版社、上海交通大学出版社、西南财经大学出版社和西安交通大学出版社等单位支持下，我们出版了《管理会计》《管理会计学》《成本会计学》《成本会计指导书》等相关教材8部，开设了多门本科、硕士研究生、博士研究生、外国留学生的管理会计相关课程。2019年10月，我们获批湖北高校省级教学团队"管理会计课程群教学团队"。

结合以上多年的课题研究、案例实践和教学经验，我们研究团队经过多年的积累和整理，形成了管理会计指引和相关案例课题的系列研究成果，部分案例作为教学案例编入《成本会计》《管理会计》等相关教材。立足于企业转型、升级与创新过程中的管理会计工具应用，本书尝试性开展了以下研究：一是以传统企业转型、升级与创新进行了管理会计工具的摸索和探讨，如福耀玻璃低成本模式转型、格兰仕低成本领先模式、航天瑞祺公司的战略成本管理、贵州茅台母子品牌战略、云南白药多元化经营模式、格力电器低成本智造途径、佛山双鹤会计信息系统支持内控管控等。二是以新经济发展与创新模式进行了管理会计工具的摸索和探讨，如腾讯产品组合策略、苹果公司战略转型路径、58到家O2O平台的E+盈利模式等。三是通过管理会计工具应用案例卡片，以工具应用方法、应用点评等方式分析了8个案例卡片，提供了不同的管理会计工具在各个行业的应用情况。

本书参考了国内外大量管理会计专家和学者的著作，借鉴了诸多实务精英的丰富经验，了解了较多企业实务运作方法，吸收了诸多的有益成果。在此，我们衷心表示感谢。本书所涉及的案例通过实地调研、场景化还原、经验提炼和采用故事方式进行表述，具体展示了相关管理会计工具方法在不同行业、不同性质、不同规模单位中的应用，帮助相关人员全面理解和掌握管理会计应用指引，为单位应用相关管理会计工具方法提供参考，是广大读者学习、理解、应用不可多得的扩展阅读书籍；同时，可作为各层级财务人员、管理人员的管理会计思维提升的工具。本书的出版要感谢学校资助，感谢中国财政经济出版社会计分社樊清玉社长的鼎力支持以及孙琛认真负责的专业精神，感谢我们团队的同心合力，感谢课题合作单位、调研案例单位以及有关政府部门的积极支持。在本书撰写过程中，我们力求做到精益求精，但因水平和精力有限，书中疏漏、错误之处难以避免，敬请广大读者批评指正。

王华

2019年11月18日

目　录

第一篇　传统企业转型、升级与创新模式

案例1：中国制造低成本模式转型：福耀玻璃低成本聚焦模式　　2
　　案例概览　　2
　　1　福耀玻璃"三维一体"低成本聚焦模式与实现路径　　3
　　2　福耀玻璃"三维一体"低成本经营模式效果评价　　17

案例2：制造业低成本领先模式：格兰仕低成本领先战略　　32
　　案例概览　　32
　　1　案例背景——格兰仕企业　　33
　　2　格兰仕低成本领先战略的实施　　38
　　3　格兰仕低成本竞争优势的经验　　43

案例3：航天瑞祺公司的战略成本管理：高科技企业的应用　　46
　　案例概览　　46
　　1　案例背景——航天瑞祺科技发展有限公司　　47
　　2　A科技公司战略成本管理的实施　　48
　　3　战略成本管理的实施经验　　58

案例4： 老字号企业转型模式： 贵州茅台母子品牌战略 **61**
    案例概览   61
    1 贵州茅台母子品牌的战略与实现阶段   62
    2 贵州茅台母子品牌延伸效应   74

案例5： 老字号企业转型模式： 云南白药多元化经营模式 **88**
    案例概览   88
    1 云南白药多元化经营模式与路径分析   89
    2 云南白药多元化模式转型效果评价   102

案例6： 制造向智造转型模式： 格力电器低成本智造路径 **114**
    案例概览   114
    1 格力电器转型的案例分析   115
    2 制造向智造转型的启示和建议   128

案例7： 会计信息系统支持内控管理： 佛山双鹤内控建设之路 **133**
    案例概览   133
    1 案例背景——佛山双鹤药业有限责任公司   134
    2 佛山双鹤会计信息系统支持内控管理的实施路径   139
    3 实施经验   145

第二篇　新经济发展与创新模式

案例8： 免费产品不免费： 腾讯产品组合策略 **152**
    案例概览   152
    1 腾讯产品组合策略与盈利分析   153
    2 腾讯产品组合策略实施效果   172

案例 9： 机皇战略还是机海战略：苹果手机战略变革   **192**
    案例概览   192
        1   苹果公司机皇战略实施   193
        2   苹果公司机皇战略变革   201
        3   苹果公司战略变革效果评价   210

案例 10： O2O 平台的 E＋盈利模式：58 到家用户免费、企业收费   **222**
    案例概览   222
        1   案例企业背景——58 同城与 58 到家   223
        2   E＋下 58 到家 O2O 盈利模式的实施   225
        3   E＋下 58 到家 O2O 盈利模式的经验   230

第三篇　管理会计工具应用小案例

案例卡片一： 武钢集团间歇式生产的运用   **234**
    （一）案例背景   234
    （二）间歇式生产的运用   234
    （三）运用间歇式生产的点评   235

案例卡片二： 美国伯利恒钢铁厂作业管理的运用   **236**
    （一）案例背景   236
    （二）作业管理的运用   236
    （三）运用作业管理的点评   237

案例卡片三： 家乐福存货管理方法的应用   **238**
    （一）案例背景   238
    （二）存货管理方法的运用   238
    （三）运用存货管理方法的点评   239

案例卡片四： 美国梅森医疗中心精益生产系统的运用   **240**
    （一）案例背景   240
    （二）精益生产系统的运用   240

（三）运用精益生产系统的点评　　241

案例卡片五：中兴通讯财务共享服务中心的运用　　**242**
　　（一）案例背景　　242
　　（二）财务共享中心的建设　　243
　　（三）建设财务共享中心的点评　　244

案例卡片六：海尔集团内部控制环境的建设　　**245**
　　（一）案例背景　　245
　　（二）内部控制环境的建设　　245
　　（三）建设内部控制环境的点评　　246

案例卡片七：英国希尔顿国际酒店平衡计分卡的运用　　**247**
　　（一）案例背景　　247
　　（二）平衡计分卡的运用　　248
　　（三）运用平衡计分卡的点评　　249

案例卡片八：桂冠电力 EVA 业绩评价的运用　　**250**
　　（一）案例背景　　250
　　（二）EVA 业绩评价的运用　　250
　　（三）运用 EVA 业绩评价的点评　　251

参考文献　　252

第一篇
传统企业转型、升级与创新模式

案例1：中国制造低成本模式转型：福耀玻璃低成本聚焦模式*

案例概览

21世纪以来，人力成本和资源成本上涨，制造业全行业收益水准逐年降低，传统低成本经营模式难以为继。但是，从2011年至今，部分采用新型低成本经营模式的企业实现了盈利能力增长。汽车玻璃行业作为典型的劳动密集型产业，其面临与制造业同样的难题。总结汽车玻璃行业低成本经营新模式的关键要素和通行做法，分析行业领军企业新型低成本模式，并分析总结其效果，揭示其具体路径和可行性显得很有必要。

本书参照了"文献整理—资料收集—案例分析—总结反思"的研究思路。首先，分析汽车玻璃行业和行业内典型企业的价值链特征，厘清汽车玻璃行业低成本新模式的关键成本和路径选择。其次，总结了福耀玻璃原有低成本模式的主要特征和挑战，指出了福耀玻璃"三维一体"低成本模式主要特点。最后，以财务效果及非财务效果考察公司低成本经营模式效果，对福耀玻璃低成本经营模式做出可靠评价。

本书得出结论认为，福耀玻璃的"三维一体"低成本经营新模式体系完善，效果良好，值得其他企业全部或部分复制。福耀玻璃通过创新驱动和主攻高利润率产品提升产品附加值，通过包括柔性制造和JIT在内的先进管理模式实现生产流程节约，通过在俄罗斯和美国等地建厂实现低要素成本，三种策略相互协同，在我国制造业遇冷、汽车玻璃行业趋于饱和的情况下形成了较为完善的低

---

* 本案例由向竞杰、王华完成初稿撰写，王华进行了案例改编。

成本经营模式体系。从财务指标和非财务指标的效果评价来看，企业营运能力大大增强，财务潜力明显好转，估值提升明显，技术商用速度大大加快，产品附加值增加，公司管理效率提升，由此可知福耀玻璃的"三维一体"低成本模式对公司的日常经营具有明显的正效应。对其他汽车玻璃制造企业来说，福耀玻璃的"三维一体"低成本经营模式可供借鉴，对于中小型企业而言，应积极践行全公司层面的管理革新；对于大中型企业而言，应多运用闲置资金创新产品，开发生产线；有条件的企业，还可以将"走出去"列为企业发展的战略之一。

1 福耀玻璃"三维一体"低成本聚焦模式与实现路径

与业内许多中小规模的汽车玻璃供应商不同，福耀玻璃在实施低成本经营新模式之前就已经是行业龙头级别的企业。福耀玻璃初期凭借国内低要素成本和汽修市场的空白先发制人，其后涉足整车市场，成为国内少数本土汽车玻璃制造商之一。目前福耀玻璃实施的是"三维一体"的低成本经营模式，即产品聚焦、生产聚焦和市场聚焦相结合，形成一体化协同效应。

1.1 福耀玻璃原有低成本经营模式

福耀玻璃正式成立于1987年，在20世纪90年代逐渐成为国内汽车玻璃行业龙头，其经营优势的形成不光借力了人力成本低廉和低运输成本的优势，亦依靠其差异化的市场布局。

1.1.1 就近设厂的低要素成本策略

在21世纪以前，福耀玻璃的低成本模式主要寻求生产与分销流程的低成本。

彼时福耀玻璃公司规模较小，无法取得规模优势，且技术水平较低，无法取得较高的附加值，因此，福耀玻璃主要寻求较低的人力成本和运输成本来降低企业总开支。

福耀玻璃寻求较低人力成本的策略是将国内工厂开设于工资水平较低的区域。20 世纪 90 年代福耀玻璃的生产方式为人力密集型，而维持这种较低等生产方式的核心是我国人才市场的低人力成本。相对海外较发达国家，20 世纪 90 年代全国劳动力报酬处于全球较低水平，企业雇佣工人的支出明显小于采用自动化设备的固定资产资本投入。针对此种情况，福耀玻璃并未采取大力开发自动化设备的生产决策，而是通过大量雇佣工人，并使用人力较多的生产方式和生产技术，通过较低的用工成本拉低总体生产成本，以期获取较高利润。

福耀玻璃还采用在下游厂商工厂附近设厂的策略，以降低运输成本。依上文所述，玻璃制品的运输成本随运输距离的增长而增长，对于 20 世纪 90 年代的福耀玻璃来说，一方面其订单规模较小，无法完全将运输成本摊薄；另一方面，其市场地位较弱，尚不能将成本压力有效转嫁至下游汽车生产厂商。因此，在经营初期和中期，福耀玻璃均采用了紧靠下游制造商的策略（如表 1-1 所示），以较小的运输距离赢得较低的运输成本，从而在价格上建立竞争力。

表 1-1　　福耀玻璃工厂覆盖下游主要厂商（市场）表[①]

工厂厂址	覆盖下游主要厂商（市场）
通辽工厂	北方重汽、华北市场
长春工厂	长春一汽、东北市场
沈阳工厂	华晨汽车、金杯、东北市场
北京工厂	北京汽车、夏利汽车、一汽丰田、长城汽车
郑州工厂	郑州日产、宇通客车、郑州东风、黄淮市场
上海工厂	上海汽车、昌河铃木、吉利汽车、江铃汽车、东风悦达起亚
湖北工厂	东风汽车、江铃汽车、江淮汽车、奇瑞汽车、华中市场
福清工厂	无固定目标厂家（市场）
广州工厂	广州汽车、东风日产、海外市场
重庆工厂	长安汽车、西南市场

在实际决策中，福耀玻璃对低人力成本和低运输成本综合考量，在和车企

---

① 此表格根据长江证券研究报告《福耀玻璃，保持稳步增长的汽车玻璃龙头》整理而成。

有效对接的前提下，尽可能选取距离较近但工资水平低的城市。例如，福耀玻璃湖北工厂位于荆门，距离武汉东风沌口工业区仅一小时车程，但荆门普通工人工资水平显著低于武汉市区；郑州工厂紧邻郑州几个大型汽车生产基地，承担了较大比例的生产任务，而彼时郑州普通工人工资水平处于全国低位，设厂郑州极大地拉低了福耀玻璃的平均薪酬支出。

1.1.2 蓝海到红海的市场渗透战略

在市场决策上，福耀玻璃初期选取切入缺乏进入者、尚处于"蓝海"的售后汽修市场，取得较大规模优势后再凭借价格竞争力进入处于"红海"的整车市场，逐渐向上游的国营汽车厂渗透，最终取得我国汽车玻璃市场第一的地位。

在福耀玻璃发展初期，福耀玻璃深挖处于"蓝海"的汽修市场，以价格比较低廉的非原厂玻璃满足汽车玻璃更换需求，取得更大规模效应。20世纪90年代初，我国整车制造商由于技术限制无法与国外厂商开展大规模合作，主攻整车制造市场无法取得规模效应，低成本经营模式难以实现。但汽修市场却因原装玻璃产量较少、定价较贵等原因呈现供不应求的局面，市场对价廉物美的非原装玻璃需求强烈，因此福耀玻璃的市场重心放在汽修市场，通过大量质量中等但价格实惠的非原装玻璃赢得较高销量，实现规模效应下的低成本竞争优势。

21世纪初，福耀玻璃依赖规模优势形成的价格竞争力向上游渗透整车玻璃"红海"市场，先取得国营汽车厂订单，再逐渐积累经验拿下合资厂订单。进入21世纪，受惠于国内汽车市场行业的大发展和国外汽车厂商对国内的技术壁垒逐渐被突破，汽车生产商对于本土企业的汽车玻璃来源需求大量增加。福耀玻璃此时采取的市场策略则是先大力靠拢一线国营汽车厂，如长城、夏利、一汽等，该类型厂商的共同特点是汽车产品较低端，对质量要求不高，便于福耀玻璃积累生产经验。之后，福耀玻璃依靠整车定制玻璃的生产经验和价格优势参与竞标合资厂车型，并以过硬的质量和高效的生产速度赢得汽车生产厂家的信赖，与各大汽车厂的合作广度和深度都远超国内国际竞争对手（如表1-2所示）。

表 1–2　　主要玻璃生产商合作广度与深度对比表①

汽车制造商 \ 玻璃生产商	福耀玻璃	旭硝子	圣戈班	信义玻璃
上汽通用	✓	✓	✓	
上海大众	✓	✓		
一汽大众	✓	✓		✓
北京现代	✓	✓	✓	
东风日产	✓	✓（战略级）	✓	✓
奇瑞捷豹路虎	✓			✓（战略级）
吉利沃尔沃	✓（战略级）		✓	
一汽丰田	✓	✓（战略级）		✓
长安福特	✓（战略级）		✓	
长城汽车	✓（战略级）			✓（战略级）

1.2　福耀玻璃原有模式所面临挑战

在福耀玻璃实施改革之前，公司面临着成本上升幅度高于净利润增幅的挑战，这主要是因为要素成本、税负的上升和市场变化。2001—2009 年，公司的营业收入增速不及成本增速，其中增幅最大的是人工成本和税负成本。另外，汽车生产厂家对供应商小批量快速生产产品的能力要求逐渐提高，这也呼唤上游生产厂家的模式变革。

1.2.1　要素成本高企

在福耀玻璃，制造成本增加主要体现为人力成本的逐年增加和原辅料成本国内外价格的大幅倒挂。

福耀玻璃人力成本优势由于劳动力价格的上涨在 2005 年后不复存在。2005

---

① 此表格根据罗兰贝格报告对 2016 年汽车玻璃行业相关报告整理而成。"✓"代表有合作关系，战略级合作单独注明。

年后福耀玻璃的人力成本也出现不同程度的上涨。公司每年支付的人工成本的规模在逐年增长（如图 1-1 所示），人工成本占到总产品成本的比例也在逐年升高，逐年上升的人工成本实际上正蚕食着公司的利润。人力成本的升高有多方面的因素：首先，外出务工者工资水平的逐年提升推高了用工成本；其次，劳动力供给方的强势也推高了用工工资；最后，法规对工人最低工资标准的新规定也增加了用工成本。福耀玻璃需要采取新的方式实现低成本，以避免人力成本升高对利润空间的蚕食。

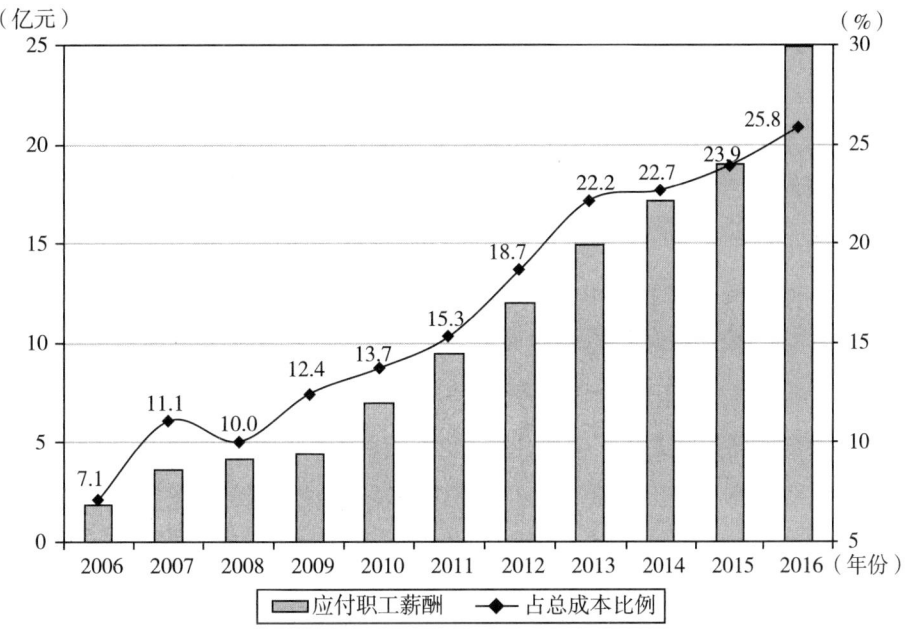

图 1-1 福耀玻璃 2006—2016 年职工薪酬支出及其占总成本比例图①

原辅料成本价格的上升对福耀玻璃原有低成本模式的挑战主要体现为纯碱、电力和燃气三种原辅料价格的成本上升：

（1）纯碱在多重因素影响下，国内价格出现较大幅度的变动。尤其是 2016 年年内，在人民币贬值、经济小幅回暖背景下，作为汽车玻璃原材料的重质纯碱价格从 1300 元/吨冲高至年底的 2200 元/吨（如图 1-2 所示），涨幅高达 70%。纯碱价格的剧烈震荡使福耀玻璃的原材料成本上涨。

---

① 此图根据福耀玻璃 2000—2016 年年报相关数据整理绘制而成。

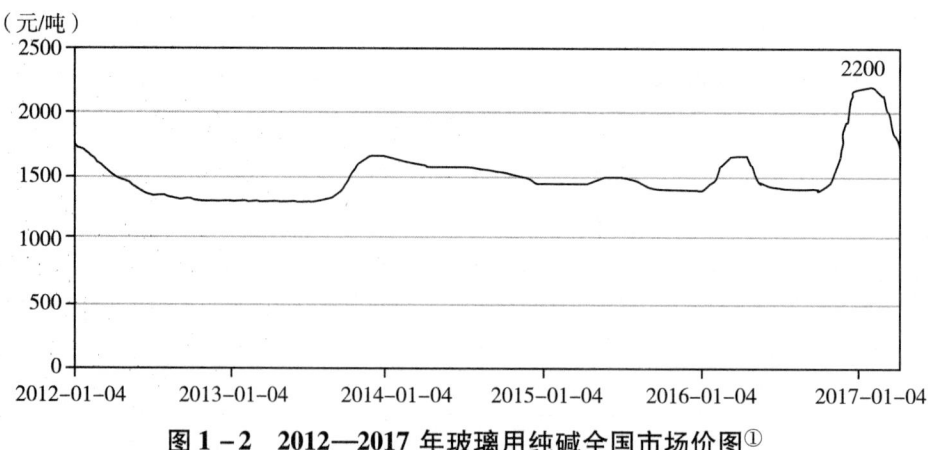

图 1-2 2012—2017 年玻璃用纯碱全国市场价图①

（2）电力价格虽长期趋稳，但国内国外价格存在较大的差异。目前海外，尤其是美国和俄罗斯相对于中国来说具有较大的能源优势，美国伊利诺伊州和俄亥俄州的电价分别只有国内的 1/4 到一半左右。巨大的价格差距使国内的相对成本较高，使用海外的电力可使福耀玻璃实现成本节约。

（3）国内天然气供给价格高且不稳定，而海外市场价格较低，海外设厂具备自然资源优势，尤其美俄等地资源优势明显。目前中国天然气储量多为海洋天然气，俗称"可燃冰"，目前开采难度较大，一般用气尚依赖 LNG② （液化气）进口，因此价格不具优势。而俄美天然气价格极低，俄罗斯气田众多，价格甚至不及国内四分之一，美国开采技术先进，天然气价格也长期处于低位。供给稳定性方面，我国天然气在冬季供暖时常常优先保障居民，工业企业断供频繁，而断供将使福耀玻璃等玻璃生产企业承受巨大支出，但美俄等地断供情况基本不发生。

1.2.2 税负逐年加重

福耀玻璃实际每年负担税费已从 2000 年的 4080 万元上升至 2015 年的 118682 万元③，上升约 28 倍，CAGR 约为 17.6%（如图 1-3 所示），而这已经大大超过了我国年平均经济增长率和行业的自然增长率。

---

① 此处为按日变动重质纯碱全国平均市场价，单位：元/每吨。数据来源：Bloomberg 工业品价格数据库。
② LNG 即 liquid natural gas，液态天然气，是汽车玻璃制造重要原料，目前我国天然气缺口的满足大量依赖 LNG 进口。
③ 按照福耀玻璃 2000—2016 年现金流量表中"本年缴纳的各项税额"减去"本年收到的各项税收返还"为口径计算实际负担税费。

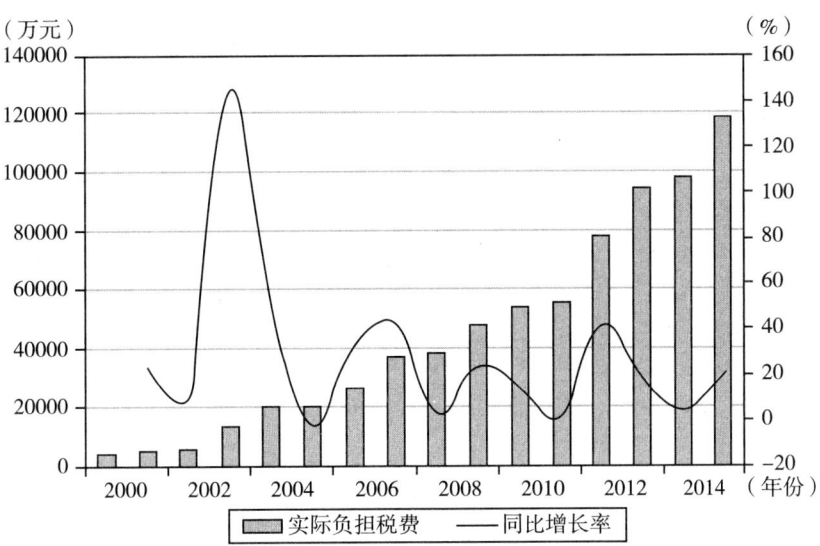

图 1-3 福耀玻璃 2000—2014 年税费及其增长率图[1]

国内税负增加和国外对本国产业的保护性税收使我国税收成本相对国外不具吸引力。一方面，就国内税负而言，我国直接税负水平较低，为 18%[2]，甚至低于某些第三世界国家，但按照"税收 + 社保基金 + 保险基金之和"为口径计算，我国税收水平高于全球平均值，这造成了福耀玻璃内销部分面临较大税负压力。另一方面，国际上某些地区对本地企业征收的税收较低，对外国进口商品税收较为严格。以俄罗斯和美国为例，俄罗斯为促进本国第二产业发展，对外国投资的本地公司实施较为宽松的税收政策，相对中国形成较大的税负差距，而美国则采取双管齐下的策略，一方面将公司税率从 35% 削减至 15%，另一方面对国外进口到美国的工业品征收更多税，也加重了福耀玻璃向美国出口玻璃的税收负担。

1.2.3 市场状况巨变

市场状况的巨大变化也使福耀玻璃原有的低成本经营模式难以维持，这主要体现在市场容量和订单特征的变化上。订单特征的变化主要体现于两点，第一点是订单数量由原先少品种大批量转变为多品种小批量，第二点是对订单产

---

[1] 此图根据福耀玻璃 2000—2016 年年报相关数据整理绘制而成。
[2] 国家统计局《中国统计年鉴（2016）》。

品的技术需求大大增强。

市场容量方面，国内汽车玻璃总体需求增长强劲，但高端需求增长迟缓，且福耀玻璃海外高端订单对福耀玻璃利润贡献不断增加。目前国内汽车市场处于高增长阶段，整车零售市场十分活跃，随之带动汽车玻璃市场放量增长。但与此同时大量新进入者拉低了普通汽车玻璃利润率，成本端压力不断增大，对厂商利润贡献不断下降。以2016年为例，福耀玻璃总体销售额增长了15%，平均售价增长了近7%。量的提升主要来自新增订单，价的提升主要在于包边、天窗、LOW-E①等高附加值产品在汽车玻璃产品中占比的提升，而高附加值玻璃大部分来自于海外订单，与国内普通玻璃订单相关性较弱，海外市场对利润的贡献大于国内市场。

订单数量上，下游厂商多品种小批量订单不断增加。目前全球汽车行业的竞争更加激烈，消费者的需求趋向多元化和个性化，全球汽车行业也已进入到了小批量、多品种的生产模式，以迎合消费者需求。以德国大众为例，2000年德国大众仅销售37种车型②，当年销量达到506万辆，平均每一种车型的销量为13.7万辆；2010年德国大众销量达到728万辆，10年里销量增长了40%左右，但车型数量达到了63种，单一车型的销量已经下降到了11.6万辆左右③。宝马的单一车型的销量也由2000年的13.7万辆降低到了2010年的10.4万辆。汽车种类的急剧变化预示着对不同形状和类型玻璃需求的增加。

订单技术含量上，全球市场对汽车玻璃产品技术含量要求不断提高，产品必须在不断更新换代的基础上降低成本。从20世纪90年代起，市场许多车型都逐步衍生出了多种高技术玻璃，改善消费者使用体验的同时增强了车辆性能。目前众多车型的高新玻璃产品已经集成了注入天线、各种电子元件、加热线等附件，以实现接收信号、提供倒车影像、防水、加热等功能，高附加值汽车玻璃产品的渗透率不断提升，市场需求正由对量的需求转化为对质的需求。

---

① Low-E，即low-eradiation，是在玻璃表面镀上多层金属或其他化合物组成的低辐射玻璃，属高附加值产品。
② 指2000年大众在售车型，包括本年新推出车型和停产在售车型，数据来源：大众汽车（Volkswagen AG）2000—2010年年报。
③ 销量统计已剔除召回车辆数字，下同。数据来源：大众汽车（Volkswagen AG）2000—2010年年报。

1.3 福耀玻璃"三维一体"低成本聚焦模式路径

福耀玻璃对原有的低成本经营模式进行了变革，通过"三维一体"的策略以规避其面临的经营挑战：其一是以创新为核心，主攻高利润率产品的产品聚焦策略；其二是采取柔性制造和 JIT 为代表的精益制造管理模式，改进生产方式，聚焦生产环节；其三是聚焦海外市场，迎合市场变革的同时寻求较低的原材料价格、税费或运输成本。得益于研发、制造和客户"三维一体"的低成本经营模式，福耀玻璃取得了较好的成本节约和市场扩展，为企业可持续发展奠定良好基础。

1.3.1 福耀玻璃路径选择影响因素

福耀玻璃选择转型路径的主要影响因素包括以下两点：

（1）市场环境因素，尤其是未来市场风向。福耀玻璃的决策包含很多因素，诸如政治环境，但其中最值得注意的是福耀玻璃的大多数决策主要针对下游和市场。这主要由于福耀玻璃目前所面临的市场增量较小，不同公司竞争较为激烈，若无法把握市场动向，优先挖掘下游端需求，公司可能将陷入经营困境，因此未来市场的方向对福耀玻璃显得尤为重要。

（2）管理者因素，尤其是最高决策者曹德旺的决策风格。福耀玻璃公司虽是集体企业转型而来，但公司从从事汽车玻璃制造和研发以来，几乎所有重大决策基本依赖公司董事长曹德旺及其治下的经营团队。曹德旺早年曾是玻璃厂采购员，之后也主管销售工作，其从业经历导致其对市场变化和产品需求较为敏感，在决策时也会多关注用户的影响，并对公司经营进行相应的修正以适应用户需要。福耀玻璃的相应转型决策大多数是针对下游做出的，而并没有体现其他制造类企业转型时出现过的对高精尖技术的极致追求或对要素成本的一味降低。

1.3.2 产品维度:创新驱动的产品聚焦策略

产品方面,福耀玻璃确立了专精于汽车玻璃产品的产品战略,同时公司还通过不断技术创新聚焦高附加值产品,维持较低成本率,实现创新型低成本模式。

经营策略层面,福耀玻璃摒弃了在市场上并不占绝对优势的其他模块,专营汽车玻璃(如图1-4所示)。改革后,福耀玻璃能够将其他模块的资金和人员投入汽车玻璃,更新更高端的生产线,开发更多的高附加值产品,从而在汽车玻璃领域与其他厂商拉开差距。2016年,福耀玻璃的收入97%为汽车玻璃销售收入,而相同时间其竞争对手该比例普遍低于50%,圣戈班更低至5%,专精程度大大低于福耀玻璃。

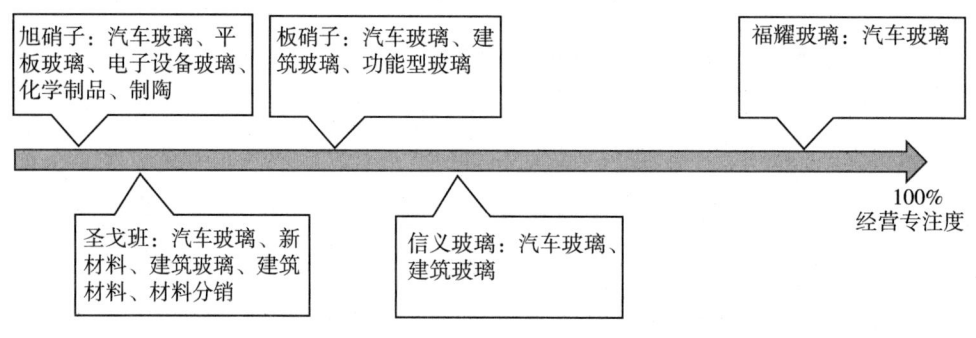

图1-4 福耀玻璃与竞争对手经营专注度对比图①

技术层面,福耀玻璃通过技术创新增加产品附加值,丰富其汽车玻璃产品线,并紧贴客户需求,增强客户黏性。福耀玻璃成立了多项新技术部门,并在中国、德国及美国共设立了四个设计中心,通过研发新产品,使自己的高价值产品始终处于尚未迈入成熟期的市场中,试图通过生产高附加值的产品,维持较低成本率,实现创新型低成本模式。公司还与汽车生产商紧密合作,配合客户的产品开发,从汽车设计到最终量产的全程同步参与设计及开发产品。同步设计和开发能力有助于公司研发出符合各配套客户要求的汽车玻璃,同时有助于公司的配套客户在早期发现潜在生产或设计问题,从而避免后期重新设计造成的额外成本。目前,在国际市场中,福耀玻璃的技术团队已经进入了具有技

---

① 此图根据旭硝子、板硝子、圣戈班、信义玻璃和福耀玻璃公司2016年年报整理绘制而成。

术壁垒的高附加值玻璃生产领域。强大的玻璃制造技术也为福耀玻璃的各项高端玻璃产品带来了附加值的极大提升,相对于售价而言,福耀玻璃的直接生产成本和研发费用摊薄在单位产品上的成本持续降低,间接地助力了福耀玻璃实现低成本经营模式。

1.3.3 生产维度:流程优化的生产聚焦策略

福耀玻璃的生产聚焦策略体现在制造流程的优化,公司在管理上采用柔性制造和 JIT 等国外先进管理模式在制造流程上节约成本,另一方面,公司通过人才制度创新保证了先进生产流程的实施,促进了企业的可持续发展。

福耀玻璃的生产聚焦策略主要体现于企业对生产方法、产品仓储和成本构成的重点优化,具体主要是柔性制造和 JIT 为代表的新型管理模式,这些创新的管理手段帮助福耀玻璃在制造环节方面节省了一定的制造成本。

公司确立了以质量为核心的业务转型升级,结合福耀玻璃自身特性,形成了 JIT 和柔性制造相结合的生产管理体系。福耀玻璃 JIT 生产模式的核心在于尽可能地降低库存,最大限度地节省库存占用资金,提高企业的竞争水平。实际运用中,福耀玻璃不通过计算经济订货量等生产类数据,而是通过缩短生产后运输的距离与时间来减轻自己的库存压力,并通过精确的计算实现生产线的流畅生产以及合理的开工时间,最大程度降低库存,真正实现需求拉动的 JIT 生产模式。而在柔性制造方面,公司利用大数据,实现智能化柔性制造,推进以数据驱动业务流程为主旨的信息化变革,加强工序建设,增强企业应对订单量波动对企业带来的影响。

福耀玻璃还通过人才制度的创新保证流程优化进展的高效和企业的可持续发展。公司积极模仿日本、欧美等先进制造类企业的管理人才培养制度,21 世纪初在公司总部建立福耀管理学院,源源不断为公司输送理论与实践素质俱佳的中层管理人才。公司还在 2009—2016 年持续进行组织变革,适配企业日益增长的经营规模。例如,工艺上无论附件、包边、天窗领域,按照项目运作模式组建跨部门团队;整合全集团信息部并改革,集中资源建设,提高服务质量。福耀玻璃还在其内部切片、包装等车间建立了项目团队,通过对出口玻璃产品综合成品率影响因素的定义、资料收集和分析,确立了生产过程中影响综合成品率的关键节点,并提出了改进方案,通过先进的管理手段实现了成品率的提

管理会计工具与案例：企业转型、升级与创新

升，节约了成本。

1.3.4　市场维度：海外扩张的市场聚焦策略

公司的市场聚焦策略目的、动机和实现方式均呈现多元化。主要目的在于贴近海外高端市场，提升公司汽车玻璃产品的盈利水平，同时海外扩张也可以降低公司各项支出。实现方式主要为在海外存在政策利好或能源优势，且贴近目标市场的区域开设新厂，这些区域主要为美俄。

福耀玻璃的海外工厂能够获取新的增长点。国内汽车玻璃市场中福耀玻璃由于市占率过高已几乎不可能再提升市占率，而境外市场则为福耀玻璃的增长带来了新动力。近几年福耀玻璃国内和国外业务的收入占比都保持在65%/35%的比例，其中国内主要是OEM（Original Equipment Manufacturer，即代工）为主，ODM（Original Design Manufacturer，即授权生产）①占比较小；而海外业务近几年OEM快速发展，ODM占比有所下降。整体来看，海外OEM的营业收入只有国内OEM市场的1/3，海外OEM市场基本是一块尚未开发的巨大市场空间，具有很大的增长潜力。

2015年，福耀玻璃美国投资取得实质进展，福耀美国伊利诺伊浮法项目顺利投产及俄亥俄州汽玻项目一期建成投产，汽车玻璃的生产能力和汽车级优质浮法玻璃协同供应能力，为整个北美汽车工业OEM及ARG②网络提供有力支持；福耀俄罗斯工厂通过各主要欧洲汽车厂认证，将作为服务俄罗斯市场和欧洲市场的主要生产基地。同时，福耀玻璃亦计划投资5300万美元在德国海德堡建设工厂，以包边等后道工序为主，2017年预计投资2000万美元左右，为奔驰、奥迪、大众、宾利和路虎等客户提供产品服务。

福耀玻璃在海外的数个项目帮助企业更好地应对了市场状况的变化，海外厂的建立使福耀与下游厂商联系更紧密，一方面，福耀玻璃可以根据客户的需求更快速地设计产品并获得反馈，另一方面产品能够快速转移至下游厂商，缩短了产品的销售周期，降低了运输成本。同时国外的项目也为福耀玻璃带来了税收和能源等成本上的节省，根据俄罗斯和美国地方政府的承诺，福耀玻璃的

---

① OEM和ODM有显著区别。OEM中品牌生产者不直接生产产品，利用自己掌握的关键的核心技术负责设计和开发新产品，控制销售渠道。ODM是一家厂商根据另一家厂商的规格和要求，设计和生产产品。
② ARG即Aftermarket Replacement Glass，该种玻璃对契合度要求较高，目前一般需要原厂生产。

几个工业项目都能享受到大幅的税收优惠,能帮助福耀玻璃节省大量的税费,而低廉的能源成本也能降低福耀玻璃产品的成本(如表1-3所示)。

表1-3 福耀玻璃国内与美国工厂相关税负与能源成本对比表[①]

税种	国内工厂	美国工厂
所得税	净利润×15%或25%	所得额×38%
总宏观税负	约37%	约26%
土地成本	约50万元/亩(50年使用权)	约2万元/亩(永久产权)
医疗保险	10%工资	2.35%工资
电力	0.56元/度	0.43元/度
天然气	平均3.6元/方	平均0.91元/方
借贷成本	最低6%	最低2.5%

1.3.5 "三维一体"一体化协同模式

福耀玻璃的"三维一体"低成本经营模式取得了较好的成效。近几年福耀玻璃在国内汽车玻璃的市场份额稳步提高,其生产规模已不是其他国内汽车玻璃生产厂商可比。自1993年上市以来,先后与国内国际一线汽车生产商建立OEM供货关系,营业收入连续21年实现快速增长,CAGR达到22.9%,而公司独特的低成本经营模式对福耀玻璃的高增长贡献巨大,使其不论在产品价格,还是产品的技术内涵方面都更具竞争力。

福耀玻璃"三维一体"低成本经营模式具备以下两个不同于其他企业低成本模式的特点:

(1)相对于其他企业,福耀玻璃"三维一体"低成本经营模式中三种策略有很大的协同性。

市场聚焦协同产品聚焦。分销产品需要以庞大市场为依托,福耀玻璃的高技术玻璃也需要以面向高端的市场作为分销对象。福耀玻璃通过产品聚焦策略技术创新出了具有高附加值的新技术产品,但高毛利的实现依赖庞大的青睐高技术的市场来消费大笔产能,而针对欧美俄的市场聚焦则很好地解决了这一问

---

① 美国能源价格换算至人民币取1USD=6.5CNY。此表格根据中国国税总局年度报告、美国财政部年度报告、波士顿咨询报告《中国制造成本已接近美国》整理编制而成。

题。欧美市场对高端的大量需求能够消化高端产能,而海外设厂等措施的实现则很好地将产能从国内转移至海外。

产品聚焦协同生产聚焦。福耀玻璃生产聚焦的主要关注点在于柔性制造和JIT,这需要生产线对外部反应具备良好的反应能力,而快速反应能力建立于对产品的高度专注上。而产品聚焦策略很好地解决了产品专注的问题,福耀对于汽车玻璃的产品专一使其获得了钻研生产线的精力和财力,更好地优化生产流程。

(2) 福耀玻璃的低成本经营模式帮助公司全方位地提升了商业价值,实现了全价值链的高价值创造。一般的汽车玻璃生产企业价值创造模式较传统,价值创造大部分来源于加工制造,在"微笑曲线"中呈现纺锤形(如图1-5所示),虽然短期内可以利用劳动力的低成本获得较大价值增值,但经营模式不可持续。

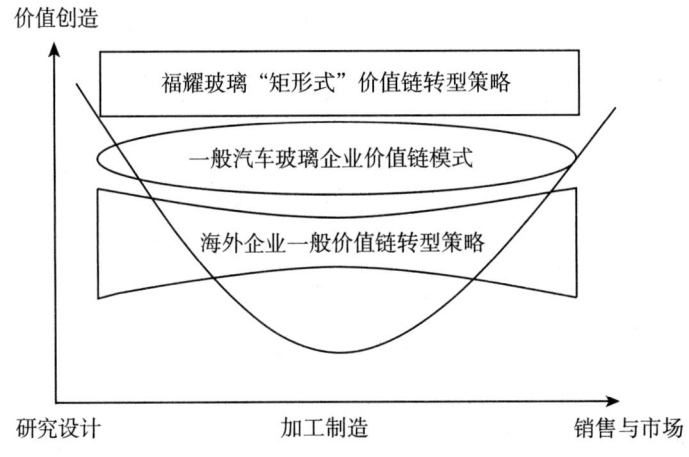

图1-5 福耀玻璃价值链转型示意图

从事汽车玻璃制造的外企寻求的是"哑铃型"的转型策略,将业务和价值创造的重心转移至研究设计和销售品牌等利润空间较大领域,该种模式一定程度上牺牲了加工制造的能力,不利于全价值链的产品线管控。而福耀玻璃的低成本经营模式转型体现于全流程的价值创造,不仅涉足研发和销售等高利润环节,更通过海外设厂强化自身影响力,还利用多种方法加强制造环节的价值创造,不仅有利于福耀玻璃保留成熟化产品的竞争优势,维持其产品线完整,也有利于通过全价值链扩展的制造模式取得更高价值链管控力,从而创造更高企业价值。

2 福耀玻璃"三维一体"低成本经营模式效果评价

福耀玻璃的低成本经营模式对公司产生了较好的正面效果,这主要分为财务和非财务两方面:财务角度,公司的营运能力、财务潜力和估值指标都有较好的改善;非财务角度,公司产品线更加完善,市场地位稳固,管理和技术创新得到合理维护。低成本经营模式很好地帮助福耀玻璃在较为疲软的市场中仍享有价值链优势,成为全球汽车玻璃产销的风向标。

2.1 福耀玻璃"三维一体"低成本经营模式总体效果

福耀玻璃为实现低成本经营模式而推行的数项举措使公司获益巨大,这主要体现在创新和流程优化带来的核心竞争力和海外设厂带来的经营优势两方面。

创新驱动的战略使福耀玻璃的技术水准远远领先于同业竞争者,形成了差异化的高新技术产品,牢牢掌控价值链研发前端。福耀玻璃全公司层面不断地创新令公司的技术积累十分超前,产品技术含量不断提高,议价优势更加明显,市场优势地位持续稳固,全球市场占有率不断攀升,企业正逐渐向高端制造迈进,推出高附加值产品。

流程优化为企业节省了大量费用,帮助企业掌控传统制造企业价值链中段优势。流程优化所形成的成本节约也开始逐渐显现,2008 年公司的销售成本率为 72.49%,而 2015 年为 58.48%,比低成本经营模式变革前降低 14.01 个百分点,2016 年继续降低,为 58.04%。

海外设厂举措降低了企业的制造成本,同时令企业获取了更多的海外订单,帮助实现了收入的增长,控制价值链销售部分。从成本来看,福耀玻璃在海外的实践表明，美国的土地成本比中国要低廉许多，而电力、油气的成本的节省也十分可观，美国工厂在同等生产条件下比中国工厂盈利能力高出 10% 左右。从产能来看，预计 2017 年，美国将投产 230 万套，其中 5 月份实现盈亏平衡，6 月份开始盈利；俄罗斯外部政治环境逐渐转好，汽车玻璃工厂开始步入良性发展轨道，保守预计投产 50 万套，合计 280 万套。并且，福耀玻璃是在受下游大众、通用等长期合作伙伴之邀的前提下在俄罗斯、美国建厂，目前，美国工厂已拿到了包括福特和通用等美国各大下游客户订单，俄罗斯工厂订单亦非常充足，所有新增产能均未被闲置。

2.2 福耀玻璃"三维一体"低成本经营模式财务效果评价

福耀玻璃低成本经营模式的财务效果主要体现在营运能力、财务潜力和公司估值三个方面。2009 年后，福耀玻璃相对于行业内其他公司取得了更为快速的增长、更高的毛利率和更低的杠杆水平。低成本经营模式改革后，公司的总资产增长和现金流增长速度稳健，帮助企业获取了不断的内生力量。公司的经营模式改革亦取得了投资者的认可，公司估值不断被推高。

2.2.1 营运能力效果评价

福耀玻璃实施低成本经营模式改革后，企业整体的营运能力提升明显，这主要体现在公司销售收入、毛利率、销售净利率的提升和财务杠杆的下降。

福耀玻璃高于业界平均水平的销售增长率一定程度上显示了低成本模式改革流程优化和创新驱动的优越性（如图 1-6 所示）。2009 年以前，福耀玻璃的主营业务收入增长率虽维持了较高的水准，但受国内市场滞涨影响，自 2006 年开始逐年下滑，至 2009 年仅为 6.4%，处于市场平均水准，位于历史低位。2009 年以后，福耀玻璃提出了以柔性制造和面向海外为主的经营模式，海外市场的打开极大程度上助力了福耀玻璃的营收增长，公司 2010 年营业收入增长率高达 40%，2011 年后虽有下滑，但总体仍保持了 10% 左右的增长率，且这主要是由于福耀玻璃此时销售收入基数庞大,以及行业总体面临需求增长缓慢的局面。同期其他汽车玻璃制造企业,销售收入平均增长率为3%左右,甚至有企业出现负增长,对比之下充分说明相对于行业内其他企业而言,福耀玻璃的战略的确收到了较好的效果,不仅帮助福耀玻璃突破了自身收入增长的平台期,且对于福耀玻璃平稳度过行业寒冬期帮助较大。

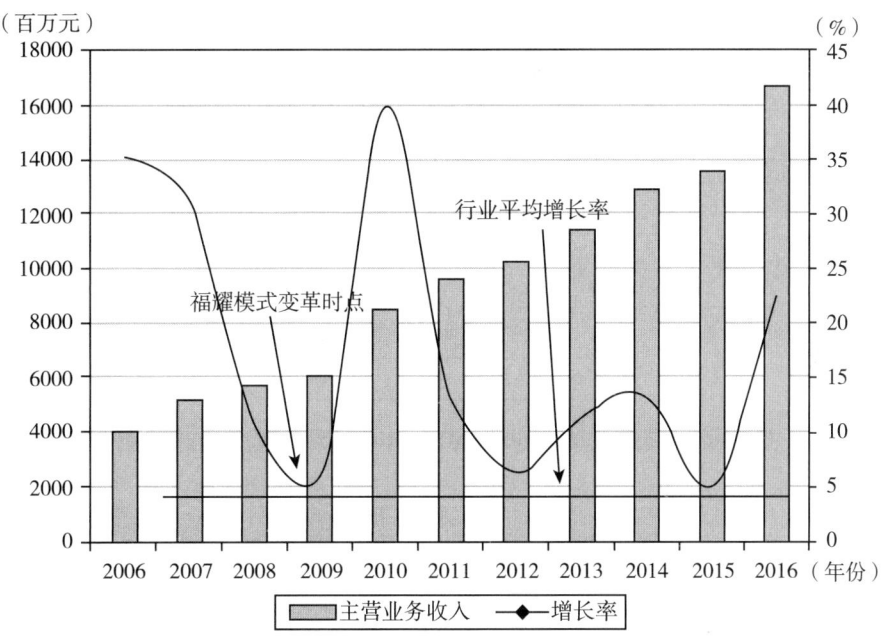

图1-6 福耀玻璃2006—2016年主营业务收入及其增长率图①

福耀玻璃以2009年开始的经营模式变革为转折点,反映了低成本经营模式转型对其盈利水平提升的重要贡献(如图1-7所示)。2009年以前,由于福耀玻璃采取粗放式生产,低成本模式长期依赖低廉人工,随着人工成本进入21世纪后逐年上涨,毛利率呈现逐年下滑的态势。自2009年开始,福耀玻璃开始着手低成本经营模式改革,创新驱动提升了产品的溢价,而精益制造则从生产流程上入手降低了单件商品生产成本,毛利率也开始提升,从2008年27.5%上升至2012年的约37%。2013年后,福耀玻璃的海外工厂相继投产,受惠于更贴近海外市场的优势和海外工厂所在地资源的比较优势,福耀玻璃生产成本进一步降低,毛利率进一步提升至2016年的40%以上。福耀玻璃的毛利率远高于行业其他企业,同期业内企业平均毛利率仅为30%左右,福耀玻璃的这种低成本经

---

① 此图根据福耀玻璃2000—2016年年报相关数据整理绘制而成,此处增长率为主营业务净收入增长率。

营模式显然具备更强的成本竞争力和经营弹性。

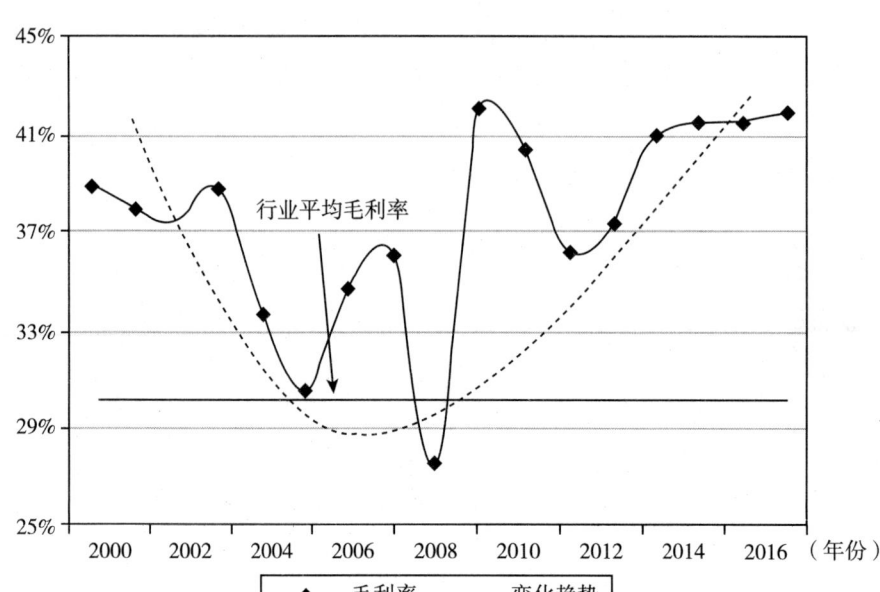

图 1-7　福耀玻璃 2000—2016 年毛利率及其变化趋势图①

相应的，福耀玻璃的销售净利率和 EBITDA 利润率也与毛利率呈现了类似的趋势，一定程度上从侧面印证了低成本经营模式的有效性（如图 1-8 所示）。在 2009 年之前，销售净利率和 EBITDA 利润率呈现轻微下滑和不稳定的趋势，这表明福耀玻璃的经营存在着一定的不稳定性。2009 年是公司改良经营模式的关键之年，因此，公司的销售净利率因改革投入的增加而呈现大幅下滑的结果，而在 2010 年则呈现与以往较异常的高净利率。公司的 EBITDA 利润率在 2012 年后呈现了较稳定的特点，结合公司营收规模大幅扩张的特点，证明公司在规模提升的情况下维持了原有规模较小时拥有的管理效率甚至有所提高，而销售净利率在 2012 年后呈现了企稳回升的特点，结合其毛利率的变化趋势，说明公司的管理效率逐步提升，与毛利率历年的比率差距逐渐缩小，同时大幅领先于行业平均水平。

---

① 行业平均毛利率根据上市的汽车玻璃制造企业公开资料计算。此图根据福耀玻璃 2000—2016 年年报相关数据整理绘制而成。

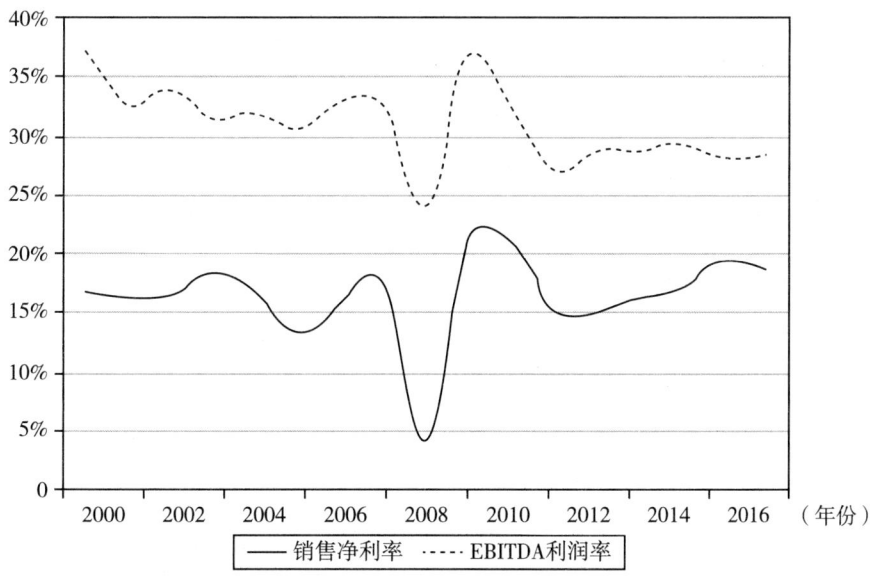

图 1-8 福耀玻璃 2000—2016 年销售净利率及 EBITDA 利润率图①

从杜邦分析体系来分析福耀玻璃的综合财务状况可知,公司财务状况逐年向好,经营效率在经营模式变革后也有所提升(如表 1-4 所示)。福耀玻璃的总资产周转率以 2009 年为转折点,呈现了不同的两种情况。剔除公司海外设厂因素后,在公司实施以柔性制造为代表的精益生产转型的 2009 年,公司的总资产周转率就从以往的 0.5~0.6 跃升至 0.8~0.9 并长期保持,公司的低成本经营模式变革在短期内使公司利用自身资产的能力大大增强。同时,由于公司的精益制造和柔性制造策略主要针对的是公司仓储周期过长、企业资产利用效率偏低的问题,且创新和海外设厂的经营决策不会对周转率造成过大影响,因此可知公司的总资产利用程度相对往期已经得到了大大增强,低效运作资产的大幅减少帮助推高了总资产周转率。

福耀玻璃的财务杠杆自 2009 年起逐年下降,公司获取股权资本能力增强,侧面印证公司低成本经营模式改善了公司状况。公司的权益乘数从 2001 年的 3.0 减少至 2016 年的 1.59,这说明公司的资金来源更加多元化,相对以前较少的依赖负债资金,企业经营的风险进一步下降。股权资本获取能力的增强也从侧面证实福耀玻璃的低成本经营模式改革逐渐获得投资者信赖,从而更愿意入股福耀玻璃。

---

① 此图根据福耀玻璃 2000—2016 年年报整理绘制而成。

福耀玻璃的回报率指标也印证了杜邦分析的结果。2010—2016年其盈利能力明显增强，ROE持续保持在12%以上，虽比2001—2007年公司的扩张期有所降低，但总体差距不大，且ROE水平仍旧比行业内的其他竞争对手高，同样体现了公司较高的营运能力。

表1-4　　　　　　　　　福耀玻璃杜邦财务分析表①

年份	销售净利率（%）	总资产周转率	权益乘数	ROE（%）	信义玻璃ROE（%）②
2001	16.22	0.62	3.00	29.92	—
2002	16.39	0.60	3.03	29.95	—
2003	18.52	0.62	2.49	28.80	—
2004	16.82	0.54	2.59	23.46	—
2005	13.46	0.49	2.93	19.49	—
2006	15.60	0.56	2.79	24.37	—
2007	17.76	0.61	2.67	28.87	21.32
2008	4.31	0.61	2.77	7.24	16.86
2009	18.40	0.66	2.40	29.21	15.82
2010	21.03	0.87	1.92	34.96	26.30
2011	15.70	0.85	1.89	25.06	16.82
2012	14.87	0.81	1.92	23.06	12.88
2013	16.80	0.82	1.88	25.86	31.80
2014	17.17	0.82	1.89	26.65	11.11
2015	19.19	0.65	1.65	20.64	16.87
2016	18.91	0.61	1.59	18.24	24.81

综上所述，从各项指标来评价，公司的各项营运能力指标已经比较明确的显示在公司的营运能力在公司实施低成本经营模式变革后已经获得了显著提升，尤其是以毛利率为代表的反映其成本节约的几项盈利能力指标和以ROE为代表的综合财务指标。公司创新和海外设厂对公司节约成本的影响已经得到明确的体现，毛利率与净利率差距的缩小也意味着公司的管理效率正逐年提升，期间费用占整体营业收入的比例正逐渐降低。

---

① 此表格根据福耀玻璃和信义玻璃2000—2016年年报相关数据整理编制而成。
② 信义玻璃上市时间较晚，初期规模较小，2006年及以前数据不具有可比性。

2.2.2 财务潜力效果评价

福耀玻璃总资产的稳健增长速度和良好资产质量显示其财务潜力巨大。2001—2005 年，福耀玻璃受惠于总体业务的大幅扩张，总资产增加极其迅速，而公司到 2007 年时，由于公司内生增长的困境，公司的总资产增长增速放缓明显。但在公司 2009 年及以后实施低成本模式的变革以来，随着公司财务杠杆的降低，大量股权现金流入公司，且公司营业状况的明显改善使得经营活动的现金流入大幅增加，总资产的增长又回到了平稳较快增长的通道。福耀玻璃整体总资产在 2009—2016 年增长在增速低潮期也达到 10%，高峰超过 40%（如图 1-9 所示），这证明公司的资产增长速度维持在平稳较快水平。同时，考量资产增长的质量也可以看出，公司的流动比率在 2009 年以前一直处于 0.9 的较低位置，而 2009 年以后则达到了 1~1.2 的较高水平，这表明福耀玻璃的总资产增长兼顾了质量，企业资产规模的扩张兼顾了流动性，其资产的短期和长期偿债能力都十分有保证。

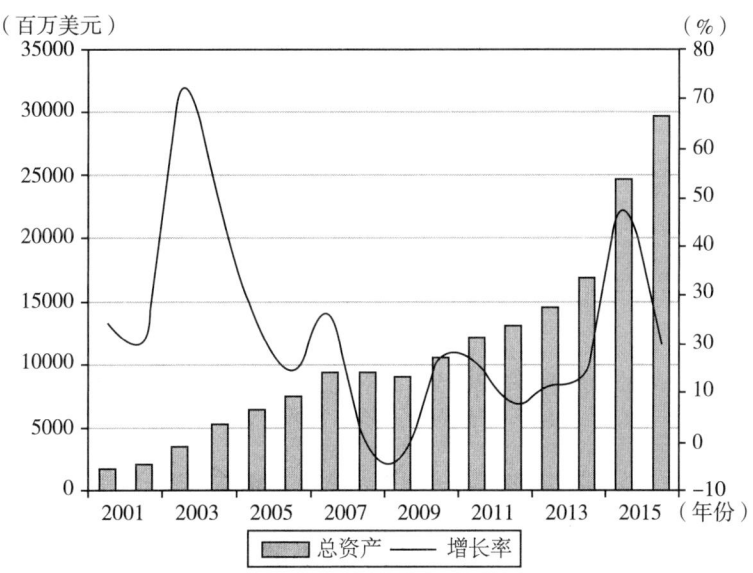

图 1-9 福耀玻璃 2001—2016 年总资产及其增长率图①

福耀玻璃的经营净现金流和投资现金流的投资相对稳定，投资活动的增长

---

① 此图根据福耀玻璃 2000—2016 年年报相关数据整理绘制而成。

也反映了企业内生动力的强劲。2009 年以前，福耀玻璃的经营活动现金流虽总体维持着一定程度上的增长，但无法避免具体年份上的波动，且投资活动没有比较明确的计划，投资现金流存在较大程度的随意性，与其他公司相比，现金流管理方面并无十分突出之处。2009 年以后，除 2011 年市场受欧债危机和日本地震影响增速放缓导致福耀玻璃业绩受损外，经营活动现金流每年均保持着较大幅度的增长（如图 1 – 10 所示），这种增长主要是由于企业的海外设厂决策使得福耀玻璃更贴近海外生产商，同时国内的特种玻璃业务和出口型业务由于其产品和技术创新，造成了订单量的猛增和订单金额的增长，而前期的投资也开始回收。不仅如此，企业的投资活动在 2009 年以后也逐步走向系统化，其定位和目的更加明确，资金供给能力也更强，而投资的增加也为企业带来了较优异的财务潜力。与此形成明显对比的是汽车玻璃制造行业整体遇冷，总体订单量呈现增速放缓的态势，多数企业的经营活动现金流无法取得高增长，投资活动净现金流也无法取得正值。

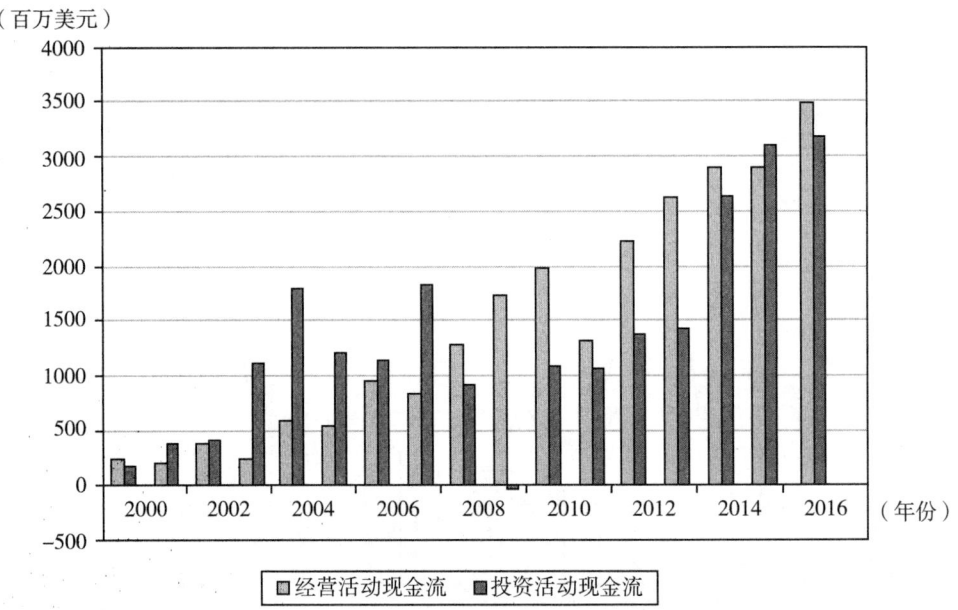

图 1 – 10　福耀玻璃 2000—2016 年经营现金流与投资现金流图①

综上所述，从各种财务指标来评价福耀玻璃的财务潜力可以看出，福耀玻璃的内生力量十分强劲，其不仅拥有较好的经营现金流，且总资产增长十分稳

---

① 此处经营现金流和投资现金流均为绝对值。此图根据福耀玻璃 2000—2016 年年报相关数据整理绘制而成。

健，不会出现因资产扩张而出现企业杠杆过高从而丧失流动性的状况，并且其研发投入相当可观，后续增长动力强劲。

2.2.3 公司估值改善评价

从市盈率和市净率来说，不断推高的估值同样显示了市场对于其低成本经营模式的认可（如图1-11所示）。在2013年以前，福耀玻璃的市盈率一直在10左右徘徊，这段时间福耀玻璃还未开始低成本经营模式的转型，且同时面临着国内低技术浮法玻璃市场开发完毕，高端市场无法打入，海外市场扩张的决策优势尚未显现，前景不明朗的境地。

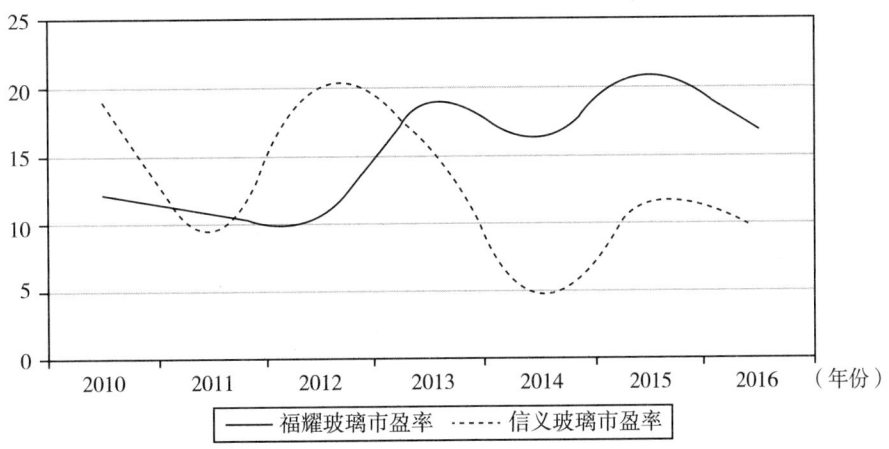

图1-11 福耀玻璃与信义玻璃2010—2016年市盈率比较图①

2013年后，福耀玻璃提出的海外扩张维度已经经过了市场的检验，其俄罗斯工厂实现了成本的降低，已经实现扭亏，并且俄罗斯工厂也成为福耀玻璃向海外扩张的范本，为福耀玻璃进军美国和德国市场提供了宝贵经验。

福耀玻璃的精细化管理维度所取得的成果也开始逐步反映到经营成果中，期间费用率不断下降，库存压力明显减轻，与之相关的各项财务指标开始向好。经营状况的改善也直接影响到了投资者对福耀玻璃前景的评价，推高了其市盈率。对比福耀玻璃与行业内的另一家较领先的玻璃制造企业信义玻璃可以看出，福耀玻璃的估值在2013年后与行业内其他企业显著不同，2013年后同期信义玻

---

① 此图根据福耀玻璃和信义玻璃2010—2016年年报相关数据整理绘制而成。市盈率按照动态市盈率（TTM）法计算。

璃的估值低于10，这表明市场已经认可了其低成本经营模式，且认为其未来发展优于其他公司。

与之相关的，市净率作为企业净资产市价与其账面价值的比例，同样一定程度上反映了市场对其前景和资产质量的认可。2012年后，福耀玻璃的市净率大幅增长，虽在2013年后回落，但总体仍高于3，同期信义玻璃市净率基本位于2.5以下，体现了福耀玻璃较大的估值优势（如图1-12所示）。并且从其变化可以看出，市净率和市盈率的变化几乎同步，均发生在2012年末，体现了市场对其经营决策的正面反应。

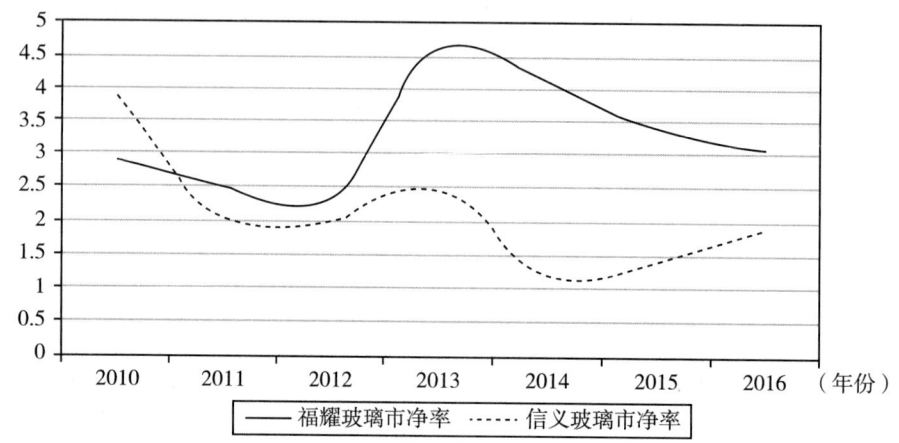

图1-12　福耀玻璃与信义玻璃2010—2016年市净率比较图①

对公司整体价值的预测同样反映了市场对于公司所做经营决策的反映，而福耀玻璃在进行低成本经营模式变革的决策后，市场对其估值的不断修正是能够反映出市场对低成本经营模式于公司的发展是否有帮助的具体态度的。为了抵消市场对于其预测的主观性，本案例选取了市场对福耀玻璃有过历史预测的30家权威证券分析机构对其EPS和市盈率的预测，计算平均值后再选取公司公布的当年发行股票总数与之相乘，得出市场对于企业价值的一致预期，如公式（1-1）所示：

企业价值 = 实际 EPS × P/E 一致性预测 × 企业发行在外股数　　　（1-1）

通过对企业价值的测算（如表1-5所示），可以看出福耀玻璃的企业价值显著增长。2012年之前，福耀玻璃低成本经营模式变革的成效还没有完全体现

---

① 此图根据福耀玻璃和信义玻璃2010—2016年年报相关数据整理绘制而成。市净率按照每股股价除以每股上一年年末净资产口径计算。

在经营业绩中，市场对其预期并不高，企业整体的估值一直徘徊在 15 亿～20 亿元人民币附近，但 2012 年后，由于企业实际的 EPS 因为经营能力的提升和经营状况的改善有了较大幅度的增加，加之市场对其整体发展的前景持看好态度，市场对企业整体的价值预期大幅提高，从 2014 财年的 360 亿元左右上升至 2016 财年的 500 亿～600 亿元左右。

表 1-5　福耀玻璃 2010—2016 年企业估值分析表[①]

年份	实际 EPS	P/E 一致性预测	企业发行股数（百万股）	企业价值（百万元）
2010	0.89	12	2003.0	21391.89
2011	0.76	10.5	2003.0	15983.83
2012	0.76	10.4	2003.0	15831.60
2013	0.96	18.7	2003.0	35957.61
2014	1.11	16.2	2003.0	36017.69
2015	1.10	21	2508.6	57949.08
2016	1.25	17	2508.6	53308.13

综上所述，由财务效果的各项分析可知，在进行了低成本经营模式的变革之后，福耀玻璃的整体盈利情况良好，不仅在短期数据上体现出了很强的竞争力，并且在中长期的财务潜力上亦表现良好，并且取得了市场对其经营决策的广泛认可，很好地适应了行业以及资本市场的发展要求。

2.3　福耀玻璃"三维一体"低成本经营模式非财务效果评价

福耀玻璃非财务效果的提升主要体现在外部和内部两个方面：外部主要体现为福耀玻璃实施低成本的竞争模式后，经营模式的变革使企业市场竞争地位得到极大提升，产品线更加丰富多样，同时整个行业价值链上的优势地位发生了较大变化；内部主要体现为企业经营活力得到了较大提升，活力的提升不仅

---

① 此表格根据福耀玻璃 2000—2016 年年报整理编制而成。

体现在福耀玻璃的技术实力更加深厚和企业自身组织效率的增加，更体现在福耀玻璃的管理体系相对于以前更加高效、完整、规范和更具有传承性。

2.3.1 外部非财务效果评价

福耀玻璃的外部非财务效果首先体现在福耀玻璃更加灵活多变的产品组合和市场优势地位的稳固，在长期体现为企业价值链的位置变化。

福耀玻璃对创新的看重和聚焦策略的采用使公司具备更多的资金实力用于汽车玻璃的研发，对创新技术成果的商用速度在低成本经营模式变革后大大加快。得益于公司战略对于研发的高度重视，且低成本经营模式使得更多资金能够节省下来用于企业内部技术研发，公司近年来的研发努力正逐渐转变为公司可变现的高新技术成果，其中多数成果的大规模商用时间与福耀玻璃的低成本经营模式变革期重合（如表1-6所示）。技术储备帮助福耀玻璃取得了相对其他玻璃制造企业的 B 端竞争优势，也使福耀玻璃能够在新技术运用时快速投入生产，时间损耗更少。

表1-6　福耀玻璃技术成果实现时间与商用时间对比表[①]

成果名称	研发成功年份	国内 B 端商用年份
内置天线玻璃	1992	2009
夹丝天线玻璃	1994	2005
可加热玻璃	1996	2004
包边玻璃	2001	2004
HUD 抬头显示	2002	2009
隔音玻璃	2003	2010
憎水玻璃	2004	2011
全景天窗玻璃	2009	2011
太阳能透光玻璃	2010	尚未大规模商用
热反射玻璃	2010	2014
镀膜天线玻璃	2012	尚未大规模商用
镀膜加热玻璃	2012	尚未大规模商用

---

① 商用指厂商将该技术用于年产销量1000辆以上车型（不含进口）。此表格根据福耀玻璃官网及中银国际2016年汽车行业研究报告整理编制而成。

福耀玻璃的中短期非财务效果还体现为公司独特的柔性生产方式使其市场地位相对低成本经营模式变革之前更加稳固。在 2006 年福耀玻璃实施低成本经营模式前，虽然彼时福耀玻璃已经取得了国内市场第一的地位，但其相对于市场其他竞争对手的市占率优势并不明显，且福耀玻璃的市场地位强烈依靠和汽车生产厂家的脆弱关系，客户关系维护依赖福耀玻璃较低的出价，显然此种市场优势地位不可持续。

低成本创新形成了福耀玻璃独特的"多品种、小批量"的柔性生产方式，在全球汽车玻璃制造行业率先完成生产方式转变，为企业高效生产奠定基础。并且，低成本创新的专注也帮助福耀提升了其产品难以复制的核心竞争力，通过技术创新和智能生产提升了产品的附加值，同时降低了产品成本。

目前，福耀玻璃已经形成了技术优势和产业链优势，相对其他汽车玻璃生产企业具有较强的新产品开发能力和同步开发能力，与其客户的关系更加稳固和持久，市场地位更加稳健，并且在海外维修市场的基础上大力开拓海外 OEM 配套市场，市占率提升明显（如表 1-7 所示）。

表 1-7　　福耀玻璃 2007—2015 年全球市场占有率表[①]

年份	市场占有率（%）	市占增长率（%）
2007	12	0
2008	12	0
2009	13	8
2010	14	8
2011	18	14
2012	19	13
2013	20	11
2014	21	5
2015	21	5

而长期来看，福耀玻璃也实现了价值链上的改善。福耀玻璃的企业价值链中，增值主要体现在支持性活动中的研究与开发和基本活动中的生产活动。通

---

① 此表格根据长江证券《产业升级的韩国经验》编制而成。

过对比，福耀玻璃在实施低成本经营模式的前后不难发现，以降低成本为主的海外扩张战略对福耀玻璃的生产活动带来的较大的价值增值，而实现这种价值增值的主要条件是海外原材料和燃料价格低廉。另一方面，福耀玻璃的研究与开发活动作为支持性活动的关键一环，帮助企业取得了独特的竞争优势，帮助企业提升了自身玻璃产品的附加值。因此，从企业价值链来看，福耀玻璃的低成本战略是非常成功的。

福耀玻璃的低成本经营模式同样帮助企业在产业价值链上实现了跨越式发展。按照波特的逻辑，每个企业都处于产业价值链上的某一个环节，企业的技术创新等措施最终会实现企业在产业价值链上的爬升，从整个产业价值链上获取更高的附加值。分析福耀玻璃所在的汽车玻璃制造产业可知，福耀玻璃的低成本经营模式不仅使企业获得更大的市场份额，在整个产业上话语权的增加，也促进了福耀玻璃在整个产业价值链上的攀升，使福耀玻璃从传统的低附加值制造，转向高附加值的高端制造领域。

2.3.2 内部非财务效果评价

福耀玻璃的低成本经营模式所包含的生产聚焦策略不仅仅体现在企业管理效率的提升上，更体现在福耀玻璃管理层对于创新不懈的追求。

2006 年以前，福耀玻璃的低成本主要来源于低价人工，而低成本经营模式变革之后，福耀玻璃的低成本亦可来源于其管理效率的提升。微观层面上，福耀玻璃实践了管理上的多种创新制度。以福耀美国工厂为例，管理上福耀玻璃为最大程度减少中美员工的文化和语言鸿沟，特地采取了以解决问题为导向的若干个中美合作小组，通过日常的结对工作最大程度弥合文化缺陷，而此种管理创新最终不仅实现了弥补文化差异、增强工人凝聚力的效果，也帮助了福耀玻璃美国新员工更快赶上中方老员工的进度，使美国工厂更快发挥全部产能。而中观层面上，福耀玻璃建立了十分健全的上下级沟通渠道，企业员工能够全方位地了解上级管理部门分享的企业财务和非财务状况，同时企业普通员工也可以实时向高级管理人员建言献策。

自 2009 年以来，福耀玻璃通过独创的智识生产力①制度，充分运用企业自

---

① 根据福耀玻璃 2016 年年报，智识生产力包括以工业 4.0 为基础的智慧生产和以知识积累为主的生产力发展。

身创办的福耀玻璃管理学院,为企业源源不断地培养中高端管理人才。具备丰富管理知识和管理经验的中高层管理人才不仅在日常工作中大大提升了企业整体的管理效率,同时也成为后续的储备人才,为福耀玻璃整体的可持续发展奠定了良好的基础。

从公司内部创新的角度来看,福耀玻璃开发支出的增大使福耀玻璃旗下产品的认可度提升,营业收入更有保障。从福耀玻璃 2010 年开始公开其研发投入的数据以来,公司的研发投入始终处于上升通道,其占营业收入比例也在逐年增加,在 2015 年和 2016 年达到了 4% 的高位(如图 1-13 所示),远高于 2% 的行业均值,其研发投入的力度可见一斑。结合前述的其技术研发成果和营业收入增长比例,也能看出福耀玻璃的研发投入确实取得了成效,公司的多项特种玻璃实现了业界领先,受到了一线国际汽车品牌的广泛认可,其营业收入也得到了有力保证,因此巨大的研发投入也对福耀玻璃的发展贡献巨大。

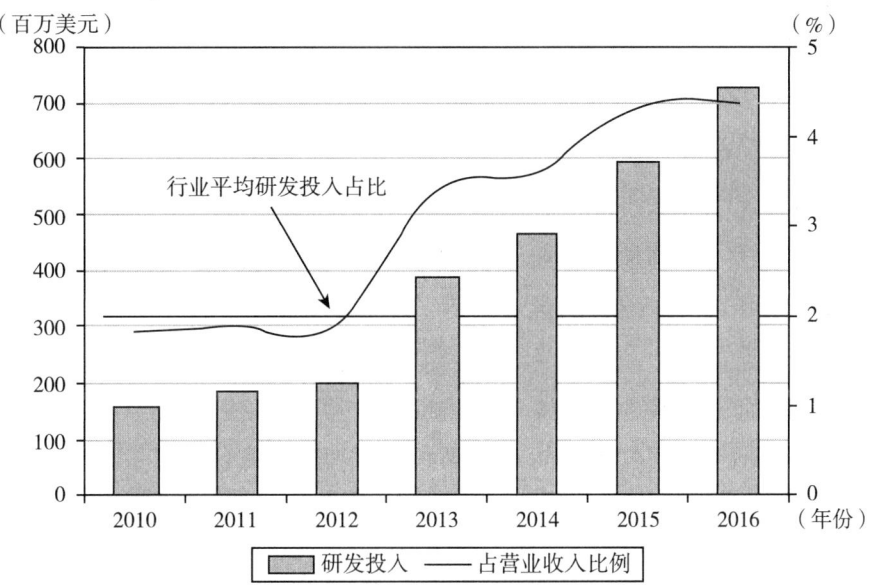

图 1-13 福耀玻璃 2010—2016 年开发支出与其占营业收入比例图①

---

① 此图根据福耀玻璃 2000—2016 年年报和长江证券《保持稳步增长的汽车玻璃龙头》调研报告整理绘制而成。

案例2：制造业低成本领先模式：格兰仕低成本领先战略*

案例概览

低成本的竞争战略对制造企业有着非常重要的意义，这不仅因为制造企业的成本管理是生产经营活动中的关键一环，还因为低成本的竞争优势可以使企业快速的扩大市场份额，有利于企业的可持续发展。但是如何建立良好的低成本竞争优势也是制造企业面临的难题。格兰仕作为一家发展历程仅仅有20多年的民营企业，不仅能同时满足收入、利润的增长，并且股东投资回报高于其资金成本，它的成功主要是由于成本领先战略的有效实施。

格兰仕利用低成本领先的优势占据了微波炉市场的领先地位，低成本优势主要来源于三个方面：一是高级OEM生产方式，二是廉价劳动力资源，三是全面成本管理。而通过建立低成本的模式，格兰仕一方面迅速扩大生产规模，实现规模经济，另一方面打价格战消灭同行业内其他小规模企业。格兰仕的低成本竞争优势成功地为企业带来了利润空间和持续发展能力。

本案例通过分析格兰仕低成本的竞争优势，总结了制造企业低成本竞争优势的形成过程，为我国制造企业的低成本竞争优势的保持与发展有重要意义。

---

* 本案例由李欣洋、王华完成初稿撰写，王华进行了案例改编。

1 案例背景——格兰仕企业

1.1 格兰仕企业的发展与经营现状

格兰仕企业（集团）公司位于广东顺德，它的前身是1978年建立的广东顺德桂洲羽绒制品厂，于1992年6月正式更名为格兰仕企业（集团）公司。自1992年第一台格兰仕微波炉诞生至今，现在全球销量已突破3亿台。在短短20多年的时间里，格兰仕微波炉的发展从无到有，现已垄断了国内60%、全球35%的市场份额，形成了强大的竞争优势，成为中国微波炉行业的第一大品牌。

它的发展历程共有四个阶段：创业阶段、转移产业阶段、大规模生产阶段和全面发展阶段。

1.1.1 创业阶段

在创业阶段，广东顺德桂洲羽绒制品厂以生产羽绒服装和羽绒被为主要业务，并直接进行商品出口，公司的年销售额可达3000万元，这为格兰仕的早期发展奠定了资金基础。

1.1.2 转移产业阶段

1992年公司正式更名为格兰仕企业（集团）公司，公司高层认为出口羽绒产品的前景并不乐观，应转向成长型好的产业，并选定以微波炉为初步探索的小家电行业，由此格兰仕正式进入转移产业阶段。格兰仕首先聘请了5名微波炉高级工程师，形成了一支技术人员队伍。并且以集团创业10多年所积累的资金从日本东芝集团引进了具有20世纪90年代先进水平的自动化生产线，并与其进行技术合作，成立中外合资的格兰仕电器有限公司。1993年，格兰仕试产微波炉1万台。1994年，格兰仕在宏观经济政策紧缩以及特大洪水灾害的经济社会双重因素的打击下仍然实现产销量10万台，销售额以及利润两个指标均创造历史新高。1995年，格兰仕微波炉销售量达到25万台，市场占有率超过25%，占据中国微波炉产业的市场第一位置。通过4年的努力，格兰仕成功地从纺织行业转向了微波炉行业，并开始全力以赴提高产量开拓市场。

1.1.3 大规模生产阶段

1996年以来，格兰仕进入大规模发展生产阶段，不断降价，稳居市场第一。1996年8月，格兰仕首次发动降价，平均降幅达到40%，在全国范围内打响微波炉的价格战，由此占据了中国市场将近35%的市场份额。此后，格兰仕于1997年继续发动第二次降价风暴，大量小规模的厂家被迫退出市场，格兰仕稳居微波炉行业的领头地位。

1.1.4 全面发展阶段

2000年末，随着格兰仕开始进入其他小家电市场，格兰仕进入了全面发展的新时期，这一时期微波炉的市场趋于稳定，于是大力发展空调等其他小家电行业，以国际化经营为主要方向。至今为止，格兰仕已经拥有1000多家海外经销商，它的产品销往全球近200多个国家和地区。如图2-1所示。

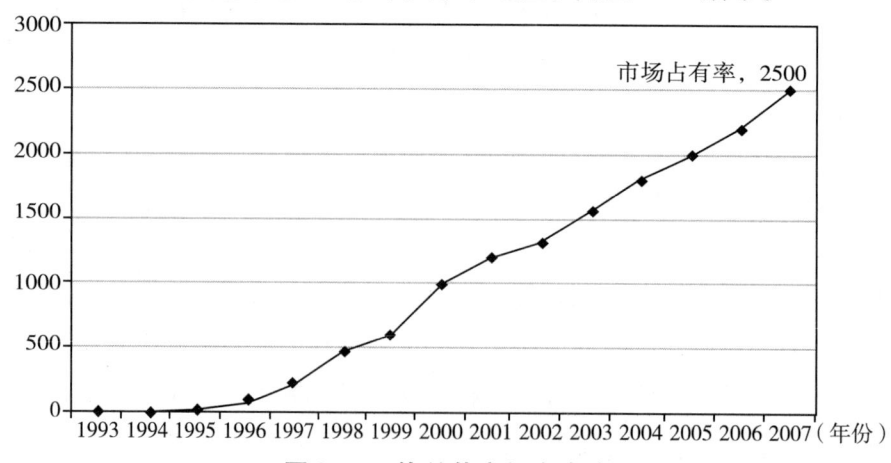

图2-1 格兰仕市场占有率

1.2 格兰仕的战略演进

1.2.1 专业化战略

格兰仕在企业成长时期以专业化战略为企业总体战略,也就是当格兰仕从出口羽绒产品转向微波炉行业时,它将原有的全部经营资源转入新的行业中,集中力量发展新的产品,走专业化之路。

在这一时期,格兰仕通过市场调查发现所在的广东顺德及其周围地区已经是中国最大的家电生产基地,而大家电发展时间早、竞争激烈,于是初步确定了以小家电行业为主攻方向,而微波炉市场当时尚处于萌芽阶段,市场几乎被外国企业所垄断,格兰仕最后确定了从微波炉进入行业。格兰仕首先聘请了 5 名微波炉高级工程师,形成了一支技术人员队;以集团创业 10 多年所积累的资金引进当时最先进的东芝微波炉生产线,在半年内建成投产,并与日本人东芝进行技术合作,从技术层面提高企业专业化的能力。

此外,走专业化道路必须要建立行业壁垒,这表现在:第一,在总成本不变或降低的前提下,不断开发新产品和专有技术;第二,利用总成本领先的优势,向市场推出质好价廉的产品,扩大市场占有率;第三,格兰仕开始利用自己的技术力量开发关键元器件,并投入生产,进一步降低总制造成本。通过专业化战略的发展,格兰仕用技术与规模化发展实现微波炉的市场领先。

1.2.2 低成本竞争战略

格兰仕在进入微波炉行业通过专业化发展不断提高市场地位,但在这过程中以及之后的发展道路上格兰仕始终坚持成本领先的战略。从 1996 年开始,格兰仕一次又一次的发动价格战,每次降幅都超过 30%,而它之所以如此频繁地大幅度降价,就在于其成本比竞争对手低许多,有足够大的利润空间。一方面,迅速扩大生产能力,实现规模经济;另一方面,通过降价和立体促销来扩大市场容量，提高市场占有率，从而在短期内使自己的实力获得迅猛提高。

1.2.3 品牌战略

格兰仕的低成本竞争优势为它带来了很大的成功，然而只依靠低成本往往会面临发展的局限性，于是格兰仕在低成本的基础上发展自身品牌战略。这表现在：首先，格兰仕由于在早期发展阶段以低成本进行规模扩张，实现了它以微波炉为主的名牌企业的定位，从而吸引价格敏感度高的顾客。其次，格兰仕于 2006 年投入巨资提高品牌的影响力，在各地区建立品牌专营店、品牌分销点等，树立企业品牌形象。最后，格兰仕在稳定国内市场后进入国际市场，从全球市场视角来配置资源，以自有品牌或 OEM 方式向全球市场推出产品，并且在企业自身品牌建设中引入国际化管理，适应国际化经营。

1.3 格兰仕的经营现状

1.3.1 行业环境分析

我国微波炉行业从 20 世纪 80 年代发展至今有了较大的发展。2007—2010 年行业规模不断扩大，至 2010 年达到高峰，零售量和零售额分别为 1322 万台和 734431 万元。近几年，其他小家电市场的崛起使微波炉市场增速缓慢，尤其是 2013—2014 年，受节能惠民政策刺激的连带作用影响（微波炉不属节能补贴家电产品），国内微波炉市场出现下滑，2013 年全年，国内微波炉销售额同比下跌 2.3%，2014 年初，国内微波炉销售额同比下降 14%，销量同比下降 13.9%。

进入全面发展阶段的格兰仕，建立了三大支柱产业的核心竞争力：微波炉、空调和小家电。

2013 年，格兰仕全球总销售额约 450 亿元，其中海外市场销售额约 120 亿元,自主品牌海外销售占海外总销售额的10%左右。微波炉仍是公司销售规模最大的品类,全球市场占有率超过50%。空调成为继微波炉后格兰仕出口的第二大引擎,2013年空调出口占总海外销售额的20%,其中,空调自主品牌海外销售占空调总海外销售额的15%左右。如表2-1所示,格兰仕的人均利润、净利率和资产利润率远远超过同时期国内同类企业的平均水平,净利率甚至超过一些国外知名电器品牌,比同行业竞争对手更具有价格竞争优势。具体如表2-1所示。

表2-1　　　　　格兰仕与国内外同类企业获利能力比较

品牌	人均利润（元/人）	净利率（%）	资产利润率（%）
格兰仕	65924	6.45	73.80
国内同类企业平均	4641	2.85	2.40
松下电器	3117	0.18	0.16
三星电子	-34538	-1.4	-1.29
LG电子	-15484	-1.21	-1.03
通用电气	168287	15.99	10.70
西门子	7388	0.56	0.55
惠而浦	43508	3.15	4.10

截至2013年,格兰仕已经在全球包括欧美、东南亚在内的世界179个国家和地区,通过建立海外销售分公司、代理商合作等方式打通海外销售渠道和通路,实施自主品牌和租赁品牌"两条腿走路",真正实现国际化营销。

1.3.2　格兰仕经营能力分析

自1999年以来,格兰仕稳居微波炉市场第一,全球占有率超过40%,格兰仕一度成为微波炉的代名词。虽然近几年国内的微波炉市场出现下滑,但格兰仕依然保持不断增长的速度和全国第一的市场份额。截至2014年,格兰仕和美的共占国内微波炉市场94%的份额,其中,格兰仕的份额达到49.6%。在品牌关注度方面,如图2-2所示,2014年的中国微波炉市场中依然由格兰仕占半数份额。

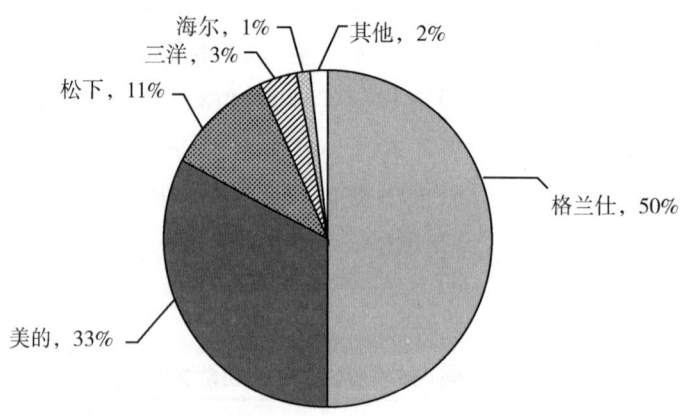

图 2-2 2014 年度中国微波炉市场品牌关注比例分布

2 格兰仕低成本领先战略的实施

2.1 格兰仕低成本领先的来源

从格兰仕的战略演进中可以发现，贯穿于企业整体发展的总战略就是成本领先战略。可以说，格兰仕用低成本的竞争优势逐渐占据了市场领先地位，提高了企业在市场中份额。格兰仕的低成本竞争优势主要来源于三个方面：一是高级 OEM 生产方式，二是廉价劳动力资源，三是全面成本管理。

2.1.1 高级 OEM 生产方式

格兰仕在企业发展初期采用 OEM（Origin Equipment Manufacture）的生产方式。生产车间的生产线和配置装置的设备大部分都是由法国、日本、韩国等合作企业提供，境外合作企业所需要的微波炉或微波炉的零部件向格兰仕定做，并按成本价购买，格兰仕是他们的生产车间。由于格兰仕出售给他们的价格远远低于他们自身的成本价，所以他们愿意把生产线转移到格兰仕公司替他们进行生产。而格兰仕自身不需花费巨额的投资就可以得到技术先进的生产线装备，通过提高自身的生产效率，充分挖掘生产线的生产能力，形成自身的竞争力，从而拥有了全球众多名牌微波炉的领先技术和优势生产资源。这种合作方式格兰仕称为高级OEM生产方式。

通过这种生产方式，格兰仕首先引入了国外的先进技术，使发展初期拥有良好的技术水平和生产效率，为以后的研发奠定了技术层面的基础；其次有效降低了企业自身生产微波炉的成本，除了生产境外合作企业的零件，格兰仕可以用余下的时间来生产自己的产品，贴牌生产与自创品牌并举；最后格兰仕可以有效地削弱国外微波炉企业的竞争力，将竞争对手变成合作伙伴，同时也扩张了自身的生产能力。

2.1.2 廉价劳动力资源

格兰仕在采用OEM生产方式的同时不断通过提高劳动生产率来创造效益，靠的就是廉价的劳动力资源。格兰仕充分利用中国境内劳动力众多的优势，招聘大量员工，实行工作时间轮换制，保证生产线的流转，提高设备的利用率，从而提高相关零件的日产出量。这样，在格兰仕工作一天相当于在国外合作企业工作一周，而同样的一条生产线在格兰仕的产出效率相当于在国外的6~7条。通过提高工人的劳动时间和劳动效率，格兰仕大大降低了劳动力的生产成本，而国内的医疗保险、员工福利、水电费和房屋租金等远远低于国外，因此格兰仕创造了其他企业不可比拟的低成本竞争优势，提高了利润空间。如表2-2显示了不同制造企业的劳动生产率的比较，格兰仕远远高于国内外其他同类企业。

表2-2　　　　　　　　　　劳动生产率比较　　　　　　　　单位：元/人·年

	格兰仕	松下电器	三星电子	LG电子	通用电气	西门子	国内同类
劳动生产率	1021632	1759229	2642449	1276022	1052169	1317581	163118
相对劳动生产率	1	1.72	2.4	1.25	1.03	0.29	0.16

2.1.3　全面成本管理

除了提高生产率从而降低生产成本，格兰仕在降低行政管理成本、采购成本、营销成本和流通成本等方面也作了巨大努力，最典型的就是整个公司推行全面的成本管理。例如，在 2002 年，公司总结出"八大成本管理"，包括采购成本、技术成本、质量成本、消耗成本、能源成本、费用成本、财务成本和人工成本。这意味着格兰仕将总成本划分为八个部分，从八个部分进行周密的成本控制。公司每年针对竞争形势和自身发展的需要提出的总成本下降目标，并把它分解到每条线、每个环节，例如采购要降多少，消耗要降多少等，每个人都知道企业对自己的要求，努力完成甚至超越这个目标。

此外，在原材料的采购环节，由于格兰仕一直处于市场的龙头老大位置，几乎垄断着整个微波炉行业，因此掌握了与供应商谈判的主动权，能够不断压低采购成本。同时，在运营成本方面，成长阶段的格兰仕一直采用高级 OEM 生产方式，低价购入国外先进的生产线，节省了大量研发创新和运营管理的资金。由此可见，格兰仕几乎在每一环节都做到了有效降低生产及运营成本，再加上低廉的劳动力，格兰仕在综合成本竞争中占据了很大的优势。

2.2　格兰仕低成本领先的应用过程

格兰仕通过全面的成本管理降低生产成本、充分提高劳动生产率创造低成本竞争优势，并且在进入微波炉行业后始终坚持成本领先战略，这主要表现在两个方面：一是追求规模经济，二是打价格战。

2.2.1　追求规模经济

规模经济，也就是说同时增加所有的生产要素的投入，扩大生产规模，通过规模经营，实现企业的超常规发展。实施规模化战略的根本目的就在于市场的迅速扩大，通过规模效应，降低经营成本；通过规模效应，增加技术投入；

通过规模效应,提高国际竞争力等。

格兰仕在创造了低成本竞争优势后,不断迅速扩大自身的生产规模,在微波炉行业真正实现了规模化经营。格兰仕作为一个小家电制造企业,制造的规模越大,平均成本也就越低,因此,在降低成本之后不断扩大生产规模,从而再次实现成本的下降,这是一个循环往复的过程,在这个良性循环的过程中,规模上升一个台阶,成本就下降一个台阶。格兰仕在 1996 年 8 月和 1997 年 10 月分别进行的两次降幅在 40% 左右的大规模降价活动,都是基于规模制造的结果。

随着企业规模的扩大,单位产品的加工成本以及分摊的固定成本也会随之下降,从而提高机器、厂房、设备的利用率,节约内部的损耗费用,大规模降低谈判和采购费用。例如,在 2000 年,格兰仕在研发创新上投入了 2 亿多元,但是这部分成本分摊在 1200 万台产品上,每台只增加了 10 多元的研发成本,这远远低于小规模企业的成本。

通过追求规模经济,格兰仕实现了规模的最大化和生产的集中化。一方面降低了企业在市场上的风险,另一方面用规模最大化的效应反作用于"薄利多销"的推进,两者相互促进,使格兰仕呈现出良好的发展趋势。

2.2.2 打价格战

从 1996 年 8 月格兰仕首次发动平均降幅达到 40% 的降价开始,格兰仕正式开始了在全国范围内的微波炉价格战,从 1996—2005 年,格兰仕微波炉累计降价超过 10 次,表 2-3 显示了其中关键且降幅较大的几次。

表 2-3　　格兰仕微波炉降价时间、幅度和最低价格

时间	1996.8	1997.1	2000.6	2000.10	2002.4	2004.3	2005.7
降价幅度(%)	40	40	40	40	37	50	50
最低价格(元)	1455	998	598	545	435	415	319

由于在低成本竞争优势的指引下,格兰仕的价格战运用的十分出色,不仅降价频率高,而且降价幅度大,几乎每一次降价都在 40% 左右,有时甚至可以达到 70%。一方面,这是由于它自身的生产成本和运营成本比竞争对手低很多,

有足够的利润空间让它降低价格，另一方面，公司追求的规模经济也会带来成本的下降，迅速扩张的生产能力让其他小规模企业望尘莫及。

因此，每当格兰仕的生产规模上升一个台阶，成本下降一个台阶，它就会采取降价的方式让保本点高于其价格的竞争对手淘汰。例如，如当自己的规模达到125万台时，就把出厂价定在规模为80万台的企业的成本价以下。此时，格兰仕还有利润，而规模低于80万台的企业，多生产一台就多亏一台。通过打价格战的方式，格兰仕一次又一次地把保本点以下的企业消灭，从而树立起微波炉行业老大的位置。

2.3 格兰仕低成本领先的效果

格兰仕在1992年转向微波炉行业后，开始引入国外先进的生产线等设备，在20多年的时间内，不断扩大生产规模，追求规模经济，产量从投资建厂当年生产微波炉1万台到1996年增至60万台，1997年激增至接近200万台，目前已拥有全球最大的微波炉生产基地，年生产能力达1500万台。在规模经济带来成本下降的同时，格兰仕从1996年开始走降低价格的路线，屡屡掀起降价风暴，大量小规模的厂家被迫退出市场，几年后，能与格兰仕一争高下的仅剩下处于市场第二位的韩国LG。

格兰仕的低成本竞争优势首先让企业不断地扩大生产能力，降低企业的风险，并且反过来促进生产成本的下降；其次格兰仕建立起微波炉行业壁垒，使一些想通过多元化经营以谋取更大利润的国内实力型企业对进入微波炉行业望而却步，在获得垄断地位的同时实现品牌经营。

3 格兰仕低成本竞争优势的经验

3.1 全面而有效的成本管理制度

格兰仕在创造低成本竞争优势时,不仅仅依靠降低产品自身成本,还在企业内部采取全面的成本管理制度,从行政管理成本、运营成本等其他方面降低分摊到单位产品的成本。例如,格兰仕在2002年总结出的"八大成本管理"方法,包括采购成本、技术成本、质量成本、消耗成本、能源成本、费用成本、财务成本和人工成本。正是格兰仕长期以来执行严格控制劳动成本和采购成本、精简管理人员、提高劳动效率等措施,才使得公司的成本领先战略开展得如此成功。

企业要想创造低成本的竞争优势,就要实施全面而有效的成本管理制度,从整体上考虑产品成本的构成,从而降低各部分成本,不能因为重视生产而忽视其他经济活动。随着各行业的整体成熟和市场需求的不断变化,仅仅依靠产品的低成本难以追求市场的领先地位,质量保证变得更加重要,因此,企业如何实施有效的质量成本管理也十分重要。

3.2 合理追求最佳规模经济

格兰仕在创造了低成本竞争优势后,不断迅速扩大自身的生产规模,提高生产能力,在微波炉行业真正实现了规模化经营。对于一个制造企业来说,扩大生产规模也就意味着降低单位产品的生产成本,合理地追求规模经济可以进一步提升企业的利润空间。

然而,一个企业的经济规模扩充是有限度的,当扩大经济规模使得管理成本上升到与市场成本相等时,继续进行生产能力的扩张就会带来边际成本的递增、边际效益的递减,企业为了弥补超负荷的扩大势必会投入更多资金,这样不仅不会提高生产能力,反而会加大企业的资金投入,提高单个产品分摊的成本。因此,要合理追求规模经济,不能一味地扩张,要在现有技术的基础上使得平均分摊的其他经营成本达到最低就是合理的最佳规模经济。

此外,追求规模经济也不仅仅表现在追求生产规模,还可以表现在管理、销售和研发方面。例如,利用微波炉经营的生产资源和生产能力,开拓其他小家电的市场。

3.3 打造品牌价值

在创造了低成本的竞争优势之后,要想得到进一步的发展,解决价格战争,最好的办法就是打造企业的品牌价值,建立差别形象,塑造不同于其他企业的品牌形象。因此,产品是载体,品牌是核心。通过产品传达企业文化与内涵的核心价值,从而提高顾客的满意度,并将这个品牌价值根植于企业经营管理、研发创新和销售采购等环节中。

打造品牌价值还可以进一步开拓企业市场,例如格兰仕利用自身品牌形象的提升占据了一部分海外微波炉的市场份额。在此基础上,再适度发挥低成本竞争优势所带来的利润提升,把价格战的薄利多销真正变成企业发展的利刃。

格兰仕作为小家电行业的领头企业,在短短 20 多年的时间内从无到有,发展至今成为微波炉行业的寡头垄断,占据了整个市场超过 50% 的份额,年生产能力达 1500 万台的格兰仕以其总成本的领先优势,高筑了微波炉的行业壁垒。我们可以看到拥有低成本竞争优势的格兰仕在价格战中具有不可比拟的优势资源,不仅自身生产成本在不断降低,而且通过薄利多销创造了更多的利润。因此,格兰仕的核心竞争力在于价格。由于专业化的战略,格兰仕在成本阶段专注于发展微波炉这一种产品,较少的型号、大批量的产出、低廉的劳动力资源、采购方的控制权等等,这些都是格兰仕能够很好地运用低成本价格优势进行价格战的前提。

  对于小家电制造企业来说，产品成本是生产经营活动中最为关键的一环，低成本是任何一家企业都在追求的目标。然而在创造成本优势时，企业要做到不断审视、发现自身的危机和不足，然后通过快速整合周边各种资源，形成自身比较优势，进而不断地聚集、提升企业核心竞争力，获得更大发展空间的道路。

案例3：航天瑞祺公司的战略成本管理：高科技企业的应用

案例概览

不论企业采取何种战略，成本问题始终是企业战略制订、选择和实施过程中需要考虑的重点问题，因此，企业必须探求提高或不损坏其竞争地位的成本降低途径，从而实现成本领先，取得竞争优势，战胜对手，保证自己的生存和发展。传统成本管理主要关注企业经营性成本，从成本节约和费用控制的角度来进行成本管理，成本控制的影响和效果是有限的，而战略成本管理可以与企业竞争战略有效结合，更加关注企业成本发生和变动的根本驱动因素，找出控制和降低成本的关键环节，不断改进，可以从根本上提高企业成本的竞争能力。

本案例以北京航天瑞祺公司为例（以下简称A公司），重点研究其进行战略成本管理的分析方法，包括PEST法、价值链分析、SWOT法和成本动因分析，并总结出A公司的总体战略和一般竞争战略，为企业运用战略成本管理提出可行性实证。

A公司是一家专业从事医疗设备研制、生产、销售和医用软件开发的公司，虽然医疗器械行业是我国的朝阳产业，但是A公司内部仍然存在一些管理制度、内部控制、财务环境等方面的问题：首先，通过对A公司内外部环境分析和价值链分析进行战略定位，认为公司的总体战略为发展型战略，一般竞争战略采取差异化战略；其次，对A公司进行成本动因分析，从而找出公司成本的驱动因素；最后，提出A公司的基础性成本管理应采用作业成本法，从而有效地降低成本。

本案例通过对A公司的战略成本管理进行分析，提出了一般企业进行战略成本管理的模式框架，并认为企业在进行战略成本管理时应该与企业自身战略相匹配，这对于医疗器械企业的成本管理与控制有重要的借鉴意义。

1 案例背景——航天瑞祺科技发展有限公司

1.1 案例企业简介

A 公司是一家专业从事医疗设备研制、生产、销售和医用软件开发、拥有自主知识产权独立经营的高科技有限责任公司,是目前国内内科和外科设备的主要供应商之一。公司产品为中小型设备,主要有检验诊断设备、医学影像终端处理设备如微生物分析系统、超声诊断设备等 3 类 12 个品种,医疗设备的年生产能力为 700 台。

A 公司设有行政人事部、财务部、技术研发部、生产经营部、市场营销部 5 个部门,现阶段在全国设有上海、南京、西安、武汉、重庆、沈阳等 6 个办事处。A 公司拥有一项填补了国内空白的技术(国外仅有一家欧洲公司拥有这项技术),具有重要的临床价值,利用该技术生产的产品已取得药检局市场准入证,开始在全国范围内销售。由于产品的特点所决定,公司多数产品实行准时生产制,部分产品实行定牌生产制。

1.2 案例企业管理现状

医疗器械行业在我国仍然是一个朝阳产业,但现有各厂家和产品之间存在着各个层面的竞争,而且 A 公司内部环境正在发生变化。

从管理制度上看,A 公司沿用公司成立之初的管理方法和制度,这些制度和方法已不适应现在的公司状况，显现出很多弊端和缺陷：公司权力过于集中，领导层整天事务繁忙，而员工却无事可做；部门职能不清，公司内部信息沟通差，工作效率低下；管理层没有成本管理意识，致使整个公司经营成本较高；销售业务缺乏资金支持，使得销售渠道不健全，从而影响产品销售收入和市场份额。

从财务环境来看，公司财务管理一直没能和公司经营发展结合起来，公司实物资产价值较低，不能取得需要的银行信贷，常出现资金紧张；净资产收益率低，各项费用支出较大；对供应商的管理、监督不够，原材料质量不高，进价却较高，影响产品质量和成本。

A公司有必要进行战略成本管理工作，在公司内部形成成本持续降低的环境，使公司的发展战略得到成功实施，实现经营目标，提高公司竞争力。

2 A科技公司战略成本管理的实施

2.1 A科技公司的企业环境分析

2.1.1 A公司宏观环境分析——PEST法

PEST分析结论认为A公司正处于一个比较理想的政策氛围之中，如政府对医疗器械行业技术创新基金的设立、国家西部开发战略的实施等，都为医疗器械行业的发展提供了一个新的市场空间，如表3-1所示。巨大的市场空间、较大的增长速度和较高的利润率表明医疗器械行业正处于行业周期的成长阶段。A公司已具备了明显优势，有利于技术创新及中长期发展战略和成本战略的制订和实施。

表 3-1　　A 公司战略成本管理环境 PEST 分析

环境		具体表现
宏观环境	政治环境	政治稳定,致力于创造公平竞争的市场环境 国家出台了很多对医疗器械企业利好的政策,加大了医疗器械的政府采购力度
	法律环境	企业所处的法律环境逐渐得到改善 医疗器械管理规定使得政府招标产品必须具有 3G 认证和 ISO9000 认证,这在短期内增加了公司的经营成本,但长期来看,对公司的发展具有积极作用
	经济环境	国内潜在市场约有 300 亿元左右,拥有巨大发展空间 医院利润的重心转向诊断和仪器检验,购买力增强,医疗器械的市场需求增大
	行业成长性	随着国内经济的持续增长,医院对医疗设备的购买力度还会增加 目前产品的毛利一般在 30% 左右,毛利高 经济增长引起人们越来越注重健康,这为医疗器械业带来了巨大的商业机会
	行业市场特征	国外品牌的集中度很高 国内产品的集中度较低,存在严重的同质化,为中小品牌进入市场提供了机会
	行业前景	在未来的 5 年内,国内医疗器械的总需求约为 500 亿~600 亿元 健全的销售渠道和完善的售后服务将是厂家竞争的重点
	生产技术	技术开发跟不上产品的更新换代,新产品极少且推向市场速度太慢 现有的产品结构不合理,主次不分明,没有一个具有竞争优势的主导产品组合 生产过程监督检验力度不够,产品维修、返修率高

2.1.2　A 公司价值链分析

(1) 公司内部价值链分析。对 A 公司的价值链分析,可以确认公司的价值活动有哪些,以及在整个行业价值链中的位置,并将公司价值活动所耗成本与其对产品价值的贡献进行比较,确定其发生的合理性,找出影响降低成本的瓶颈,进而决定对其是消除还是改进。同时与竞争对手的价值链比较,可以发现公司目前的成本是处于竞争优势还是竞争劣势,从而维持和改进成本竞争地位。

A 公司现在的内部价值链如图 3-1 所示。

① 公司资源价值活动分析。公司最初环节的价值活动是对已拥有的人、财、

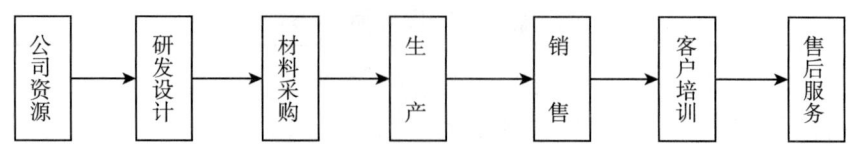

图 3-1　A 公司内部价值链

物等资源的配置和利用，A 公司在这一环节的主要不足在人力资源方面。公司在人员管理上倾向于人性化管理，为员工提供了在同行业中较为优厚的待遇，但员工对相关的医学知识学习不够，生产技术人员专业技能不熟练，市场销售人员缺乏经验，规章制度执行不力，致使公司在这一环节付出的成本没能得到很好的增值。对此，公司应该制定出一套包括相关医学知识、业务技能、公司向心力、员工激励等内容的完整的培训计划。同时严格执行岗位职责书和奖惩制度，必要时解雇部分低能员工，招聘部分优秀人才，提升人力资源的利用价值，相对降低人力资源成本。

② 产品的开发环节价值活动分析。在产品的开发环节，A 公司付出了比较大的成本。例如，新开发的某系统，公司耗资 20 余万元，占用大量人力物力。而如果根据公司自己对市场的敏感及需求分析，将产品开发的可行性报告提供给专业软件公司，由其来负责产品开发，预计公司在前期仅需承担 3 万元的临床试验费用和部分咨询费用，可为公司节省大量的流动资金。待产品开发出来，再与软件公司签订分期付款合同购买或与其合作经营。这样既缩短了开发周期，又不太多地占用公司的资金，并节省了人力、物力成本。如果把产品开发环节从公司内部价值链中剔除，将会降低整个价值链的成本，又可将公司有限资源集中在主营业务上，从而提升公司竞争优势。当然，这一策略的前提是公司要有成熟的新产品思路。

③ 材料采购环节价值活动分析。在材料采购环节，由于产品的特点，A 公司采用准时生产制，因此库存成本很低，但 A 公司目前的供应商有 8 家，较为零散，使得公司议价能力不强，采购成本较高。公司应该将类似材料分组交由同一家公司统一供应，这样可以增强谈判优势，达到整体压价，降低成本的目的。另外一种方法是提高成本，即采购著名品牌的组件，提升产品形象的同时提高售价，获得更高的边际价值。

④ 销售环节价值活动分析。销售环节是 A 公司投入较大，增值却最小的环节。为了获得较高直销利润，公司在全国设立了 6 个办事处，却没有和经销商、

代理商合作,而且派往各办事处的人员都是在总部聘请,工资较高,而且总部销售人员不熟悉当地的情况,经验不足,销售工作进展很慢。

对市场进行分析后,要达到降低成本,提高盈利能力和公司的竞争优势,A公司应制订以下销售策略:

a. 集中销售人员于 2~3 个办事处,建立好销售渠道,再向别的地区扩张,在当地招聘销售人员,未设办事处的地区先寻找代理商;或者将国内市场完全交给代理商,集中资源开发国际市场。

b. 获取 ISO9000 系列认证,集中优秀销售人员争取政府采购招标项目,取得规模销售。

c. 继续加大对销售的投入,在原有期刊广告的基础上,加强网站建设,参加全国性乃至国际性的展会促销活动,参与社会公益活动,出资赞助与公司相关的医疗卫生系统会议,提升公司形象和知名度,建立强势品牌。

d. 其他环节价值活动分析。在生产、客户培训、售后服务环节内部的作业层,A 公司安排得比较合理,进一步降低成本的可能性不大。

因此,A 公司整合后的内部价值链如图 3-2 所示。

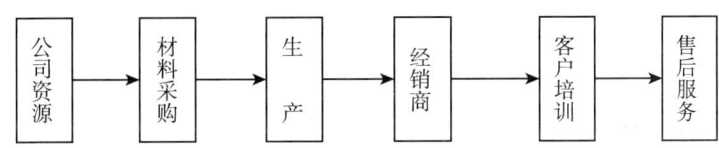

图 3-2 A 公司整合后的内部价值链

(2) 行业价值链的分析。A 公司的行业价值链比较简单,即材料供应商—A 公司—用户。

在 A 公司与供应商这一价值环节中,主要是要集中采购,增强公司讨价还价的能力,降低采购成本。同时也要和供应商进行紧密的合作,建立战略伙伴关系,相互帮助,确定竞争的战略优势地位,寻求成本持续降低的机会。例如,同供应商进行紧密的协调和合作可以带来及时、定时供货,从而降低双方公司的存货和仓储成本。

在 A 公司与用户这一环节中,在产品同质化背景下,只有通过销售网络和传播渠道才能真正创造差异化的竞争优势。因此,公司应该寻求与代理商、经销商的合作,而减少与用户直接交易,这样可以很快完善销售渠道,提高销量,同时也使得公司有财力和精力去做规模销售和开发海外市场,让公司的投入尽快得到回报，提高公司的盈利和竞争优势。公司应该和代理商建立起战略合作伙伴关系，形成稳定的销售渠道，扩大公司产品的市场份额，增强产品的市场竞争力。这样，A 公司新的行业价值链可描述如下：供应商（硬件、软件）—A 公司—经销商—用户。

（3）竞争对手的价值链分析。A 公司的主打产品 SS 系统，由于是国家专利产品，也不存在替代品，在国内几乎没有竞争对手，需要做的就是尽快完善自己的销售网络，不断降低公司内部价值链中各环节的战略成本，形成公司的核心竞争力，维持竞争优势。对于其他产品，A 公司的竞争对手较多，实力不一，其各自的价值链在这里不一一分析。

从总体上看，除了销售环节，在技术、产品品质、售后服务上，A 公司都有一定的成本优势，所以公司应该在销售渠道的建立上下大功夫，与经销商紧密合作，消除销售环节的成本劣势，创造成本优势，提高竞争力。人力资源方面，可以说现阶段既是公司的劣势，又是公司的优势。与竞争对手比较，A 公司所有人员都是从医学研究机构招聘的高学历者，工资费用较大，人力资源成本高。但从长远看，有利于公司形象的提升、产品品质的保证，又成了公司的成本优势。

（4）运用 SWOT 法对 A 公司的战略定位分析。对 A 公司主要的影响因素有：市场对医疗器械的需求增加，公司间的竞争重点转向了非价格竞争；由于行业的进入壁垒较高，新竞争者进入行业的数量较少，速度较慢；医院的购买力增强，但对产品的要求更加严格。供应商的议价能力弱，替代品的威胁不大，暂时都不会对企业的竞争产生影响。

A 公司的 SWOT 分析如表 3-2 所示。A 公司应该采取优势—机会（SO）战略，最大限度地发挥公司内部优势，不断改善劣势，利用自己的内部优势减轻外部的威胁，抓住外部提供的机遇，形成强大、持久的竞争优势。

表 3-2　　　　　　　　　　A 公司的 SWOT 分析

项目	具体表现
劣势	人力资源成本较高，利用价值低，尤其缺乏优秀销售人才 产品种类过多，新产品开发周期长、成本高 市场占有率低，销售渠道不健全，销售模式不合理 公司和产品知名度不高 公司部门之间职责不明确，管理存在一定的混乱 规章制度执行不力，管理经验和能力不佳，没有形成具有自己风格的管理文化

续表

项目	具体表现
优势	存货成本低 A 公司品牌具有较大影响 由于专利技术，部分产品具有市场垄断性 初具规模的专家库，可提供国内最新最前沿的医疗咨询，提高客户诊断和治疗水平 产品的品质高、售后服务周全，老客户的忠诚度高
威胁	加入 WTO 后，国外医疗器械公司直接进入中国本土，争夺国内的医疗器械市场 医疗器械管理新规定对行业和产品的要求越来越严格，行业的进入壁垒较高，对医疗器械在政府采购和外贸出口的限制越来越大 竞争对手在非价格竞争如产品创新、广告、公关、服务等方面投入了大量资金，因此，公司面临一定的形象风险
机遇	人注重健康，医院的购买力增强，医疗器械的市场需求增大 医院的利润重心从药品转向诊断和仪器检验治疗的收费，加快医疗设备的采购速度

2.2　A 科技公司的成本动因分析

在价值链分析和战略定位分析的基础上，确定了 A 公司应采取的竞争战略和相对应的成本管理战略，还需要找出公司成本的驱动因素，明确成本管理的重点，将成本控制在目标以内的最低点，保证成本管理战略的有效性，实现公司的战略目标。

2.2.1　结构性成本动因分析

（1）A 公司规模分析。处于医疗器械行业，A 公司的产品具有其特殊性：需求规模较小，售价高，产品销售培养期长，单台产品利润大。该产品产量与公司规模的联系不是很大，就 A 公司目前规模来看是比较合适的甚至可以更小，即便以后随着销售的增长，目前成本优势仍然可以保持较长的时间。

（2）A 公司的业务范围分析。A 公司在纵向整合方面，由于原材料的多样性和产品数量的限制，公司前向整合是得不偿失的。而后向整合对于 A 公司来说，需要在公司和直接用户之间加入经销商环节，这样做虽然降低了部分直销利润，但对提高产品市场占有率、形成较高的销售增长率和较大的销售规模十分有利，也能够使公司集中财力、人力去完成其他重要的战略计划。

横向整合是公司业务范围分析的重点，公司目前品种过多，和其他公司同质化的产品有 6~7 种，这种集中度低的产品结构给公司的销售带来很大的影响和压力。原材料的采购成本相对较大，广告投入大，管理成本高。同时，产品生产技术要求高，不利于产品的改进、升级。最后，同质化产品竞争激烈，销售成本高，利润低。因此，A 公司成本对产品种类的多少极为敏感。

(3) A 公司经营地址的选择分析。厂址选择是公司重要的结构性成本动因，会对公司成本产生长期甚至难以改变的影响，而且对整个公司的利润也会产生重大影响。一旦管理者决定在一个确定的地理位置开展新的业务，许多成本就会沉淀为固定成本，既难以降低，也难以改变。

A 公司成立之初，预定将公司注册在云南昆明或北京。在昆明成立的主要优点是人力资源成本低，场地租金便宜，原材料供应集中；缺点是当地医疗器械行业发展缓慢，新技术和交易信息闭塞，发展机会少，服务机构的水平低、质量差。在北京刚好相反。因此，最终把公司注册在了北京，从长远看，虽然开办费用高，但将会给公司的发展带来好处。但公司现在存在的一个问题是将生产场地和办公场地都放在了写字楼里。虽然这样有利于提升公司形象，但生产场地年租金太高，增加了公司的营运成本。如果把生产场地搬到郊区，每年可以节省大笔租金，包括员工宿舍成本、物业费、运输费。

2.2.2　执行性成本动因分析

(1) A 公司员工参与的分析。A 公司的成本管理战略必须通过员工的积极参与才能完成。由于公司的任何价值活动都应分摊成本，成本的降低和成本竞争优势的形成与每项活动、每个员工都有关系。员工参与的多少及其责任感对成本的影响是较为明显的，如果公司上下人人参与成本管理，而且对成本管理的效果具有很强的责任意识，成本就一定可以降下来，公司的成本竞争地位也必定可以提高。A 公司应该通过建立有效的用人机制和权责机制以确保全员参与成本管理，贯彻执行成本管理战略。

(2) A 公司全面质量管理的分析。A 公司目前的质量策略是以最好的组件、原材料装配高质量的产品,销售对象是三级以上医院,以此来提升公司形象和减少售后服务的成本。但从长远看,因为顾客有限,这样做市场会越来越小,公司竞争地位将会下降。只有既保证产品质量和用户利益,又从公司价值活动成本的高低和客户的实际购买能力出发,通过质量成本动因分析,在保证产品质量的前提下才能采取降低成本的措施。

A 公司应该把产品分档次、系列化,提高产品功能、可靠性、耐用性,建立顾客对品牌的忠诚度,在生产环节消除生产流程瓶颈,减少产品缺陷,减少材料浪费,在整个生产过程中降低成本。销售对象可以扩展到市级和县级医院,以增加市场占有率。

战略层面的结构性成本动因和执行性成本动因分析为战略决策在宏观方面提供了成本对象的信息和成本分析的方法,而战略的成功实施,同样需要战术层面的作业性成本动因的分析和管理。这就需要结合战略层面的成本管理,运用成本管理方法来进行日常成本管理和控制,如目标成本管理法、作业成本法和生命周期成本法等。

(3) A 公司生产能力利用率分析。生产能力利用率的提高可以形成规模经济。生产能力利用不足就会使公司产品的单位成本增加,公司通过提高生产能力利用率降低成本的机会就较多。A 公司的年生产能力为 700 台中型医疗设备,对其生产能力利用分析后,发现包括生产人员、车间、设备的利用率都不高,可以通过下面几种方式来提高其生产能力利用率:

① 为能够使生产能力处于能为全年最高产量的顾客群提供服务,如参加政府采购招标。

② 为其产品寻找在销售淡季时候的其他用途,如销售对象从医院转向科研单位、医学院实验室等单位。

③ 寻找那些间歇性利用公司剩余生产能力,同时使用自有品牌的客户,如为别的医疗器械公司提供定点生产。

2.3 A 公司战略成本管理的定位分析

根据 A 公司的内外部环境和价值链分析的结果,认为公司的总体战略为发展型战略，一般竞争战略采取差异化战略。A 公司的市场开发业务单元的战略描述为：通过产品的整合，构造一个品质优良、结构合理的产品体系，建设和培养一支优秀的销售团队，建立一个完善高效的全国性销售网络，加大促销力度，扩大产品销量，提高市场占有率，完善售后服务体系，提升品牌知名度。A 公司价值链分析结论是销售环节成本太高，对整个价值链的增值贡献太少，这一环节有待整合。此外，通过成本动因分析认为，作业成本法更适合 A 公司的基础性作业成本管理。

2.3.1 市场开发战略下的战略成本管理定位

与市场开发战略相关的结构性成本动因主要有公司规模、公司的整合度、公司的学习曲线、技术因素、销售政策、办事处设置等，总之要在这些公司的基础经济结构决定了的成本动因管理中，使其成本达到最低，为市场开发营造一个成本持续降低的大环境。与市场开发相关的执行性成本动因主要有劳动力参与、部门内部协调性、顾客满意度、产品市场开发成本、促销成本和销售渠道建设成本等。

2.3.2 A 公司现有产品市场开发成本的分析

在 A 公司实施市场开发战略前，需要分析公司现有产品的竞争力，采用波士顿矩阵分析法，把产品分为"金牛"产品、"瘦狗"产品、"野猫"产品和"明星"产品四类。

高市场份额、低增长的产品被称作"金牛"。这些产品能够产生大量现金，通常将超过维持市场份额所需的再投资，超额部分的现金不必再返还给这类产品。因此，低产品成长性而高市场竞争力的金牛产品应采用收获战略。

低市场份额、低增长的产品是"瘦狗"。瘦狗类产品可能会有一些账面利润，但要维持市场份额，就必须把所获利润重新注入这些产品，结果不会产生现金盈余。因此，低产品成长性、低市场竞争力的瘦狗产品应采用退出战略。

低市场份额、高增长的产品是"野猫"产品。从短期来看，这些产品需要的投入总是大大超过其所能产生的现金，不追加投入，它们可能就丧失目前已经占用的市场份额，即使追加投资，如果它们只能维持现有市场份额的话，那么一旦增长停止，这些产品仍旧是瘦狗产品。因此，"野猫"产品需要大量现金投入来提高市场份额。在成为市场领先者之前，低市场份额、高增长产品将一直是一种负担，这种产品需要大量的现金投入，而它本身短期内却产生不了这些现金，长期的投资回报也具有较大的不确定性，存有很大的风险。因此，高产品成长性而低市场竞争力的野猫产品应采用建立战略。

高市场份额、高增长的产品是"明星"产品。这种产品几乎总会有账面利润，但却不能产生公司所期望的全部现金。然而，如果明星产品能够保持较高的市场占有率，处于领先地位，那么在增长放缓、再投资需求消失之后，它就会由明星产品变成金牛产品，给公司带来稳定的高额现金回报。因此高产品成长性而高市场竞争力的明星产品应采用维持战略。

如果从产品生命周期的角度去理解这四类产品，引入期的产品属于低市场份额、高增长的"野猫"产品；成长期的产品属于高市场份额、高增长的"明星"产品；成熟期的产品属于高市场份额、低增长的"金牛"产品；衰退期的产品则属于低市场份额、低增长的"瘦狗"产品。尽管"野猫"和"明星"两类产品所需的投资成本较高，但它们具有较强的盈利能力，能够在未来为公司创造丰厚的利润回报。如表3-3所示，A公司市场开发的重点应该集中于"明星产品"和"野猫产品"上。可以放弃"瘦狗"产品，以降低公司整个产品市场开发的成本，提高竞争优势，保证市场开发战略的成功实施。

表3-3　　　　　　不同产品的盈利能力和市场开发成本

产品类别	市场策略	产品盈利能力	市场开发成本
金牛产品	保持	高	低
瘦狗产品	利用或退出	低或亏损	高
野猫产品	利用或扩大	高	高
明星产品	保持或扩大	高	高

例如，目前化肥公司的碳铵产品属于低市场份额、高增长的"野猫"产品，已无市场潜力可挖，企业应采取撤退战略。具体到实际操作，化肥公司应停产或转产，设计生产市场上需要的产品，如尿素、小尿素、生物肥等，或利用企业现有设备、技术和生产能力生产高效氮肥（以碳铵为主要原料）。

3 战略成本管理的实施经验

战略成本管理的目的不仅在于降低成本,更重要的是建立和保持企业的长期竞争优势。不论企业采取何种战略,成本问题始终是企业战略制订、选择和实施过程中需要考虑的重点问题,如何利用成本战略为企业赢得成本优势和竞争优势,是企业战略管理的重要内容,企业必须探求提高或不损坏其竞争地位的成本降低途径。

战略成本管理的着眼点是外部环境,重视企业与市场的关系,具有开放系统的特征,是全方位、多角度、突破企业边界的成本管理。企业推行战略成本管理就是为了实现成本领先,取得竞争优势,战胜对手,保证自己的生存和发展。因此,应全面综合考虑企业的地理位置、市场定位、经营规模等一系列具有源流特质的成本动因,以从源头上控制成本的发生。

图 3-3 给出了 A 公司从整体上实施战略成本管理的具体模式,具体到各业务单元,本案例以 A 公司市场开发这一价值活动为例,从价值链分析到成本动因分析来进行全面的、具体的分析,旨在给出一套 A 公司战略成本管理的实施方案和具体操作方式。

3.1 战略成本管理与企业战略相匹配的思想

战略成本管理的属性决定了在成本管理领域所采取的战略措施、所采用的管理方法要与企业的基本战略相匹配,要与企业的发展阶段相适应,要与产品的寿命周期阶段相匹配,同时所采取的各种战略措施之间要协调配合。战略成本管理要以企业基本战略为核心,不同的战略对成本和成本管理有不同的要求。采用成本领先战略的企业,企业战略的重心是成本,企业战略主要体现为战略

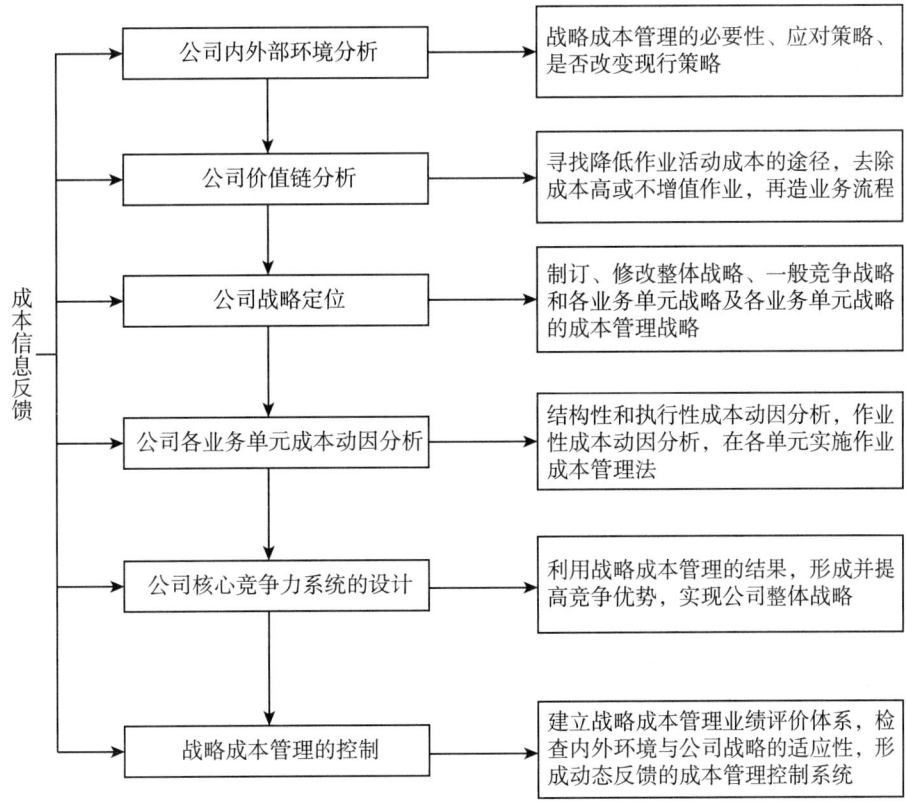

图3-3 A公司战略成本管理的整体模式

成本管理，两者趋于一致。采用差异化战略和目标聚集战略的企业，如何实现差异化和目标聚集是核心，战略成本管理要有助于差异化的实施和目标聚集。

3.2 战略成本管理与企业战略的匹配关系

成本领先战略的核心是企业通过一切可能的方式和手段，降低企业的成本，成为市场竞争参与者中成本最低者，并以低成本为竞争手段获取竞争优势。成本领先战略实质上是以成本战略作为企业的基本竞争战略。

目标聚集战略分为成本聚集战略和差异聚集战略。成本聚集战略是在细分市场的成本行为中挖掘差异，寻求其目标市场上的成本优势。成本聚集战略实质上是一种低成本战略，针对所设目标的竞争对手在细分市场上满足某一特定需求方面所支付的成本高于所必需的成本而采取的竞争措施。如果一个企业能够在其目标市场上获得持久的成本领先（成本聚集）或者处于差异聚集地位，它便有可能获取高于平均收益水平的利润。

而差异聚集战略则是开发细分市场上客户的特殊需要，追求其目标市场上的差异优势。实施差异化战略和差异聚集战略的企业也不排斥成本战略的重要性。实施差异化战略需要支付额外的成本，这种成本有时很昂贵。要想获取有别于竞争对手的差异，必须以追加成本为代价。

判断差异化战略成败的标志之一是实现差异化所增加的收入是否超过为此而追加的成本。实施差异化战略的企业必须在降低成本的同时，不影响产品的性能，还要保持与竞争对手相近的成本，使企业能够以较低的成本维持产品的差异性。这一原理同样适用于实施差异聚集战略的企业。

案例4：老字号企业转型模式：贵州茅台母子品牌战略*

案例概览

  品牌是企业重要的无形资产之一，优质品牌能给企业和产品带来巨大的议价能力，并创造额外经济收益，品牌资产战略作为企业主要经营战略之一，决定着核心竞争力和市场占有率，最终影响公司的市场价值。我国白酒行业高端企业多采取母子品牌战略，母子品牌战略是以企业品牌为母品牌资产，以产品品牌为子品牌资产来扩张品牌家族的模式，其延伸绩效表现为母子品牌延伸效应。

  为研究母子品牌战略对白酒企业造成的影响，本书选取高端白酒行业典型代表贵州茅台酒股份有限公司（以下简称"贵州茅台"）作为分析对象。贵州茅台品牌具有长久积淀的文化价值和社会价值，"茅台酒"品牌是贵州茅台核心品牌，且代表着企业品牌，本书将茅台酒核心品牌作为母品牌资产，延伸的系列酒品牌作为子品牌资产，分析其母子品牌战略。

  本书主要采用案例研究方法，详细分析贵州茅台的母子品牌资产延伸及其效应评价，结合不同阶段的战略调整，探讨如何有效进行品牌延伸，以期提出适用于整个行业的对策，为其他企业提供参考。分母品牌资产创立阶段、子品牌资产战略延伸阶段、子品牌资产有效瘦身阶段具体展开贵州茅台的母子品牌战略，分析贵州茅台在行业背景下从单一母品牌扩张到"1+N"母子品牌，又进行子品牌清理、大力瘦身的战略举措。最后，结合具体数据分析贵州茅台的母子品牌延伸效应，从财务、顾客、市场层面分别评价其品牌资产扩张、瘦身

---

* 本案例由李艳红、王华完成初稿撰写，王华进行了案例改编。

的战略，数据表明：贵州茅台在不同阶段的母子品牌战略取得了较好的品牌延伸效应，并且最终体现在公司价值增长上。

本书立足于资产角度分析企业品牌及其财务意义，总结母子品牌战略对企业经营投资乃至公司价值的重大影响，并综合多个层面全面评价母子品牌延伸效应。从案例分析中得到启示：企业实施母子品牌战略应建立完善的品牌财务机制，聚焦资源于母品牌，在此基础上发展关联子品牌，完善品牌资产管理，构建增值品牌组合。

1 贵州茅台母子品牌的战略与实现阶段

1.1 背景介绍

1.1.1 高端白酒行业状况分析

我国白酒行业的品牌竞争相当激烈，各个企业都进行了不同宽度与深度的品牌延伸以占据市场。大多数高端酒企采取的是母子品牌战略。五粮液在"五粮液"母品牌基础上，首创五粮醇并大力开发OEM[①]产品占据产品市场，相继生产出五粮春、金六福、浏阳河、京酒等强势子品牌；汾酒是我国清香型白酒的老字号品牌，公司在"汾酒"母品牌基础上延伸出双耳汾、红盖汾、杏花春等子品牌；剑南春重点打造剑南春母品牌和金剑南子品牌；西凤集团在"西凤酒"品牌上推出不同度数的西凤酒产品并将母品牌延伸至葡萄酒；泸州老窖、洋河分别在2000年、2003年推出国窖1573、洋河蓝色经典。

---

① OEM 即 Original Equipment Manufacturer，也称定点生产，指品牌生产者不直接生产产品，而是负责设计和研发新产品，控制销售渠道。

随着行业深度调整的持续进行,白酒界的竞争加剧,各大酒企的品牌延伸也在不断冲击着市场,而贵州茅台发展到现在已经逐渐成了中国白酒的中流砥柱,而且核心产品飞天茅台酒销量已经占据了数年白酒销量榜首的位置,甚至在利润上也不是其他白酒能够比拟的。根据相关调查结果,我国白酒企业多达10万个,但高端白酒市场是白酒行业的主要利润来源,且仅有几个高端品牌的市场表现较为突出,因此本书选取贵州茅台、五粮液、剑南春、泸州老窖等四家高端酒企,对其母子品牌战略分别进行分析。

(1) 五粮液母子品牌战略。五粮液是我国浓香型白酒的典型代表企业,在白酒企业中最早进行品牌扩张。五粮液于1994年开始品牌延伸之路的探索,先是推出中端的"五粮醇",又研发出五粮春、六和液、浏阳河、金六福、老作坊、川酒王等一系列产品在中低端市场进行品牌扩张,至2002年已延伸出100多个子品牌资产,顺利打入全国各地的区域性市场。五粮液又于2003年开始主打收缩产品线的策略,推出"1+9+8"品牌战略①,淘汰掉不盈利子品牌。目前,五粮液企业搭建高端品牌和系列酒品牌组合而成的母子品牌战略。其核心品牌"五粮液"实施的是"1+3"高端产品战略,即构建以五粮液产品为核心打造集合"高端、国际、时尚"特征的体系结构;系列酒品牌实行"4+4"产品战略,包括4个全国性品牌和4个区域性品牌②。

五粮液母子品牌战略的关键是以"五粮液"高档品牌带动整个品牌资产家族的发展,尽可能细分顾客市场,这对于获取更多的市场份额和加深消费者印象有一定的促进作用,得益于行业内领先性的品牌扩张,五粮液连续多年占据饮料行业企业销售排行榜首位,然而,随之而来的是五粮液子品牌运营的一系列问题,毫无规划的品牌扩张是行不通的,比如部分子品牌的经营缺陷,品牌定位重复造成成本浪费,企业资源有限,无法有效推广所有子品牌,还有拉动其他白酒企业纷纷开始品牌扩张,一定程度上造成白酒行业的危机。

(2) 剑南春母子品牌战略。剑南春起初坚持"以质量为本铸造品牌",但对子品牌的发展考虑得谨慎而周全,坚持质量策略而忽视品牌策略,终于在2002年突然发力,推出了剑南新品,"金剑南"一举成名。剑南春秉承"慎重发展"原则,并未有过多的品牌延伸,聚焦资源于重点品牌,在众多子品牌资产中提

---

① "1+9+8"品牌战略,即建立1个世界性品牌,9个全国性品牌,8个区域性品牌。
② 4个全国性大单品:五粮春、五粮醇、五粮头特曲、尖庄,4个区域性的单品:五粮人家、百家宴、友酒、火爆。

炼精品以拉动整体。

金剑南作为剑南春的一个强势子品牌,它如今在市场上的成功与母品牌的支撑密不可分,而顾客对金剑南的高认知度也烘托着母品牌剑南春,也是对企业整体品牌组合架构的有力补充,金剑南填补了企业在次高端市场的空缺。从这个意义上来说,金剑南正在成功演绎着剑南春的品牌战略,在维护原始品牌与谨慎延伸中,最大限度地弘扬并提升其品牌资产价值。但也有人认为金剑南的迅速成长也威胁到了剑南春品牌作为企业名牌的地位,剑南春基于母品牌资产的扩张可以说是延伸战略的巅峰之作。

(3) 泸州老窖母子品牌战略。泸州老窖作为我国企业价值排名前五的白酒企业,实施以企业品牌为核心搭建金字塔结构式优质品牌资产组合的延伸战略,其代表产品国窖1573作为浓香型的代表,位于其品牌资产金字塔最顶端,分别在高、中端市场以其悠久的历史和浓香的口味拥有着独特优势。在高端白酒市场,泸州老窖实施"泸州老窖+国窖1573"的双品牌战略,积极抢占高端白酒市场,成功带动企业的后续增长和扩张力量。在中高端市场推出泸州老窖年份特曲,以期带动品牌资产整体价值的提升。

泸州老窖在多元化模式的推进上最大的障碍来源于自身,主要是过度开发的品牌体系。随着品牌延伸战略的推进,泸州老窖拓展的子品牌数量过千,出现品牌混乱的问题,甚至损害到原有品牌,导致品牌资产价值大大缩水,对国窖1573也造成品牌定位上的冲击。2015年7月,公司开始着力砍伐混乱品牌,以期改变因子品牌过多而导致的价格混乱。因此,泸州老窖在战略格局上的改善方向是打造优势品牌资产组合,为企业自身的多元化格局减少阻碍(参见表4-1)。

表4-1　　　　　　　　　高端白酒企业母子品牌战略情况表

企业名称	母品牌	子品牌
贵州茅台	飞天茅台品牌	原213个子品牌,现58个子品牌
五粮液	五粮液品牌	原100多个子品牌,2014年砍掉38个子品牌
剑南春	剑南春品牌	子品牌中浓缩出精品"金剑南"
泸州老窖	泸州老窖品牌	针对两类开发品牌进行子品牌瘦身

1.1.2 贵州茅台公司背景

贵州茅台酒股份有限公司位于贵州省遵义市，成立于 1999 年 11 月 20 日，主产酱香型酒品，于 2001 年 7 月在上海证券交易所公开上市，是我国白酒行业的标杆企业。近几年，公司经济发展贡献突出，品牌资产建设成果显著，产品结构调整颇有成效，在国内外拥有较强的品牌影响力。贵州茅台的主营业务是茅台酒及系列酒的生产与销售，其中包括"贵州茅台酒"主导产品和赖茅、茅台迎宾酒、茅台王子酒等系列产品。公司坚持"打造世界蒸馏酒第一品牌"的目标，以"做足酒文章、扩大酒天地"为战略定位，以世界知名的品牌、行业领先的技术和忠实的"茅粉"群体赢得市场竞争优势，牢牢保持高端白酒优势，其中，贵州茅台酒在我国享有"国酒"的美称。

随着市场竞争的加剧、消费理念的转变，贵州茅台深入贯彻战略管理会计理念，在母子品牌战略执行中结合风险管理、投资预算管理、成本管理等，其母子品牌战略经过了"母品牌资产创立阶段—子品牌资产扩张阶段—子品牌资产瘦身阶段"的调整。2012 年起，贵州茅台大力扩张中低端酱香酒系列产品市场，进行子品牌、副品牌的有机整合，打造"品牌占有、价格领先、销量抗衡"的市场格局；又于 2017 年在总经理李保芳的带领下，大力进行品牌瘦身，清理不合格子品牌，并表示所有清理工作将在 2019 年全面完成。贵州茅台从一开始的"一品独大"到"三茅一曲四酱"到"133"品牌战略，再到现在的突出抓好已存在品牌效应和市场规模的"王子酒、迎宾酒"，系列酒的品牌在不断聚焦，子品牌资产拓展思路也越来越清晰。

近年来贵州茅台品牌资产价值呈持续上升态势。贵州茅台品牌价值从 2011 年的 347.67 亿元涨到 2017 年的 1305.48 亿元，7 年间从"中国 500 最具品牌价值"榜单的第 35 名，突飞猛进上涨到第 21 名。根据 2018 年品牌资产价值评估报告，贵州茅台已达到 1652.72 亿元，同比增长 26.60%，在食品饮料类企业品牌资产价值排名中位居首位。

1.2　母品牌资产创立阶段："1 独"

最初阶段，绝大多数酒企专注于核心品牌，采取单一品牌化战略，其中，贵州茅台坚持"一品为主"的发展方针，以利润率高、成长快的高端白酒市场为目标盈利市场。贵州茅台凭借"国酒"的差别化战略，牢牢占据高端市场份额，致力于形成"贵州茅台"母品牌资产，这个阶段的利润几乎全部来源于贵州茅台酒，然而最大的竞争对手五粮液自 1994 年起进行"母品牌资产为主、子品牌资产为辅"的广泛扩张，相对来说，贵州茅台在品牌延伸上显得保守，更是缺乏强势的品牌资产组合。

1.2.1　差别化战略

这一阶段，贵州茅台走的是高档化、差异化的品牌路线，以"高端品牌策略"凝聚市场利润、构建核心竞争优势。区别于浓香型的泸州老窖，和清香型、兼香型的其他白酒，贵州茅台主产酱香型白酒，茅台酒具有独特的香味，广受消费者青睐，称为"茅香"，由此贵州茅台成功占据酱香酒市场并成为酱香酒典型代表，也因此获得议价能力。同时，贵州茅台的战略规划是将资源聚焦于高端"贵州茅台酒"品牌，在此基础上发展核心品牌优势，形成专一性的市场竞争力，并通过品牌旗下不同度数、年份的产品牢牢占据细分市场，紧紧抓住高端客户，获得高端市场这一利润大、竞争相对较弱的占有份额，而不追求产销量的排名，也因此获得了突出的效益。

1.2.2　盈利能力受阻

贵州茅台品牌延伸乏力，盈利能力受阻。"唯飞天"模式极好地巩固了贵州茅台的品牌资产价值，占据了高端产品市场，但也出现单一品牌突出却没有强势品牌资产组合的问题。一方面，优质品牌资产组合是企业在行业竞争中的重要武器，单一品牌不能满足利润及市场需求；另一方面，"国酒茅台"的印象深入人心，推出中低端产品难度也更大，尽管在母品牌资产的基础上进行扩张降低了市场开拓费用，但推出子品牌必然需要投入额外成本。

1.3 子品牌资产扩张阶段："1+N"组合

从2012年底开始，白酒行业进入深度调整期①，尤其受"三公消费"政策②限制的影响，餐饮业市场发展形势严重恶化。我国白酒面临产能过剩，高端白酒市场低迷，高端渠道受阻，市场整体经济不景气的困难局面。各大酒企都在调整思路，努力开发新产品、拓展新市场，尝试以不同的方式获得新的增长点，主要面向大众推出中低端白酒。贵州茅台也从"母品独大"调整到"1+N"母子品牌资产组合，投入大量成本扩张市场，整个白酒行业中只有贵州茅台的业绩没有出现下滑，且销售量逆势增加，盈利稳定。

贵州茅台在五粮液等竞争对手品牌的强烈冲击下，为维持经营业绩，抓住酱香酒的新机遇，开始"一品为主，多品发展"的战略模式，2015年初确定"三茅一曲四酱"系列酒品牌体系③，借助茅台酒的品牌，将系列酒推向市场，以此壮大贵州茅台整个酱香酒家族的发展力量。此后，贵州茅台作出中长期品牌战略发展规划，重点发力大众市场，实行"133"品牌战略（如图4-1所示），且首次提出打造以"1"个飞天茅台为核心、以"33"为辅助的"一核带动、双轮驱动"型茅台品牌集群，实施"以高端为主、中低端为辅"的品牌延伸战略，充分利用现有品牌的市场影响力，向市场成功推出27款酱香系列新产品。

1.3.1 四维架构延伸

2013年开始，贵州茅台从"单品独斗"变为"多品开花"，搭建四维型品

---

① 在"三公消费""八项规定"及"六项禁令"的政策背景下白酒行业进入持续深度调整阶段，详见网址：http://www.docin.com/p-1014056207.html。
② 2012年12月4日，中央政治局会议审议通过了关于改进工作作风、密切联系群众的八项规定。中共中央总书记习近平在会议上强调，政治局委员到基层要简化接待。详见央视网：http://jingji.cntv.cn/tbgz/20121231/。
③ 三茅：赖茅、王茅、华茅，一曲：贵州大曲，四酱：汉酱、仁酒、王子、迎宾。

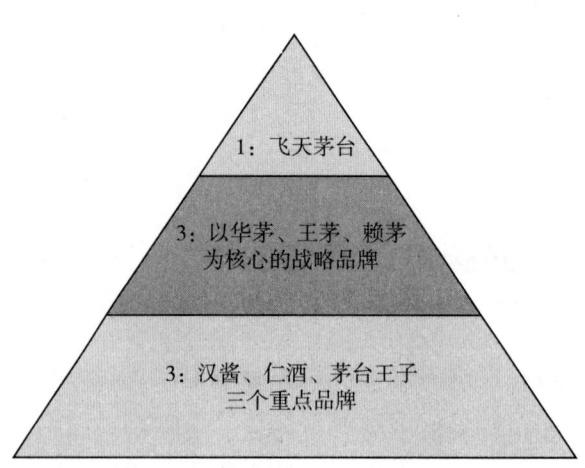

图 4-1 贵州茅台"133"品牌战略图

牌架构,包括茅台白酒、啤酒、红酒产品和特许经营系列。贵州茅台主要进行中低端市场新品牌开发,特别是着力打造茅台酱香酒集群,改变品牌结构,形成多元化发展格局。通过酿造工艺、产品、渠道的共有特点扩大品牌影响力,巩固核心品牌,延伸扩展。

贵州茅台的品牌延伸战略实现了核心品牌和重点品牌突飞猛进。一方面,贵州茅台先后开发同为酱香型且相同度数的王子酒、迎宾酒,实现向中低端市场的延伸;又将产品分为白酒、啤酒、葡萄酒三大战线,以茅台酒为龙头,实现规模经济,强化营销。产品线方面,贵州茅台在2016年对系列酒品牌战略做出调整,优化子品牌规模,重点建设三个全国性系列品牌。另一方面,在贵州茅台"133"品牌方阵中,飞天茅台价量齐升已经供不应求,伴随茅台集团在次高端市场品牌势能的逐步释放和发力,系列酒成功进入大众消费群体,促进酱香酒型获得大众青睐,为打造"贵州茅台酒"的世界级品牌奠定基础。

1.3.2 增加投资成本

随着行业深入调整,高端白酒市场面临巨大挑战,贵州茅台积极抢占中低端市场。此外,酱香酒在经济压力下仍以3%的产量比占据了30%的销售收入市场份额,因此贵州茅台选择基于酱香型差别化战略扩张中低端酱香酒市场。其发展思路是:增加营销投资,将产品推向次高端及中低端市场,保住经济萎缩形势下的高端市场地位。高端市场产品面临政策和行业竞争的双重压力,次高端也不太乐观,各品牌开始向其他细分市场进一步扩展,贵州茅台结合企业发展的战略需求,集中资本投资中低档产品品牌,力争成功延伸消费群体,在市场低迷形势下维持利润水平。

为保住腰部利润市场,贵州茅台加大市场支持力度,逐步注入新品,投入大量广告宣传和市场拓展费用来推出"平民酒",高成本扩张中低端市场,提高市场利润。2013年投入广告宣传及市场拓展费用达到16.61亿元,同比增加57.65%,在此之后逐渐减少营销成本(如图4-2所示),行业大调整背景下,贵州茅台在2013年也成功保住了市场份额。

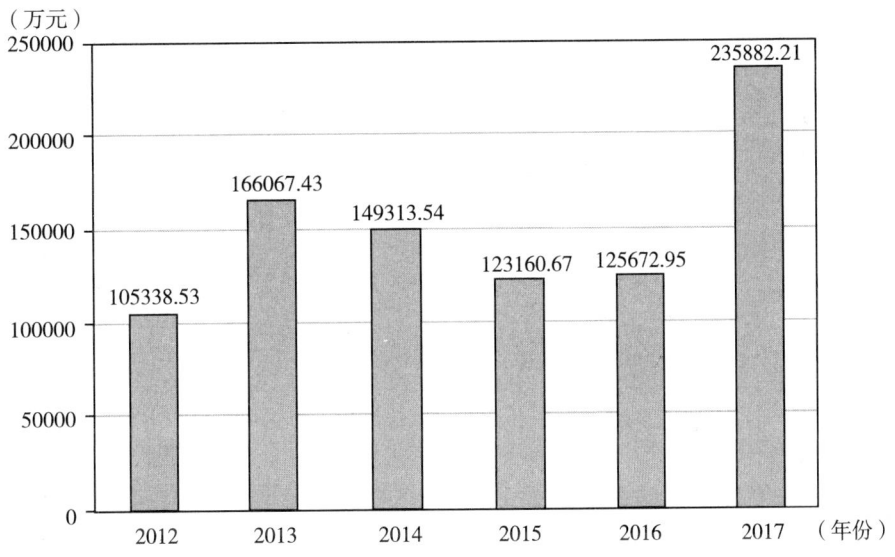

图4-2 2012—2017年贵州茅台广告宣传及市场拓展费用情况图①

1.3.3 创造利润增点

酱香系列酒薄利多销,成为贵州茅台的"重要增长极"。从2016年的销售额23亿元,到2017年43亿元的目标,茅台集团的"千亿"战略中,茅台酱香系列酒被寄予厚望。自2015年8月到茅台后,李保芳提出开拓系列酒市场及稳

---

① 数据来源:根据贵州茅台2012—2017年年报整理。贵州茅台自2013年开始在销售费用下列示"广告宣传及市场拓展费用"明细项目,在2012年及以前列示为"广告宣传费"明细项目。

定茅台酒利润。中端产品（系列酒）的利润率比高端（茅台酒）高，茅台王子酒等系列酒年增幅超过100%，在主品牌的经营管理上，贵州茅台一直将生产量控制在特定范围内，高价低产的属性正是飞天茅台高端白酒的有效保证，面向大众消费者的中低端子品牌则主要贡献销量与利润。

近年来贵州茅台在其他酒品实现了快速延伸。由于茅台酒价下降，且政策对其消费的限制，茅台酒的销量大不如前，仅靠茅台酒已不能保证收入，贵州茅台在品牌延伸战略转型中，加大系列酒产量，扩大系列酒市场占有份额，采取薄利多销的方式，这对贵州茅台的营业收入、销售毛利率等有很大贡献。此外，虽然新品牌市场投入成本较高，相对来说还是有所节省，通过成本控制和延伸品牌的溢价能力，扩大经销商利润空间，培养新的利润增长点。

在行业深度调整背景下，贵州茅台利润水平相对稳定，利润率超过行业利润率，其中系列酒在2012年对营业利润的贡献度达到7.29%，但随后几年呈下降趋势，也反映贵州茅台虽不断扩张子品牌但毛利贡献却降低的现象。尽管从2015年开始系列酒利润占比有所回升，但也可以看出茅台酒利润基本持平。茅台酒及系列酒的利润增长及系列酒利润占比曲线如图4-3所示。

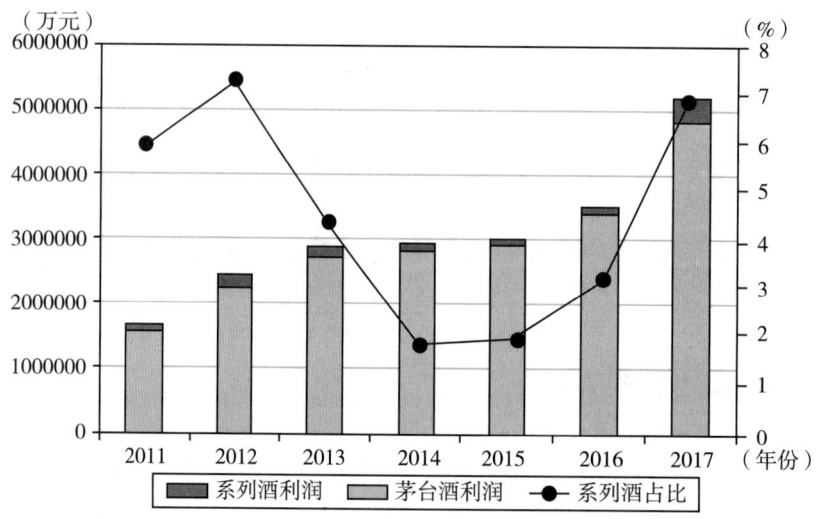

图4-3 2011—2017年贵州茅台营业利润构成及比例图

1.4 子品牌资产瘦身阶段："1+N 优"组合

品牌延伸对市场低迷下的贵州茅台业绩有[①]一定贡献，但随之而来的是品牌模糊问题，同时由于五粮液、洋河等也进入中低端市场，以至于市场同质化且竞争加剧，贵州茅台提出了基于核心品牌的企业收缩模式，认为培育基于核心品牌来增强子品牌黏度的品牌阵列是增强企业市场竞争力的根基，其重点在于强化品牌资产管理。

2017 年，茅台集团表示将严格落实新"品牌管理办法"[②]的推进工作，对子品牌做出详细的整改规划，清理掉多余品牌，终止不合格子品牌，并将于下半年全面贯彻执行。其中，着力加强酱香酒系列品牌的管理，砍掉不合格或是表现不好的子品牌。

1.4.1 削减弱势品牌

贵州茅台过度多元化发展模式导致母品牌资产缩水、成本过高等一系列问题。其一，市场竞争加剧，贵州茅台陷入做不大茅台系列酒的困境。由年报数据可知，2014 年、2015 年系列酒销售利润分别仅有 5.35 亿元和 5.86 亿元，相比 2013 年降幅超过 50%。其二，子品牌的盲目延伸严重稀释母品牌价值。过度开发子品牌导致顾客对品牌认知模糊，低端白酒与贵州茅台一直以来的"国酒"定位相差甚大，劣质品牌的出现也破坏了贵州茅台形象，降低品牌资产整体收益性。其三，子品牌资产扩张后公司主要业绩还是靠飞天系列白酒，大多数子品牌知名度不高，没有成功延伸。过去几年贵州茅台推出众多规格品种的白酒，而成功在市场上为大众所熟悉的仅有茅台王子酒、迎宾酒，且系列酒整体利润率偏低。

因此，贵州茅台改为抓实已具品牌效应的王子酒、迎宾酒，对中低端品牌进行整合，清理盈利能力弱、经营情况差的子品牌，即适度多元化，准确进行

---

① 数据来源：贵州茅台 2011—2017 年年报。
② 茅台集团新"品牌管理办法"规定：每家子公司保留的品牌数不超过 10 个。

品牌定位。2017年茅台集团发布新"品牌管理办法",在2017年开始着力开展品牌清理工作,将子品牌按考核情况分为合格、适中和不合格三种级别,分别予以保留、察看和终止,并表示将在2019年全部落实整改。截至2017年9月茅台集团的清理成果如表4-2所示,共计清理了155个子品牌和近2000个产品,其中酱香酒减至11个子品牌。

表4-2　　2017年上半年茅台集团品牌瘦身一览表①

子公司	原有品牌数（个）	原有产品数（个）	现有品牌数（个）	现有产品数（个）
酱香酒公司	34	277	11	96
习酒公司	22	320	10	66
技术开发公司	41	472	10	78
保健酒公司	54	828	10	75
白金酒公司	42	349	7	43
生态农业产品公司	—	—	7	20
西丰健康产业公司	—	—	4	28
循环产投公司	6	84	0	0
合计	214	2389	59	406

1.4.2　关联协同效应

系列酒强强联合,实现规模效益,将成为贵州茅台增长的后续动力。延伸品牌与母品牌的相关程度是决定品牌延伸成败的决定性因素,增加品牌共性是实现整体协同效应的有效方法,同时有助于提高广告宣传效率、降低延伸品牌投资风险。贵州茅台在品牌战略调整中清理掉混乱、影响母品牌形象的系列品牌,对子品牌的整体压缩调整、整治削减,有利于公司战略的优化,规范市场产品组合、聚焦发展贵州茅台核心品牌。

系列酒的发展正在步入正轨,并成为企业财务绩效的重要支撑。贵州茅台逐渐解决子品牌定位模糊、与母品牌关联度不高的漏洞,这一"清理"正是增

---

① 网络资源整理 http://spirit.tjkx.com/detail/1042869.htm。

强企业的管控能力、促进发挥品牌协同效应、有效实施品牌管理的关键举措。根据贵州茅台年报披露的 2017 年产品收支情况，系列酒营业收入同比增长 1.72 倍，占总体收入比已接近 10%，毛利率增长 9.20%，如表 4-3 所示。

表 4-3　　　　　　2017 年贵州茅台分产品利润情况表①

分产品	营业收入（亿元）	营业收入同比（%）	营业成本（亿元）	营业成本同比（%）	毛利率（%）	毛利率同比（%）
茅台酒	523.94	42.71	37.64	57.76	92.82	-0.68
系列酒	57.74	171.53	21.51	117.77	62.75	9.20
合计	581.69	49.76	59.15	75.33	89.83	-1.48

1.4.3　增加成本相关性

延伸的子品牌与原品牌在技术、销售渠道等的相似性有利于其占领更多的细分市场，并降低开发成本和营销成本。相反，如果缺乏关联性，不仅不利于成本控制，还会增加额外支出。贵州茅台利用茅台酒的品牌、销售等优势，选取品牌黏度较高的系列酒全覆盖占据高、中、低端市场，高端品牌主推飞天茅台、五星茅台，中端（中高端）品牌主推相对工艺简单的茅台王子酒，低端品牌主推口感较王子略逊但性价比却超高的茅台迎宾酒。总体来说，贵州茅台突出抓好与贵州茅台酒同为酱香型的王子酒、迎宾酒。

贵州茅台在子品牌资产瘦身战略执行中把降营销成本作为促盈利、增资产的关键步骤。首先，合理预算各个环节的营销费用支出，将总销售成本控制在合理范围内；其次，结合数据分析销售费用的组成及项目间的成本相关性；最后，鼓励推广具有成本相关性的品牌，减少非增值项目，并有针对性地调整经营战略对成本加以控制。由上文数据可知，贵州茅台的营销成本在总成本中占比较大，所以宣传管理费的合理规划对成本管理至关重要。贵州茅台为扎实推进"133"品牌战略，增加了市场投入，尽管 2017 年的销售费用大幅增加，但可以看出，广告宣传费及市场拓展费在全部销售费用中的占比有所降低，如图 4-4 所示。

---

① 根据贵州茅台 2017 年年报整理。

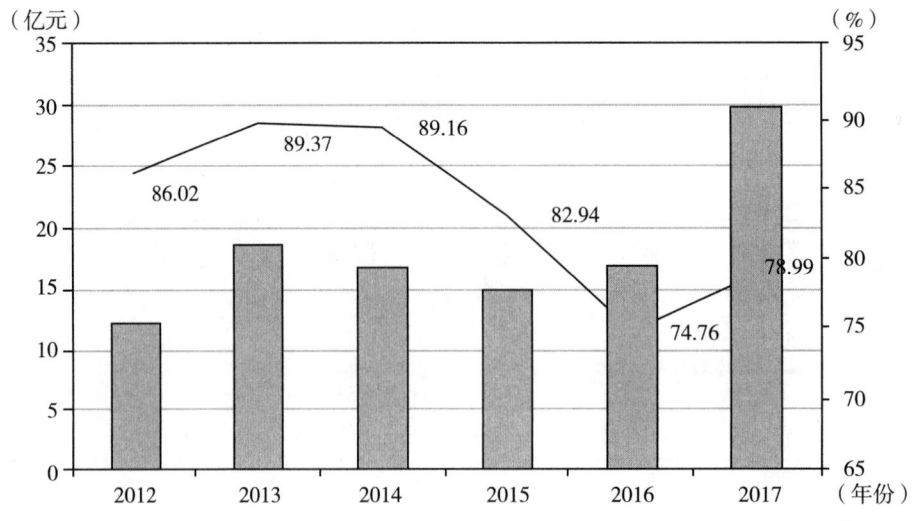

图 4-4　2012—2017 年贵州茅台全部销售费用及宣传费用占比图①

2　贵州茅台母子品牌延伸效应

贵州茅台在母子品牌战略上采取了延伸战略，经历了"单一到扩张到瘦身"的转变，尽管现阶段子品牌资产有所缩减，但还是在母品牌资产的基础上进行延伸，只是相对精简。本书对于贵州茅台母子品牌战略实施绩效的评价应该按照"品牌战略实施阶段—品牌战略调整动机—延伸效应评价"的逻辑。

按照本书设计的母子品牌延伸效应评价体系对贵州茅台进行评估，贵州茅台在母子品牌战略中取得了显著的成效。

2.1　财务层面效应

关于营销成本的变化，在前文已作比较，此处不再赘述。以下主要从品牌

---

① 根据贵州茅台 2012—2017 年年报整理。此处宣传费包括广告宣传和市场拓展费。

资产的盈利能力、发展潜力、科研成本投入以及品牌资产价值几个角度进行财务层面效应的评价。

2.1.1 品牌产品盈利能力

贵州茅台母子品牌战略带来财务层面经营利润的正面效应主要体现在母品牌茅台酒及子品牌系列酒①的营业利润、品牌资产带来的净利润上。

茅台酒在 2013 年经营利润的增加与毛利率的最高点表明贵州茅台这一阶段实施的品牌战略带来了较好的盈利效果。贵州茅台的酒类销售分成茅台酒和系列酒，其中，茅台酒是母品牌产品，系列酒即子品牌产品。贵州茅台在 2013 年开始在中低端市场大力推广子品牌，新产品的出现给企业带来了利润，随后在市场上的拓展费用以及新产品开发费用使得经营利润下降，但茅台酒基本呈上升态势，表明系列酒的推出对茅台酒品牌有一定的正面效应。如图 4-5 所示，2016 年贵州茅台业绩强劲增长，在产品市场、资本市场创下一系列新高，但随着子品牌的过度开发，在子品牌上的投入也进一步加大，系列酒利润与茅台酒

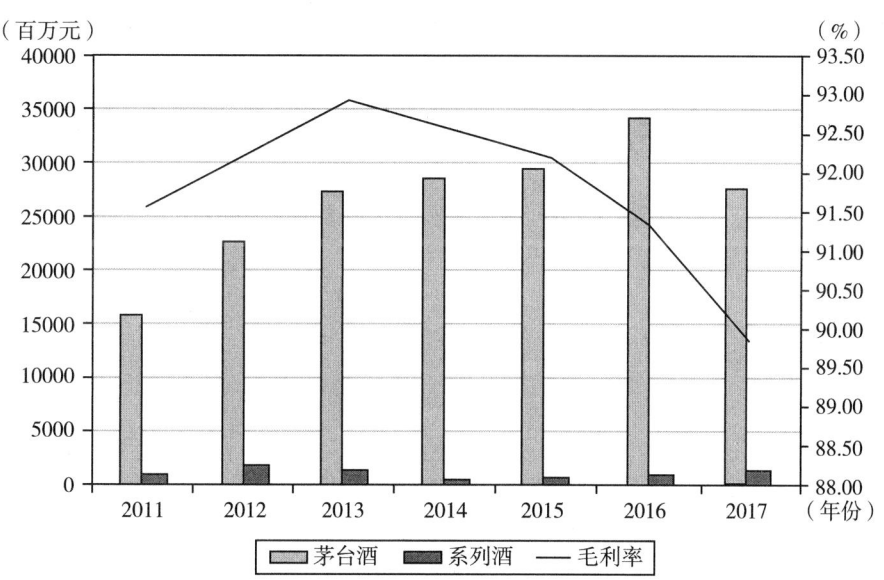

图 4-5 2011—2017 年母子品牌资产经营利润与毛利率趋势图②

---

① 贵州茅台母品牌产品是贵州茅台酒，子品牌产品主要包括茅台王子酒、茅台迎宾酒、赖茅酒等。
② 根据贵州茅台历年年报营业收入与利润数据整理。

呈反向变化，从 2014 年开始减少，尽管市场上的子品牌种类越来越多，但盈利能力不但没有如茅台酒般增长，却是下跌，表现为系列酒种类过多造成了利润难以维系的局面，也正是系列酒的混乱使得企业毛利率在 2013 年达到 92.9% 顶峰后持续下跌，直至 2017 年降到 89.83%。这也解释了贵州茅台在 2018 年决定大规模品牌缩减的原因。

品牌延伸活动的最初动机和最终目的是产生超过品牌产品本身能够创造的利润，获取"1+1＞2"的超额收益，超额收益即为品牌资产能够带来的利润。其效应体现在公司整体经济效益中，通过对企业整体营业利润的分离获得，首先估计产品或业务给企业带来的利润，再从中扣除产品本身利润和非品牌无形资产的利润，剩余的超额收益即品牌无形资产所创造的。总结来说，品牌资产对企业利的贡献可用公式（4-1）① 计算：

品牌资产带来的营业利润 = 企业的实际利润 - 平均资本利润　　　　（4-1）

首先决定白酒行业的平均资本利润率，平均资本利润用企业的平均资本乘以行业平均资本利润率可得。如图 4-6 所示，贵州茅台品牌资产带来的利润在 2013 年和 2017 年分别达到较高点，说明企业品牌资产所创造的价值较高。

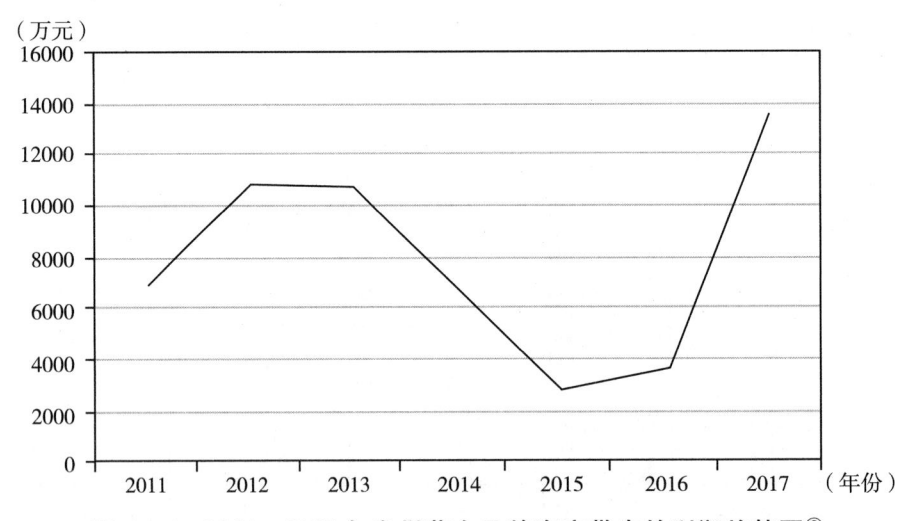

图 4-6　2011—2017 年贵州茅台品牌资产带来的利润趋势图②

另外，贵州茅台品牌延伸战略的成本效应表现在研发支出上。贵州茅台

---

① 公式参考 Interbrand 评估模型的计算方法进行修正。
② 利润数据根据贵州茅台年报数据整理。白酒行业平均资本利润率由国泰安数据库资本和利润指标整理所得。

主要将新品牌产品市场拓展费、研发人员工资成本等计入研发支出进行费用化处理，贵州茅台围绕食品安全、基础研究、产品开发、装备升级等多方面持续开展技术创新工作，并不断运用于生产经营中，达到以创新促进发展的目的。

从 2012 年开始，贵州茅台在研发上的投入逐渐上升，主要是为了扩展新品牌产品，增加较多的研发项目，2015 年主要是比 2014 年增加研发项目而发生较高的费用化研发支出，而 2017 年研发支出的减少主要是由于研发项目比上年减少，贵州茅台主要措施是品牌优化，对不合格的子品牌进行清理，适当缩小品牌延伸的规模，研发支出在营业收入中所占比重加速下跌，2012 年占比为 2.39%，到 2017 年降至 0.75%，说明研发费用所带来的收入效应是远超投入、具有增值作用，且带来的增值效应在逐年增强，能够为企业创造更多的营业收入。如表 4-4 所示。

表 4-4 2012—2017 年贵州茅台研发支出及占收入比情况表①

项目	2012 年	2013 年	2014 年	2015 年	2016 年	2017 年
费用化研发支出②（万元）	46693.18	45277.41	48812.76	51106.40	60960.89	43488.00
资本化研发支出（万元）	16537.59	19448.92	16406.62	14616.41	—	—
研发支出占营业收入比（%）	2.39	2.09	2.07	2.01	1.57	0.75

如图 4-7 所示，贵州茅台 2012—2015 年的研发总支出基本均在 6 亿元左右，到 2016 年开始减少研发投入，且全部费用化，说明贵州茅台在品牌开发上放缓了脚步，而资本化研发支出除了在 2013 年明显偏高，在后来两年也连续下降，这得益于 2013 年开始大规模规划的品牌扩张战略。据贵州茅台 2018 年上年报，公司的研发支出仅为 1.14 亿元，较上年同期的 2.91 亿元大幅下降 60.67%。高研发费用可能带来经营上的风险，过度的创新支出给贵州茅台的经营造成了负担，此时减少研发创新，加强整顿不失为好的选择，但若想在市场上占据优势，短暂调整后仍应保持继续创新。

---

① 根据贵州茅台 2012—2017 年年报"研发投入情况表"数据整理。
② 根据贵州茅台的年报披露会计处理办法，费用化研发支出包括列入生产成本的研发支出、新产品市场推广费及科研人员工资等支出。

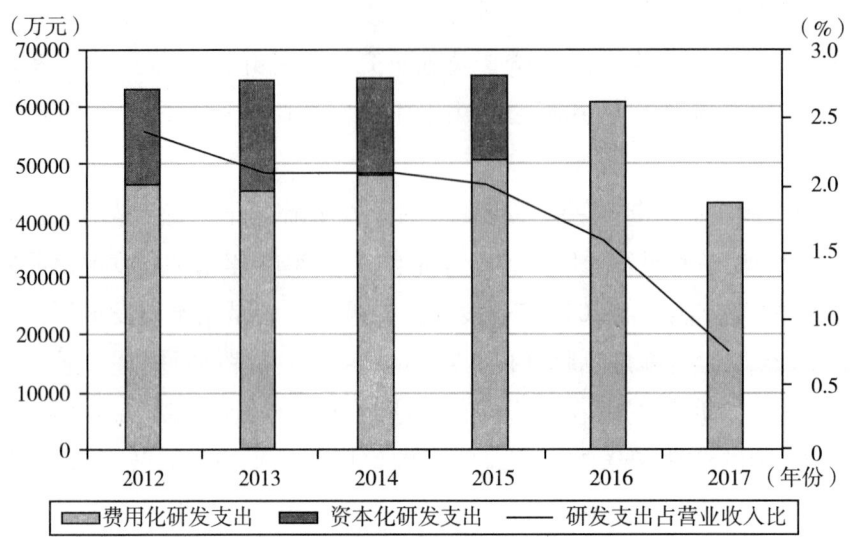

图4-7 2012—2017年贵州茅台研发支出及占比趋势图

2.1.2 品牌资产发展潜力

贵州茅台扩展子品牌以来，随着企业生产经营规模的持续扩张，市场占有份额和顾客基础不断增大，产业结构继续升级，盈利能力维持提升，创新的品牌延伸战略对企业发展潜力有明显促进作用，本书主要通过营业收入增长率、净利润增长率、资产保值增值率、可持续增长率指标的变化趋势来说明。

贵州茅台各项发展能力指标的变化趋势一定程度上显示了母子品牌战略财务层面的有效性。尤其是净利润增长率指标，在2013年实施子品牌资产扩张战略前，维持较平稳的趋势，甚至受行业政策调整及高端白酒市场竞争加剧的影响，在2012年降至-14.79%，而在2013年贵州茅台提出打造茅台大品牌，进军中低端市场，净利润增长率出现剧增，达到199.45%，说明新市场的打开极大程度上助力了贵州茅台的净利润水平。2013年之后各项指标未能持续绩优涨势，主要是因为白酒行业进入深度调整期，各企业经营情况都受到打击，而贵州茅台的增长率在行业中还是排名前列。在2017年开始对品牌组合清理、调整的措施效果从趋势图上看也显而易见，截至2018年9月的净利润增长率、资产保值增值率、可持续增长率都有较大幅度的上升。如图4-8所示。

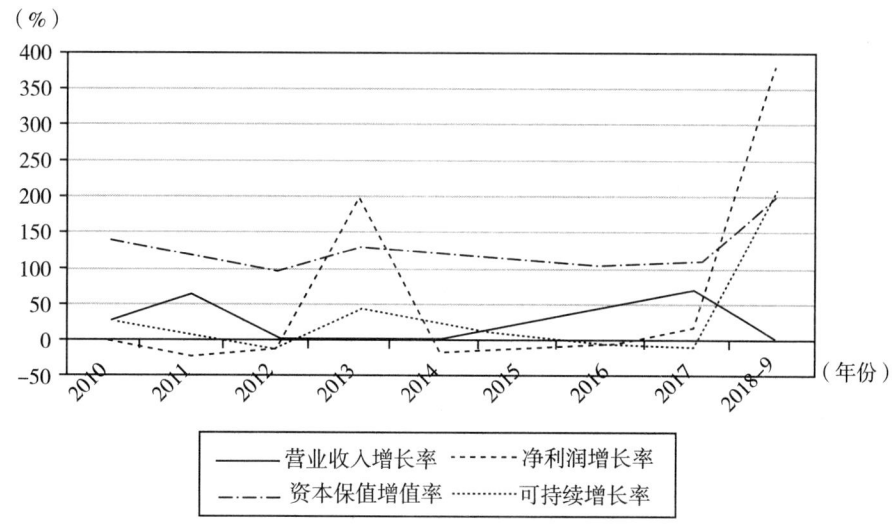

图 4-8 2010—2018 年贵州茅台发展能力指标对比图①

2.1.3 品牌资产价值

对品牌资产价值的评估是市场对贵州茅台品牌延伸效应的财务价值反映，品牌资产价值是品牌为企业带来未来收益的折现，其价值评估应当基于财务需要与品牌资产管理需要，综合财务要素、市场要素进行测量。Interbrand 公司是世界著名的品牌资产价值评估机构，采取主观判断（品牌强度系数的确定）与客观依据（产品利润率、市场份额、企业盈利等）相结合的方法进行判断，以此为依据提出品牌资产价值计量公式（4-2）：

$$V = \Pi \times BIM \tag{4-2}$$

式中：

V——品牌资产价值

Π——品牌资产带来的净利润

BIM——品牌强度系数

其中，品牌资产带来的净利润可以用企业的实际利润扣除平均资本利润来

---

① 根据国泰安数据库上市公司发展能力指标数据整理。

确定，一般取近两年的加权平均值。品牌强度系数由七个要素综合决定①。

世界品牌实验室是一家国际化的品牌价值研究机构，许多企业在并购决策中将其无形资产评估数据作为关键依据。按照世界品牌实验室衡量"品牌资产对企业收入的贡献"的标准，即考虑包括品牌投资、延伸所发生的费用支出等财务因素和市场形势、行业竞争等宏观因素，结合未来稳定的现金流入、需要的融资成本等进行客观、有效的判断，并通过折现算出企业品牌价值。它与Interbrand法的差别主要在于：因特模型采用未来经济收益折现计算法，而它通过经济增加值对未来盈利的趋势和品牌资产对预期收入的贡献率进行预测。

因此，本书选择参考世界品牌实验室的做法来衡量品牌在财务上的价值，即运用EVA指标来计算的"经济适用法"，如公式（4-3）所示：

$$品牌价值 = E \times BI \times S \tag{4-3}$$

式中：

E——调整后的年业务收益额

BI——品牌附加值指数

S——品牌强度系数

其中，调整后的年业务收益额通过赋予前三年经营利润和预测两年期收益合适的权重，计算加权平均数；品牌附加值指数通过计算品牌创造超额利润的比率；品牌强度系数，在考虑到中国行业及市场经济发展独特性的基础上，结合市场调研数据、财务绩效指标、系统定性进行分析，体现品牌资产的预期盈利②。

结果表明，贵州茅台在财务层面的品牌资产价值指标上取得了较好的效应。根据世界品牌实验室每年公布的《中国最具品牌价值500强》得到的贵州茅台、五粮液等企业的品牌资产价值变化趋势如图4-9所示，其中，2012年及之前，五粮液的品牌资产价值在白酒行业出于领先地位，在2013年贵州茅台（826.37亿元）首次超过五粮液（816.31亿元）。贵州茅台自2013年开始扩张，在子品牌资产延伸战略的影响下，品牌资产价值也得到提升，到2017年已达到1305.48亿元。泸州老窖与剑南春不相上下，增长幅度相差不大。

---

① 因特模型认为影响品牌强度系数的七要素：市场领先度、稳定性、市场特征、国际化能力、发展趋势、品牌支持、法律保障。
② 根据世界品牌实验室评估体系及依据整理，详见：http://www.worldbrandlab.com/indexnew/chinabrand.htm。

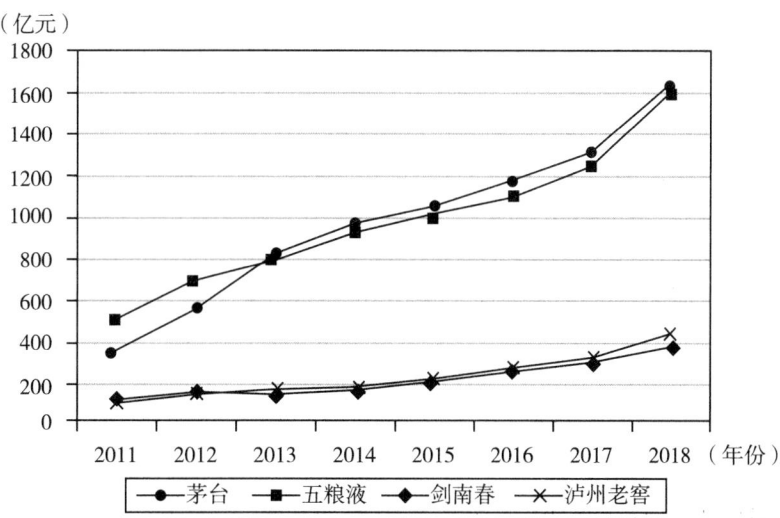

图 4-9 2011—2018 年高端酒企品牌资产价值曲线图①

2.2 顾客层面效应

2.2.1 品牌认知度

品牌认知度是顾客对品牌的感知程度，对品牌产品及其特征的认可性，顾客的品牌认知度越高，说明产品特征符合品牌价值定位，有助于提高品牌价值和销售收入。如图 4-10 所示，通过国内、外的销售收入及增长率反映顾客对贵州茅台品牌认知度的问题。

从图中可以看出，无论是国内市场还是国外市场，增长率一直都是正数，销售收入较上一年都有所增长，在某些年度增长率比较低，但相对来说，国外市场比国内市场下降程度小，这主要是因为国内市场形势错综复杂，面临经济结构和产业结构的调整压力，更是有相关政策限制，导致国内市场呈现"挤压式增长"，即使随着产业发展，有所恢复，也很难再现高增长，直至 2017 年的

---

① 世界品牌实验室年度公布数据，http：//www.worldbrandlab.com/indexnew/chinabrand.htm。

品牌战略调整，贵州茅台的增长率达到 6 年来最高点，这也说明了贵州茅台品牌整体对顾客的吸引力，在市场上有不错的顾客认知度，取得较好的顾客效应。

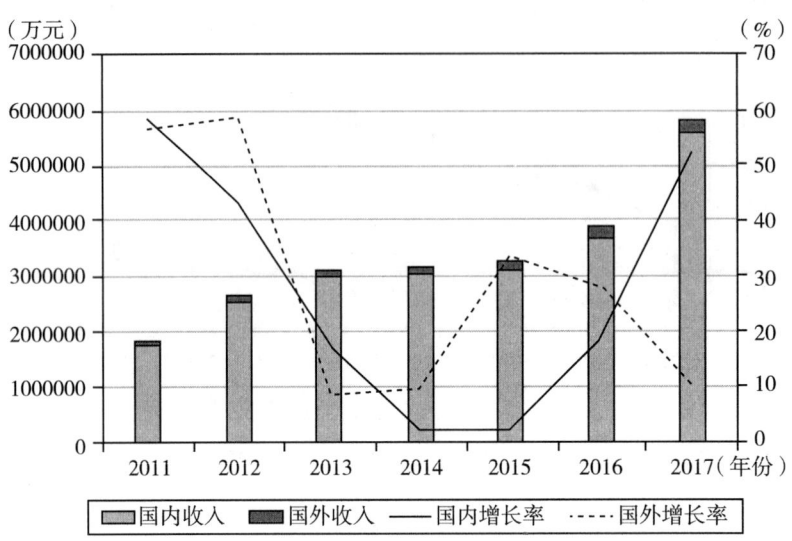

图 4-10　2011—2017 年贵州茅台国内、外销售收入情况图①

2.2.2　品牌产品的顾客购买意愿

贵州茅台酒类产品销售量的增加一定程度上表明品牌延伸战略是成功的，顾客通过中低端品牌消费满意度感知贵州茅台品牌，从而促进茅台酒的销售。贵州茅台酒类销售量从 2013 年的 26033.64 吨上涨了 1.39 倍，到 2017 年达到 60108.36 吨，由于白酒产品的生产工艺特征，投产时间与实际产能的释放需要间隔几年，一般库存的成品需要储存 5 年后开始出售，近两年的库存量明显突增，一方面是生产量的增加而导致，另一方面是为未来的销售做储备。在行业经济下行、政策限制的情形下，贵州茅台的销售量逆势上扬，一定程度上说明了品牌延伸对顾客群体的影响力是直观的，顾客对于贵州茅台白酒产品的购买意愿、新顾客的增加或是回购的可能性增加，即顾客对延伸品牌产品的满意心理。

从图 4-11 可以看出，茅台酒和系列酒历年来的生产量、销售量差别不大，维持着某种程度的供销平衡，销售量基本持续增加。贵州茅台的酒类产品包括

---

① 根据贵州茅台历年年报"收入和成本分析→销售情况→区域情况"数据整理。

茅台酒和其他系列酒，2017年茅台酒销量同比增长31.8%，是2016年增长幅度的两倍，系列酒销量同比增长113.19%，远超过2016年的增长幅度，系列酒的销售对贵州茅台的市场份额有尤其突出的贡献。

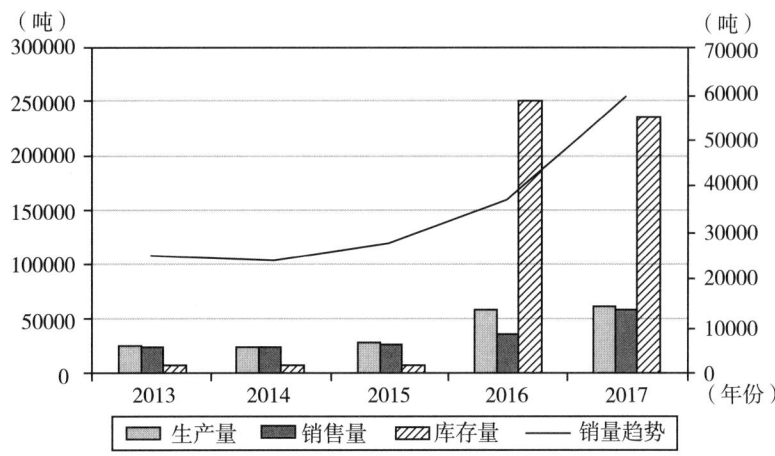

图4-11 2013—2017年贵州茅台酒类历年产销量分析图①

2.3 市场层面效应

贵州茅台母子品牌延伸市场层面的效应主要表现在市场占有率指标和各品牌销售占比指标上，可以明显看出，贵州茅台取得了较好的市场效应。

2.3.1 品牌市场占有率

贵州茅台品牌市场占有率呈上涨趋势，体现良好的市场效应，如图4-12所示。随着子品牌在中低端市场的渗透，贵州茅台的市场份额愈加稳定，与客户的关系更加稳固和持久，市场地位相比品牌延伸之前也更稳固，虽然2013年实施扩张战略以前，贵州茅台在市场上的好评度已经超越最大的竞争对手五粮液，成为行业龙头，但子品牌资产扩张战略的成功使得贵州茅台的优势进一步巩固。

---

① 根据贵州茅台2013—2017年年报整理。贵州茅台2012年及以前年度的年报未披露产量、销量等数据。

白酒行业自进入调整期，高端白酒市场受到的冲击最为明显，贵州茅台、五粮液、洋河、剑南春等的销量都有所萎缩，加之"三公消费"政策对白酒的限制，高端市场的利润优势受挫，竞争格局更加激烈，此时，将企业资源拓展至中低端市场无疑是对市场形势的摸索与占据新市场的机会。2017年，贵州茅台的瘦身战略聚焦品牌优势，挽救品牌形象，在市场占有率上取得直观的效果体现。整体来说，贵州茅台近年来的市场占有率基本呈上升趋势，对比每年12月的数据尤其明显，说明在市场上所占的份额越来越高。

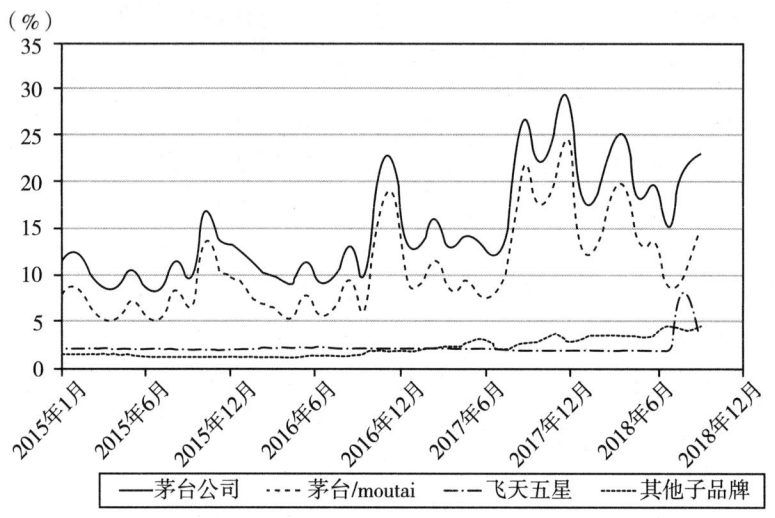

图 4-12　2015—2018 年贵州茅台各品牌市场占有率趋势图①

2.3.2　品牌内部销售额占比

对于贵州茅台各个品牌的市场销售情况如图 4-13 所示，子品牌资产扩张的结果是茅台酒销售额占比减少，系列酒在总销售额中的份额增加，对于公司整体来说是新的利润增长点，弥补茅台酒在高端市场的受阻。尽管酱香系列酒利润率较低，且品牌号召力不如贵州茅台品牌，但缓解了高端产品市场的竞争态势，为贵州茅台突出重围有不可忽视的贡献，在品牌占比上有显著市场效应。

---

① 由 wind 数据库市场占有率数据整理所得。其他子品牌包括除飞天茅台、五星茅台外的品牌。

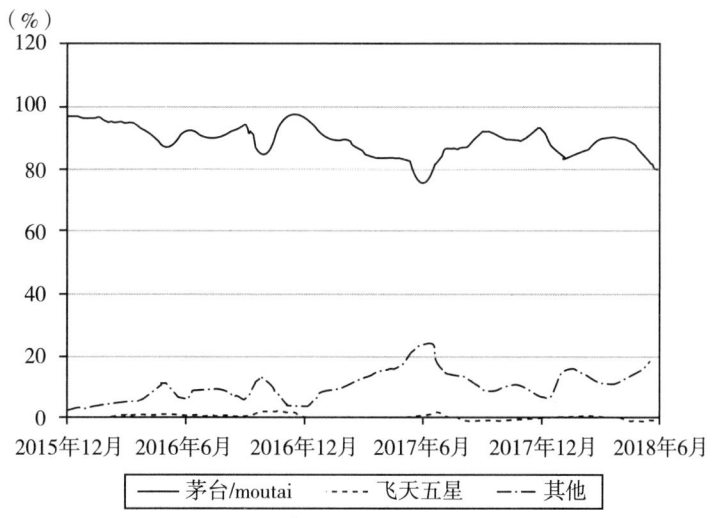

图 4-13　2015—2018 年贵州茅台各品牌内部销售额占比趋势图①

2.4　总体效应：企业价值层面

结合以上从财务、顾客、市场三个层面对贵州茅台的母子品牌战略进行评价的结果，可以得出：子品牌资产扩张战略为公司带来新的利润增长点，使得贵州茅台在行业深度调整中保持竞争实力并率先走出行业低谷；子品牌资产瘦身战略有效解决了过度扩张导致的品牌混乱、成本浪费、利润低迷等问题。总体来说，贵州茅台的品牌资产经过一系列的战略性转型调整，从品牌资产本身和企业利润创造的角度来看都有较好的延伸效果。

贵州茅台母子品牌战略的延伸效应最终反映在企业价值上。本书按照公式（4-4）对贵州茅台的企业价值进行估算：

$$\text{企业价值} = \text{实际 EPS} \times \text{P/E 静态值} \times \text{企业发行在外股数} \tag{4-4}$$

贵州茅台的企业价值估算结果如表 4-5 所示。

---

① 由 wind 金融终端"贵州茅台数据库→深度资料→销量信息"数据整理所得。

表 4-5　　　　2010—2017 年贵州茅台企业估值分析表[①]

年份	实际 EPS	P/E 静态值	企业发行在外股数（百万股）	企业价值（百万元）
2010	5.35	40.25	943.80	203235.53
2011	8.44	39.73	1038.18	348123.76
2012	12.82	24.76	1038.18	329542.42
2013	14.58	10.02	1038.18	151669.38
2014	13.44	14.31	1142.00	219636.36
2015	12.34	17.86	1256.20	276856.93
2016	13.31	27.08	1256.20	452778.20
2017	21.56	52.41	1256.20	1419455.25

2.4.1　以母品牌资产为核心阶段

2012 年及以前，贵州茅台企业价值维持较为平稳的趋势，无较大波动。这个阶段，贵州茅台已成功发展以母品牌资产为主体的核心优势，企业净利润、销售量、市场占有率几乎全部来源于"贵州茅台"品牌产品。

2.4.2　子品牌资产扩张阶段

子品牌资产扩张战略的实施为贵州茅台适应行业形势、走出市场困境有较好的促进效应，并在企业价值层面有所反映。受 2012 年底开始的白酒行业调整期影响，贵州茅台企业价值遭到严重打击，2013 年下降幅度达 53.98%，但随着子品牌资产的战略延伸，逐步占据中低端市场，企业价值有所回升，从 2013 年的 1516693800 万元上涨到 2016 年的 4527782000 万元，呈现持续、缓慢上升态势。尽管后来子品牌的过度扩张没有导致企业价值下降，但可以看出，主要是由于企业发行在外股数连续增加。

---

① EPS 数据、P/E 静态值数据来源于"wind 终端→茅台数据库→深度数据→财务摘要"，发行在外股数来源于：http：//vip.stock.finance.sina.com.cn/corp/go.php/vCI_StockStructureHistory/stockid/600519/stocktype/TotalStock.phtml。

2.4.3 子品牌资产瘦身阶段

子品牌资产瘦身战略的实施对贵州茅台调整品牌结构、缓解由于过度扩张带来的品牌模糊问题有较好的促进作用并反映在企业价值层面总体效应上。贵州茅台企业价值在 2013—2016 年呈现持续、缓慢增长态势,而在 2017 年经过子品牌资产瘦身战略调整后同比大幅上涨了 2.13 倍,这种趋势变化与财务层面、顾客层面、市场层面是基本一致的,说明这一阶段对子品牌资产的战略调整所产生的母子品牌延伸效应先是反映在财务层面、顾客层面、市场层面,最终体现出企业价值层面总体效应,所以,贵州茅台的母子品牌延伸效应在企业价值指标上有良好体现。

案例5：老字号企业转型模式：云南白药多元化经营模式*

案例概览

老字号通常是指有着悠久历史、丰富文化底蕴的老商号，其以特有的产品或技艺以及优良的品质闻名于世。老字号企业不仅具有商业和经济价值，还是我国传统文化的承载体。面对当今不断变化的技术工艺、生产流程和流通方式的快速应用，以及日益激烈的市场竞争，老字号企业竞争力和抗风险能力明显不足。目前，经国家认定的1128家中华老字号中，只有10%蓬勃发展，其中一些老字号企业通过多元化经营和产业创新增强了核心竞争力，因而如何通过多元化经营以提高企业市场活力值得深入研究。本案例以云南白药多元化经营模式作为研究对象，目的在于探究云南白药相关多元化的成长机理以及核心竞争力的构建模式，并为老字号企业多元化经营提供参考依据。

本书以案例分析为研究方法，选取云南白药多元化经营进行案例研究。首先，介绍了选题背景与研究意义，回顾了多元化与核心竞争力理论、品牌经营理论，梳理了老字号企业多元化经营研究和云南白药的案例研究；其次，进行老字号多元化经营现状分析，明确市场环境下老字号企业多元化面临的难题；再次，对云南白药多元化经营进行介绍，探究其多元化经营动因和转变模式；复次，通过财务数据与非财务数据对云南白药多元化经营效果进行评价，主要分为营运能力评价、盈利能力评价和发展潜力评价。最后，总结了云南白药多元化经营经验，并针对老字号企业多元化发展提出建议。

---

* 本案例由徐剑韬、王华完成初稿撰写，王华进行了案例改编。

作为一家中医药界的中华老字号，云南白药的多元化经营模式是较为成功的。云南白药抓住机遇从内而外进行变革，注重培育自身核心竞争力，从传统的中医药领域向多元化、跨产业的大健康平台发展。云南白药多元化经营注重产品核心功能的拓展，注重核心品牌与新生品牌的协同效应。多元化的产品创新和产业布局拓宽了云南白药的收入来源，促进其品牌增值和企业成长，增强了整体抗风险能力。通过对云南白药案例的研究，本书也对其他老字号企业多元化经营提出几点建议：一是传承老字号企业核心价值，明确自身的定位和发展基础；二是进行相关多元化经营，稳固主业发展的同时，选择有边界有关联的跨界发展；三是传承不泥古，持续创新为老字号品牌注入新内涵；最后是从国内走向世界，以世界先进水平为标杆，提升中华老字号国际影响力。

1 云南白药多元化经营模式与路径分析

1.1 云南白药概况

云南白药的历史渊源可以追溯到曲焕章于 1902 年创制的"百宝丹"。云南白药以其独特、神奇的功效享有"药冠南滇""伤科圣药"的美誉[①]。1955 年，曲焕章的妻子将宝丹秘方捐给政府，政府交由昆明制药厂生产，并更名为"云南白药"。1971 年，云南白药厂正式成立。1993 年云南白药厂开展了现代企业制度改革，经过 20 余年的发展和演变成为今天的云南白药集团股份有限公司。目前，云南白药集团股份有限公司是一家集医药研发、日化护理、养生保健、药材贸易、医药物流为一体的大型医药上市公司。

---

① 资料由作者整理于云南白药门户网站"白药词典"板块，"白药词典"介绍了"百宝丹""保险子""宝相花"等与云南白药相关的名词，网址：http://www.yunnanbaiyao.com.cn/ui/11/6：5320。

1.1.1 中医药行业分析

云南白药是我国中医药行业当中的老字号企业,公司品牌价值一直在同行业中名列前茅。随着国家政策调控,医药行业不断规范健康发展,行业正在学会适应国家政策的变化并努力为行业自身发展争取更有力的政策环境。国家出台的一系列重视民生、深化医改的政策,为包括中医在内的整个医药行业提供了良好的发展机遇。

随着经济社会的发展,人民生活水平的提高,我国人口老龄化已然成为一个越来越严峻的问题。如图 5-1 所示,2017 年我国 60 岁以上人口数量已经达到 2.48 亿人,占人口总和的 17.3%。当 60 岁及以上老年人口数在总人口数的比重超过 10% 时,意味着这个国家或地区进入严重老龄化时代。我国的人口老龄化进程加速,同时人们的健康保健意识也相应地越来越强。老年人对传统养老模式的观念开始发生改变。中医与养老服务相结合能够发挥医疗保健服务的优势,中医养生保健、预防疾病、注重整体、安心调养的特色,有助于提供个性化、有针对性的养老服务。中医药文化兼具健康教育作用,对于个人自我健康状况的改善颇有裨益。中医药行业的发展前景非常光明,国内中医药事业也将迎来复兴。

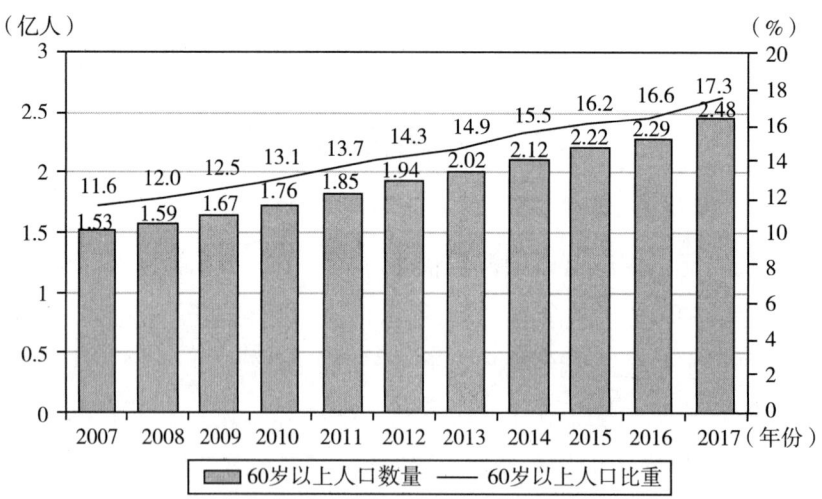

图 5-1 2007—2017 年我国 60 岁以上人口数量及比重①

---

① 该图数据引用自中国产业信息网站 http://www.chyxx.com/industry/201805/637022.html。

中医是我国国粹,是在漫长历史的医疗实践中形成并持续发展的医学理论体系。现代社会,中医药行业的发展较之以往更加快速。如表5-1所示,2011—2016年我国中成药制造业的销售收入和利润总额保持着较为强劲的走势,中成药在中医药市场中的地位也趋于稳固。2016年我国中成药制造行业的销售收入达到6697.05亿元,同比增长了8.59%。2016年的利润总额达到736.28亿元,同比增长了10.14%。同时从图5-2可以看到,国内中成药产量不断攀高,除了2014年小幅度下降。2016年我国中成药产量超过350万吨,同比增长率达到18.29%。

表5-1　　　2011—2016年我国中成药制造行业销售收入、
利润总额统计表①

指标名称	2011年	2012年	2013年	2014年	2015年	2016年
销售收入(亿元)	3378.67	4079.16	5064.98	5806.46	6167.39	6697.05
同比增长率(%)	—	20.73	24.17	14.64	6.22	8.59
利润总额(亿元)	372.44	436.48	538.43	597.93	668.48	736.28
同比增长率(%)	—	17.19	23.36	11.05	11.80	10.14

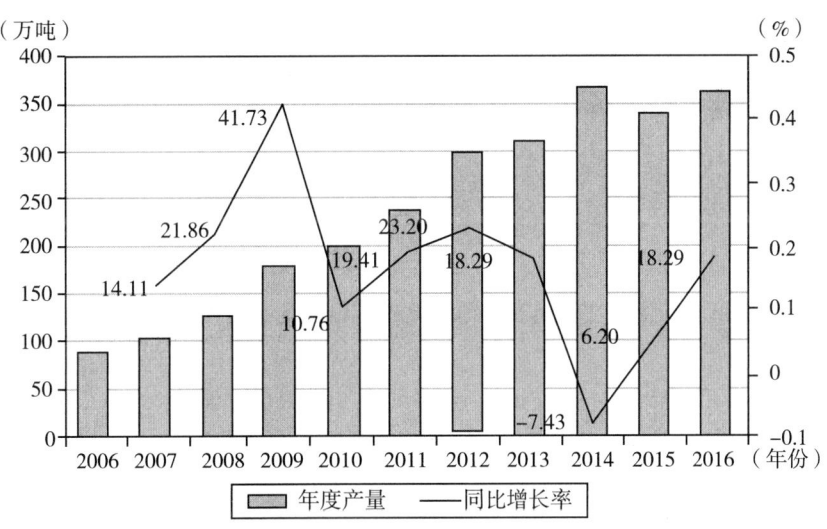

图5-2　2006—2016年我国中成药年度产量及增长率②

随着现代科技支撑中药研发,国家优惠政策的扶持,中医药行业未来的发

---

① 该表数据引用自中国产业信息网站 http://www.chyxx.com/industry/201803/615574.html。
② 该图数据引用自中国产业信息网站 http://www.chyxx.com/industry/201803/615574.html。

展前景十分乐观。云南白药起源于我国彝族中医药，白药配方得到国家级的保护，在百年发展历程中不断推陈出新，研发出新剂型、新产品。同时，云南白药致力于天然中医药材的可持续利用，为我国中医药的发展做出了巨大的贡献。

1.1.2 云南白药行业地位

云南白药是我国中医药行业中的标杆企业，也是跨界经营、多元创新的模范企业。云南白药最早创制于1902年，1993年云南白药作为云南省第一家上市公司成功登陆深圳证券交易所。公司的经营内容主要有医药的研发制造、日化护理、养生保健、药材贸易等。云南白药秉承"传承不泥古、创新不离宗"的理念，以质量和信誉赢得市场和用户。目前，公司专注于多领域产品和品牌的协同发展，促进产业生态不断优化升级。

云南白药是历经百年的放心药企，具有116年的制药研发经验，于1979年、1984年和1990年三度荣获国家优质产品奖章，拥有多项自由产品和技术专利，拥有2种国家"一级保护中药"品种。其中，云南白药在1995年被列为国家一级保护品种。公司被评为"2009年全国国有企业典型"，是历届评选中唯一入选的中医药企业。2004年云南白药牙膏正式上市销售，2010年、2011年养元青头皮头发护理产品、采之汲护肤美妆品牌相继问世，云南白药尝试跨界日化护理用品领域。2014年《中国牙膏品牌网络口碑报告》显示，云南白药牙膏在品牌知名度、品牌产品好评度名列前茅。2015年云南白药荣获"中国商标金奖"，得到世界知识产权组织的认可。2017年入选"国家品牌计划"。2017年3月20日，云南白药在BRANDZ2017年最具价值中国品牌百强名单中排名第28位，品牌价值达到了30.74亿美元，连续5年蝉联医疗卫生领域品牌价值第一，与2010年的12.77亿美元相比，品牌价值实现增幅1.4倍。在2017年公布的《财富》中国500强榜单中，云南白药以营业收入224.11亿元，利润29.2亿元，排名第267位。在19家上榜的药企中，排名第8位。

1.2 云南白药多元化经营阶段分析

纵观云南白药的发展历程，从建立现代企业制度到1993年云南白药上市，从 20 世纪末积极市场化到技术创新支撑产品多元化,从振兴中医药行业到大健康产业多元布局,云南白药相关多元化经营、跨界创新的模式在老字号企业中极具代表性。

云南白药于 1971 年正式建厂。此后,它不再是传统手工作坊式的生产,进入了工业化企业生产阶段。20 世纪 90 年代,随着市场竞争的加剧,恶性的资源和市场争夺战导致原料价格被哄抬,产品价格被削减,导致白药价格与价值的严重偏离。野生资源遭到了严重破坏,企业的利润空间也被严重挤压。为改变现状,1996 年云南白药控股整合了所有的白药生产企业,实行生产计划、批准文号、商标、质量标准、销售管理的"五个统一"。由此,野生资源的开采受到限制,市场的集中度增强,市场行为得到规范。云南白药集团控股了大理、文山、丽江 3 个公司,通过资本运作壮大云南白药集团,维护了云南白药品牌的声誉,也为"云南白药"商标的注册打下了牢固的基础。

20 世纪末,面对外部环境的变化,云南白药积极调整经营方针,将公司市场化作为其转型和发展的突破口。为顺应现代商务发展趋势,1999 年,云南白药投资组建云南白药集团医药电子商务有限公司,统一领导各省市合计 15 家商务分公司。通过打造终端销售网络,将公司营销网络覆盖全国。公司推行"内部创业机制",这套优胜劣汰的机制通过奖励激发营销人员潜能,也通过末位淘汰制使落后者出局。作为一家大型国企,云南白药勇于改革,积极引进市场化机制,为企业未来发展增添了强大的内推力。

云南白药大力推进中医药现代化,依靠科研为产品多元化提供保证。云南白药于 2000 年成立天然药物研究院,研发体系采用国际先进的"首席科学家制"管理模式。将个人的收益与研究成果紧密相连,以此来激发公司内部技术创新。新药研发、医药专利申请的扩充为云南白药的产品多元化、品牌多元化、产业跨界以及国际化奠定了夯实的基础。如图 5-3 云南白药多元化历程所示,2005 年之前,云南白药注重于白药核心功能的外延,推出了牙膏产品和创可贴,进行了日化市场的有益尝试。随着产品线的扩张、品类逐步扩充,公司在 2005 年提出了"稳中央、突两翼"战略①。将白药止血消肿的功效与创可贴、牙膏结合,以云南白药药品为主线,衍生出新产品、新业务线。2006—2010 年间推出泰康、金口健、养元青等医疗和日化用品新品牌。2011 年"新白药、大健康"

---

① 云南白药公司"十一五"规划提出战略:以白药系列药物为核心,同时发展健康产品和透皮产品。

战略[1]继往开来,逐步打造普药、护理健康品、天然药材和医疗器械的多元化格局,陆续启用采之汲、千草美姿、益小小等品牌进行大健康产业链的延伸。

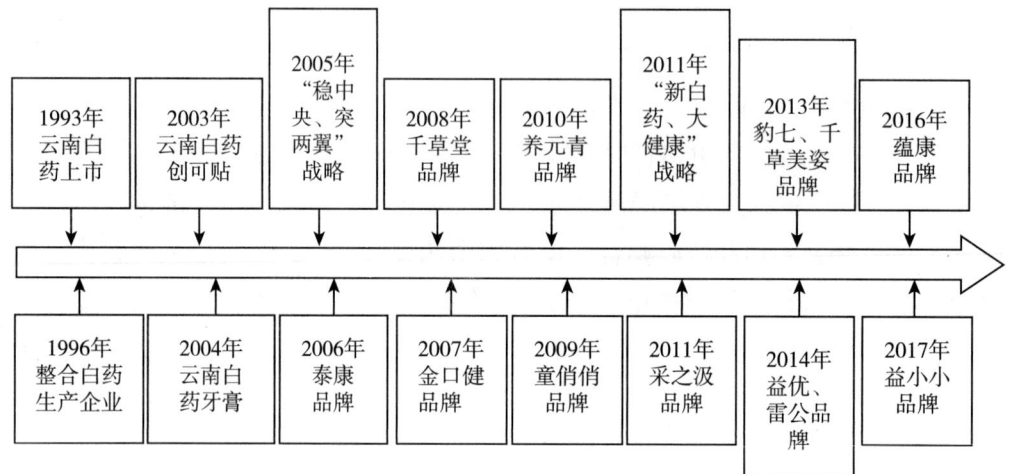

图 5-3　云南白药多元化历程[2]

1.3　云南白药多元化经营动因分析

1.3.1　品牌激活

云南白药是一家具有百年历史的老字号企业,积累了丰厚的文化底蕴,继承白药优势固然容易,但要破旧立新仍旧需要突破各种局限。企业发展,战略先行。市场环境下,云南白药意识到老字号这块金字招牌在时间的侵蚀下逐渐褪去光彩,新兴的消费群体对于云南白药的品牌观念不如早期消费者那么强烈。

云南白药早期产品定位低端。虽有疗效优良的口碑,但云南白药散剂、胶囊给消费者一种品牌低端的印象,致使销售增长乏力,目标顾客的拓展空间受

---

[1] 云南白药公司"十二五"规划提出战略:进行产业链外延,涉及中药材、卫生护理、日化等健康产业。
[2] 该图由作者改编自参考文献:许晖,邓伟升,冯永春.品牌生态圈成长路径及其机理研究——云南白药 1999—2015 年纵向案例研究[J].管理世界,2017,(6):127.

限。这与公司战略定位不清晰、品牌运营管理不善有着密切的关系。市场经济表现为资源的有效配置,一个有着优质品牌形象的企业更容易吸引到投资者、合作者和消费者。云南白药作为疗伤圣药的固有形象深入人心,但也因为原有的形象过于牢固导致云南白药品牌缺乏个性,难以在激烈的市场环境中产生持续影响力。

1.3.2 内部增长

20世纪初云南白药因为产品结构单一和产品形态老化而销售疲软,进入了业绩瓶颈期。公司急需转变经营的观念,转而以市场需求带动产品研发和制造,通过完善产品线、构架产品群来拉动销售的回暖。云南白药止血、镇痛、消肿的核心能力为产品库的扩充、品类圈的壮大提供了发展方向。

随着公司产品增多、销售规模增长,云南白药意识到产品管理的重要性,在2005年提出了"稳中央、突两翼"战略。如图5-4所示,以云南白药为源头,延伸出中央产品、两翼产品和其他产品。将白药的疗效与创可贴、牙膏结合,云南白药开始谋求材料医药业务和口腔护理业务的发展;2011年"新白药、大健康"战略的提出打开了药品、护理健康品、特色中药资源和第三方物流的增长空间,围绕白药这个根本进行产业链的延伸。"稳中央、突两翼"是以产品为基础的战略,而"新白药、大健康"是以产业为基础的战略,后者是前者进一步发展完善起来的。

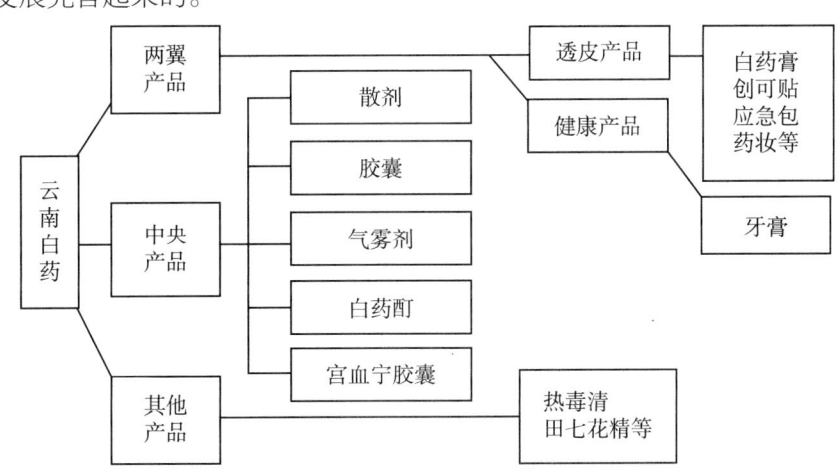

图5-4 云南白药"稳中央、突两翼"产品跨界图

1.4　云南白药多元化经营实现路径

云南白药以中医药核心竞争力为出发点,进行跨产品、跨产业、跨品牌等多元化运作,利用科学技术推动传统医药现代化,整合企业内外部优势资源,在全国中医药界和大健康产业中发挥示范作用。云南白药的多元化经营模式路径主要分为三个阶段,首先是注重产品核心功能拓展,其次是以核心品牌带动新品牌发展,最后致力于大健康产业多元化品牌生态圈的构建①。

1.4.1　注重产品核心功能拓展

从总体战略规划来看,云南白药着眼于潜在市场和公司的发展空间。从具体的发展模式来看,相关产品多元化是云南白药多元化经营路径的首要模式。作为百年老字号企业,云南白药注重以白药成分为核心进行产品开发和多元布局。

云南白药创新产品的剂型,于1992年提出云南白药气雾剂的产品概念,丰富了白药的使用方式。气雾剂形式能够体现现代科学技术,其产品形式和使用的便捷性能够改变消费者对云南白药传统中药的感官。1999年,云南白药气雾剂又得到进一步地创新,细分出气雾剂和保险液双重组合,分别具有持续疗伤和冷敷镇痛的功效。产品划分和组合使气雾剂和保险液成为互补品,一反市面上功能合一的产品设计,形成了云南白药独具特色的产品设计思路。双效气雾剂体现了产品的差异性,在同质化的产品竞争中更能脱颖而出,获得消费者的青睐。

有需求就有产品开发、创新的动力。2003年推出的云南白药创可贴,将云南白药与透皮技术②相结合,创新发展了含药创可贴的产品功能。早在2000年,

---

① 许晖,邓伟升,冯永春等. 品牌生态圈成长路径及其机理研究——云南白药1999—2015年纵向案例研究[J]. 管理世界,2017(6):122-138.
② 透皮技术以皮肤为媒介,将药物输入人体内以发挥药物疗效。

云南白药就已经瞄准了创可贴市场龙头老大邦迪①，视其为竞争对手，并进行针对性的市场调研。为了引起市场的关注度，逆势而上，向行业巨头发起挑战充满风险但也是有效的途径。云南白药通过细致全面的市场调查发现，市场上邦迪创可贴的功效只局限于对伤口的保护隔绝，对于止血、消炎、促进伤口愈合的功效甚微。云南白药的核心优点在于止血化瘀的作用，以止血疗伤为突破口，将云南白药运用到创可贴中，形成含药创可贴，体现出明显的差异性和难以模仿性。

口腔护理问题与中医药有着较为密切的联系，云南白药一直有跨界日化行业的打算。人们生活中丰富的食物选择引起了许多口腔问题，牙龈出血、牙龈肿痛、口腔溃疡等问题时常困扰着人们。紧跟云南白药创可贴的脚步，通过研发和试验，云南白药牙膏于2003年问世。市场上已有的牙膏品牌多专注于防蛀健齿、清洁口腔上，针对牙龈出血、牙周疾病防治的产品少之又少。云南白药凭借防治出血、消肿止痛的良好疗效，与牙膏有机结合，在国内牙膏市场上产生巨大的影响。云南白药牙膏不仅为公司营业收入的稳定增长提供了动力，也为之后公司日化产业的发展树立了信心。

云南白药从最初的白药散剂、胶囊产品，开发出今天多元化的气雾态、液态、膏状产品系列，这是其动态地适应市场以及行业变化的结果。纵观云南白药整个发展历程，其核心能力就在于所拥有的受国家保护的百年白药配方。云南白药以市场需求为导向，将国家保护配方不断改良升级，创新出新产品，走出了产品多元化之路。

1.4.2 以核心品牌带动新品牌

随着云南白药品牌的知名度和影响力逐渐提升，公司也在不断挖掘新增长点。以云南白药品牌为核心品牌，带动金口健、养元青、豹七等子品牌的成长和完善。以三七为例，豹七三七②是其中的优质产品。三七素有"南国神草"之美称，是云南白药有记录的经典保健中药材。然而，由于三七粉很难从感官上甄别优劣，三七市场良莠不齐，品牌成为消费者购买决策的重要依据。豹七三

---

① 美国强生公司旗下创可贴品牌。强生是多元化的医疗卫生保健品及消费者护理产品公司，邦迪是创可贴的开创者和行业领先者。
② 三七主产于云南文山州。文山三七历史悠久、品质优异，又称"文三七""田七"，著名药材。豹七品牌由云南白药集团中药资源有限公司总经理苏豹创建。

七自2013年启用以来经过三年的蓄力,于2016年达成4000万元的销售数额,2017年底更是实现了破亿元的市场业绩。豹七依靠云南白药强大的品牌背书,创新营销模式,依靠品质成为三七行业领导品牌。

创建豹七三七品牌之时,三七市场上主要存在以下几个问题:第一,有品类,无品牌。三七行业目前只有原产地品类,无产品品牌概念;三七的生产经营商缺少品牌经营的意识和经验。市场大多数消费者对三七的认知度尚不高,三七行业存在品牌化运作,但尚未形成强势的三七品牌。第二,有规模,低价值。我国三七品种众多,但产品真假难辨,质量良莠不齐,该行业的社会价值和经济价值处在低位。三七较其他品牌化程度较高的中药材仍旧处于低价值区间。第三,三七的质量标准不一,消费购买经验多依靠口碑和评价,市场上没有一套适用的三七质量检测标准;行业准入门槛低,不乏投机商人为牟取暴利而采取不合理的经营模式。消费者难以对三七品质做出准确的判断,因而引发信任危机。

如何建立积极正面的信息传达,提升消费者对品牌的信任感,是豹七品牌需解决的重要问题。依托云南白药多年积累的资金、技术和品牌品质保证,云南白药打造集种苗繁育基地、新品开发、原料交易为一体的三七产业,引领三七行业向标准化、集约化发展,整合资源打造三七行业的著名品牌。

在口腔护理产品线上,继云南白药牙膏之后,云南白药还根据牙膏市场细分推出子品牌金口健、郎健。金口健作为云南白药牙膏下面的支线,有着清新口气、亮白牙齿的功效;郎健是专为有吸烟、喝茶或喝咖啡习惯人士研发的。继云南白药创可贴成为有药创可贴领域的明星品牌后,察觉到非药创可贴的成长空间,云南白药推出泰邦系列创可贴。泰邦子品牌借助云南白药的品牌效应以期争夺无药创可贴的市场份额。通过成熟的核心品牌带动,云南白药核心技术的支撑,例如采之汲面膜、养元青洗发水、千草堂沐浴液、日子品牌卫生巾和竹纤维纸等健康新品逐步进入市场流通,加深了消费者对公司旗下品牌的认可度,形成良性的品牌生态网络(如图5-5所示)。

1.4.3 构建多元化品牌生态圈

医药健康产业市场格局风起云涌,一方面医保控费愈来愈严,医院药品占比愈来愈小,传统医药产业的收入来源被限制,行业受到冲击。另一方面,人们愈来愈重视转治为防的健康理念，健康产业显现出巨大的发展前景。

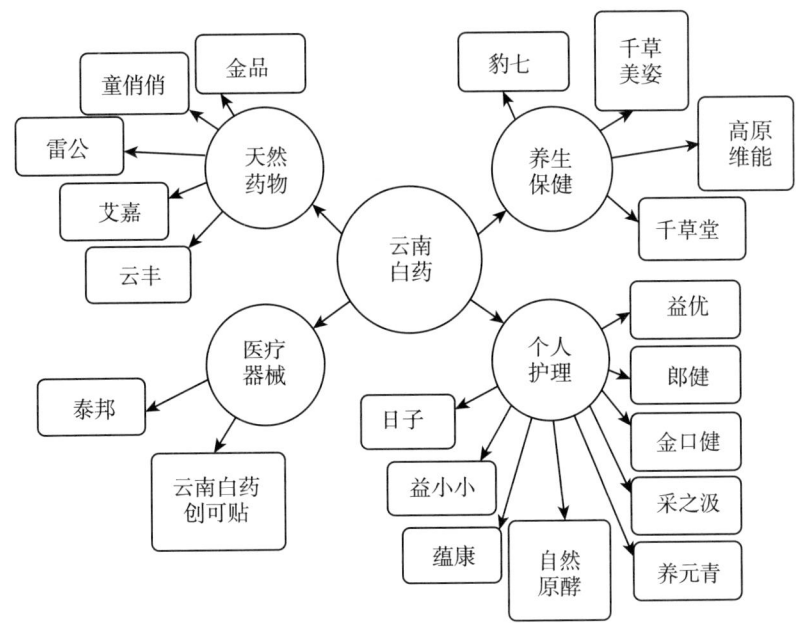

图5-5　云南白药品牌生态关系图①

前期"稳中央、突两翼"的发展战略是云南白药多元化经营模式的第二个关键阶段，稳固传统药品业务的同时，带动了以云南白药牙膏为主的个人护理产业的发展。在进军牙膏市场之前，公司借助外界一流的咨询策划团队，深度剖析白药牙膏的市场定位；管理层全力支持，积极参与终端渠道的沟通交流，明确了云南白药牙膏的主要卖点。云南白药以"药"为核心，在牙膏领域中寻找蓝海，将白药国家级保密配方这个竞争优势延伸到口腔护理领域。云南白药扩充了牙膏的功能性，成功地提升了消费群体对云南白药的品牌认可度。白药牙膏对牙龈出血、口腔溃疡优良的治疗效果，成功的营销策略，帮助其打入日化市场。2004年，云南白药牙膏以每支22元的价格进入市场，通过深度参与渠道网络的营销，迅速抢占市场发展的制高点。2007年，销售额已攀升至5亿元，到2010年更达到12亿元，位居本土牙膏品牌的前三甲。云南白药又顺势推出养元青洗发液、千草堂沐浴液，一步步增强其在日化领域的影响力。此外，云南白药借助日本高端化妆品公司的技术，推出采之汲护肤品牌，开启了公司跨界

---

① 该图由作者改编自云南白药官网"白药集团新闻"板块，《云南白药入围2018中国品牌价值百强榜》：http://www.yunnanbaiyao.com.cn/ui/11/6：8777。

药妆行业的进程。

自 2011 年提出"新白药、大健康"发展战略以来，云南白药凭借品牌创新和产业突破，驱动中医药产业转型升级，在研发、生产、销售、管理等方面构筑和完善大健康产业平台，实现产品升级和业务资源集聚，有效地强化了企业核心竞争力。从云南白药散剂创新到产品延伸，再到多元品牌生态的构建，云南白药已经形成了医药商业板块、医药事业部、健康产业事业部和中药材资源事业部四大板块，在天然药物、养生保健、个人护理以及医疗器械具备了深厚的实力和发展潜力。医药事业也继续深化发展，医疗器械部陆续着手开发个人护理、健康监测、消毒用品、创伤敷料、理疗保健、术后护理类产品。四大事业部制驱动各板块行业的发展，核心品牌带动新兴品牌不断成长，多元化的新白药大健康产业逐渐形成较好的新业态。

1.4.4 机制创新为多元化提供动力

云南白药相关多元化经营模式路径，从注重产品核心功能的拓展开始，然后以核心品牌带动新品牌发展，最后构建多元化品牌生态圈，致力于大健康产业的全面布局。多个因素助力云南白药多元化经营，内部机制创新使云南白药公司重现市场活力。

机制创新为云南白药多元化经营提供了动力，助其更好整合企业内外部资源，促进企业跨越业务经营边界。研制云南白药创可贴时，公司毫无生产透皮方面的技术、设备和经验。作为新进入者的云南白药仅仅依靠自主研发掌握透皮生产技术无法适应飞速变化的市场环境，难以赶超竞争对手。于是，公司积极寻求外部技术来源，通过渠道整合利用全球的资源和技术快速推出创可贴产品。云南白药首先与外国公司合作开发含有白药成分的成品。此后，引进先进透皮生产技术并委托临近市场的代工企业进行批量化生产。云南白药创可贴迅速打进创可贴市场，并对创可贴巨头邦迪构成威胁。同理，云南白药的其他产品推广也都体现出了这一特点。以云南白药的核心技术和资源为出发点，密切关注市场，通过快速反应和资源的整合使产品核心功能不断外延至新产品之中。

以科研技术创新推动多元化经营。云南白药集团创新研发中心肩负着复兴中医的历史使命，在中药、民族药、天然药研发领域取得成果的同时，关注着医学前沿领域，例如单抗药物、基因检测、医疗保健和康复等。集团下属的创新研发中心前身为创建于 1956 年的云南省药物研究所,该研究所在 2012 年与云南白药研究院、云南白药无锡新型给药系统工程技术中心组建成为云南白药集团创新研发中心,以期增强公司整体的科研能力。研发中心囊括了天然药物资源研究室在内的 11 个研究科室,形成了系统完善的新药研发链。特别是在天然药物资源的研究、筛选、安全性评价、制剂和透皮技术等方面能力出众。

云南白药集团下的药物研究所,完成了事关重大的 GMP[①] 和 GLP[②] 建设。GMP 于 2004 年获得认证,GLP 于 2006 年获得认证,两项标准的落地补上了云南新药研究安全性评价规范中的重要一环。云南白药坚持以严谨踏实的作风对待中医药的研究,持续完善药物安全性评价平台。公司着力构建了涵盖 GAP[③]、GLP、GMP、GSP[④] 在内的全产业链、全过程、可溯源、可监控的质量管理系统,这有利于良种选育、标准化种植、创新性研究、规范化生产、现代化物流与信息化运营等的施行。云南白药的质量管控体系通过了 CNAS[⑤] 认可的第三方检测,能够强力支撑质量体系有效运行,守护好云南白药产品品质环节。

为了适应市场变化,更好地管理产品线,云南白药集团建立事业部制,向下赋权药品事业部、健康产品事业部、医药商业板块和中药资源事业部。公司积极拥抱互联网,借助主流电商平台,跟上新零售发展的脚步。健康护理业务现已形成口腔、头发、皮肤及个人卫生用品多方位的业务拓展,依靠产品推广和分销渠道,构建全方位的个人护理体系。

创新传统营销策略,对接市场需求。以文化活动的形式聚焦内容营销,让消费者通过全程参与亲身体验中药材的生产过程,了解云南白药优异的质量管控体系,从而缩短公司与消费者的距离。借力互联网,促进线上线下渠道融合,收获了广大消费者对云南白药的品牌认同感。云南白药入驻电商平台,自建白药养生旗舰店及线上平台,宣传系列产品。通过大小活动引流,逐渐壮大白药粉丝群体,输出保健养生理念,增强品牌影响力。跨界营销,通过与各大顶级 IP[⑥] 合作营销,比如云南白药牙膏的五神"福禄寿喜财"套装、国粹京剧"生

---

① GMP 是"Good Manufacturing Practice"的缩写,意思是"优良制造标准"。
② GLP 是"Good Laboratory Practice"的缩写,意思是"优良实验室规范"。
③ GAP 是"Good Agricultural Practice"的缩写,意思是"良好的农业规范"。
④ GSP 是"Good Supply Practice"的缩写,意思是"良好供应规范"。
⑤ CNAS 是"China National Accreditation Service for Conformity Assessment"的缩写,意思是"中国合格评定国家认可委员会"。
⑥ IP 是"Intellectual Property"的缩写,意思是"知识产权",特指具有长期生命力和商业价值的跨媒介内容运营。

旦净末丑"套装，在海外与美国少儿教育电视芝麻街合作，推出包装时尚大气、古典优雅或活泼可爱的产品，增强用户的消费体验。

云南白药多元化经营依靠内部机制和技术创新维持中医药方面的核心竞争力，嫁接白药核心功效到新的产品之中；依靠云南白药核心品牌带动新生品牌的影响力，促使不同层级的品牌相互促进，形成协同效应；构建多元化的品牌生态圈，增强产品生态圈应对市场变化的能力。

2 云南白药多元化模式转型效果评价

云南白药多元化经营的特色在于以白药为核心进行多方向的产品拓展，再以品牌创新提高消费者对产品的认知度。让传统中医药走进当下快节奏的生活，以医药科技提升人们的健康品质，构建了产业融会贯通、互相支撑的经济生态圈。云南白药跨界创新、多元化发展为医药行业的升级转型提供了示范，为老字号企业多元化发展提供了可借鉴的模式。

2.1 多元化总体效果

云南白药多元化经营模式为企业打开新的利润增长点，使老字号企业品牌价值和品牌知名度持续攀升。其多元化经营模式充分利用了自身几个关键要素，以中草药资源和技术创新加强自身在传统中医药领域的优势，以品牌创新和核心配方带动产品创新和产业跨界。

技术助力中草药资源可持续利用和高质量发展。云南白药老字号源于云南，云南中草药资源丰富。云南白药通过先进技术建立现代化草药种植园，依托先进的管理流程把控品质。尽管天然药用植物资源日趋减少、生态环境日渐退化，云南白药在药用植物资源的创新发展和资源的持续利用方面取得一系列创新成果，形成了可持续发展的模式。其中，以豹七三七为代表的中草药深得广大消费者的认可和信赖。

核心配方外延赋予产品新功效，品牌创新带动行业新跨越。公司以云南白药这个核心品牌为根底，恪守"以客户为中心"的服务理念，开辟出牙膏、气雾剂、创可贴、洗发液、沐浴露等多条产品和品牌线。发展好"云南白药"这块金字招牌的同时，稳步构建多元化的品牌和产品体系，云南白药通过成熟品牌带动新生品牌的方式将收益来源从单一化向多元化转变，完善了产品和品牌结构，增强了企业核心竞争力。

技术创新既可以内生也可以从外部引进。老字号企业云南白药在中医药方面的创新起步早、氛围浓厚，在1979年积极开展了青蒿素的研究项目，主持研发出30多个原创新药。新市场环境下，云南白药一边推进新产品研发，一边又从德国、美国和荷兰等发达国家引进先进生产线和仓储设备。技术引进和内部研发相辅相成，共同促进云南白药多元化稳健发展以及核心竞争力的增强。

云南白药多元化经营的财务效果主要体现在营运能力、盈利能力和发展潜力三个方面。公司内各事业部发展迅速，公司总资产和净资产持续增长，产品市场渠道成熟。云南白药多元化经营模式获得投资者的认可，公司市值和老字号品牌不断增长。

2.2　营运能力评价

云南白药多元化经营提升了公司整体的营运能力，其营业总收入不断增长，营业总收入增长率也保持在8.5%以上。如图5-6所示，云南白药1993年登陆深交所，1999年的营业总收入为2.32亿元，2000年营业总收入为7.95亿元，同比增长率创新高达到242%。2000年之前公司主打产品为云南白药散剂、胶囊、酊剂、药膏、气雾剂等，年营业收入增长率虽处于高水平，但收入水平依然处于低位。产品结构单一、品牌老化，销售逐渐疲软。2001—2004年营业收入增长率呈现明显上升的趋势，这主要与云南白药双效气雾剂的创新和云南白药创可贴的成功推广有关。云南白药双效气雾剂、云南白药创可贴均采用差异化战略，产品功效赢得了消费者的好评。同时，云南白药通过跨界营销，赞助国家体育事业发展，显著提高了品牌知名度。

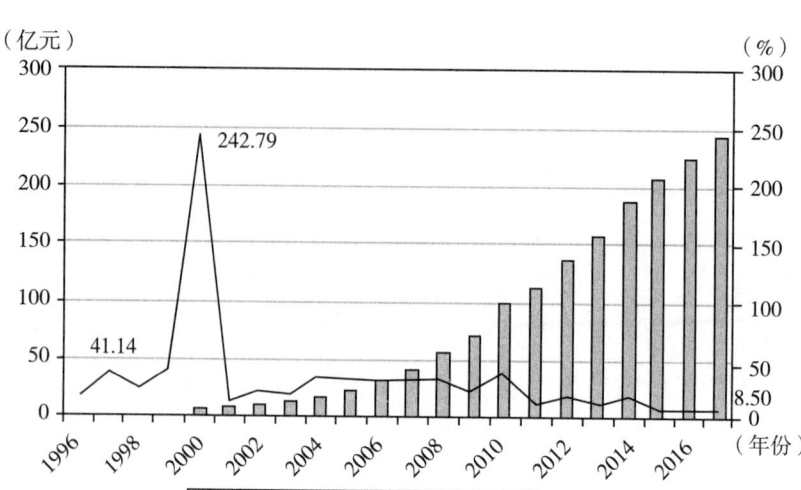

图5-6　1996—2017年云南白药营业总收入和同比增长率①

2004年云南白药牙膏上市，这是云南白药跨界口腔日化产品的第一次尝试。当时的国内牙膏市场高露洁、佳洁士和黑人牙膏品牌占据了大半壁江山，两面针、六必治和黑妹等牙膏老品牌的市场大幅萎缩。在这样的市场环境中，后起之秀的云南白药推出了中药护理牙膏，通过整合渠道铺开销售网点，通过创意广告宣传产品止血、镇痛、消肿的差异性。2005年，云南白药牙膏的销售收入达到8000万元。2008年，云南白药营业收入突破50亿元；2013年，公司营业收入来到了158.15亿元。全球金融危机，以及实行医改使医药行业行情不景气，众多医药公司遭遇业绩滑坡，而云南白药能够逆势生长，云南白药牙膏的畅销功不可没（参见图5-7）。

市场竞争日益激烈，为了把握市场动态，促进公司多元化发展，云南白药于2008年逐步完成事业部制变革。云南白药产品线逐渐丰富，原来的垂直式组织模式的劣势愈来愈明显，企业组织形式的变革是非常必要的。云南白药规划设立了云南省医药公司板块、药品事业部、健康产品事业部和中药材事业部。2011年前还存在海外业务部和云南白药置地公司。云南白药置地公司经营房地产，后因为亏损以及和主业不相关而被淘汰；海外业务部在2012年后也划入药品事业部而不再单独列示。如图5-8所示，中医药资源部营收增长率居于四部

---

① 该图由作者根据Wind数据库提供的云南白药财务数据摘要制作而成。

之首，但因收入量级太小而对整体业绩提升贡献不高。健康产品事业包含了云南白药牙膏、洗发液、沐浴露等日化用品，并保持着较为强势的增长态势，对集团整体收入的增长贡献较大。

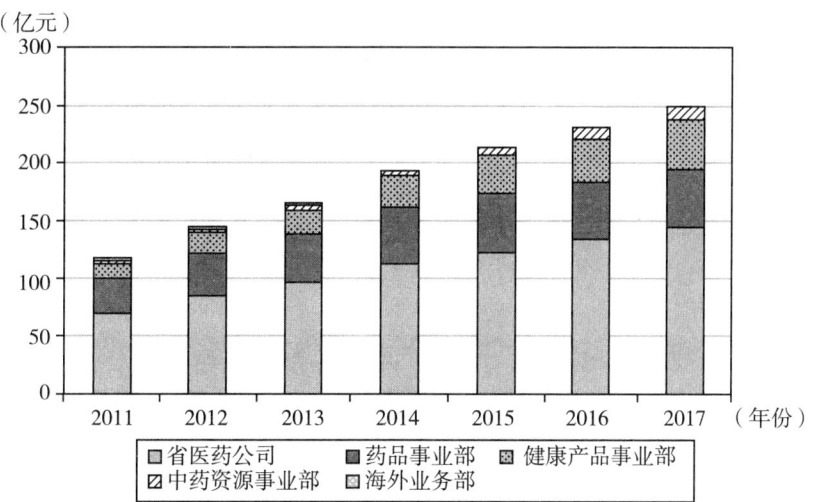

图 5-7 2011—2017 年云南白药营业总收入构成①

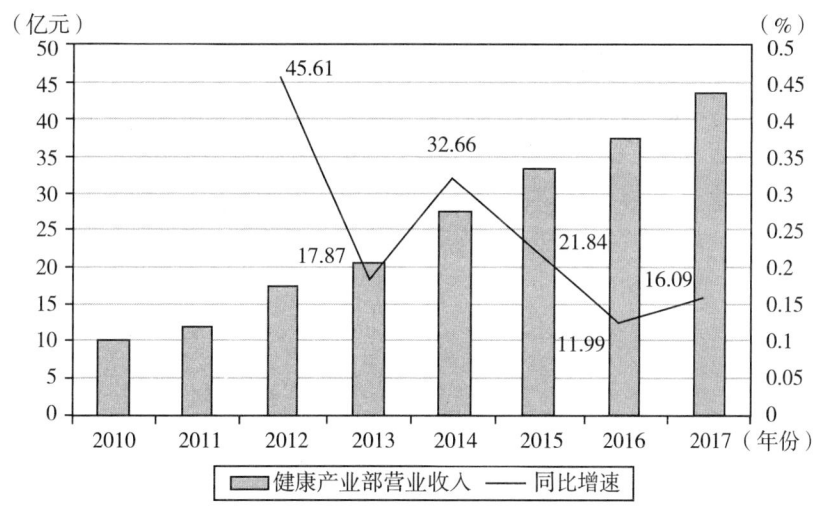

图 5-8 2010—2017 年云南白药健康产业事业部营业收入和增长率②

云南白药健康产业部主要业务涉及个人护理、日化用品、健康养生等类别。

---

① 该图数据由作者整理自云南白药 2010—2017 年年度报告。
② 该图数据由作者整理自云南白药 2010—2017 年年度报告。

事业部不断壮大体现了云南白药跨界创新、产业突破的良好前景。云南白药将白药活性成分沿用到新产品中，将天然药材提取物运用到护理品中，关注人们日常生活当中的健康问题，借助白药品牌的影响力带动子品牌的成长。云南白药积极开拓日化健康市场，开发出多种个人护理用品，包括云南白药牙膏、养元青洗发露、千草堂沐浴液、日子牌卫生巾等。2014年公司收购关联方云南白药清逸堂公司40%股权，走出了大健康战略重要一步。公司通过入股清逸堂，跨界到女性个人护理领域，借此丰富了云南白药健康品产品生态群落，推出个人护理品牌，增强品牌之间的协同作用。如图5-8所示，2017年健康产品事业部营业收入为43.61亿元，同比增长率为16.09%。近6年个人护理业务都保持着稳健的增长，是公司业绩增长的重要动力。

随着云南白药多元化布局，产品和品牌体系不断丰富，公司存货周转率、流动资产周转率、总资产周转率表现出微弱的下降趋势。如图5-9所示，存货周转率保持在2.1~4.2，数值相对平稳；固定资产周转率呈现明显的"人"字形状，在2010年达到高峰40余次，而后迅速下降并稳定在10~15。"人"字形状的高峰与云南白药实施园区整体搬迁有关。2010年云南白药实施的搬迁项目涉及联合制剂厂房、产业综合楼、办公楼、食堂等工程，为产品研发和大规模生产奠定基础。云南白药通过调整组织结构，推进公司内部资源整合，提高公司整体效率与效益。

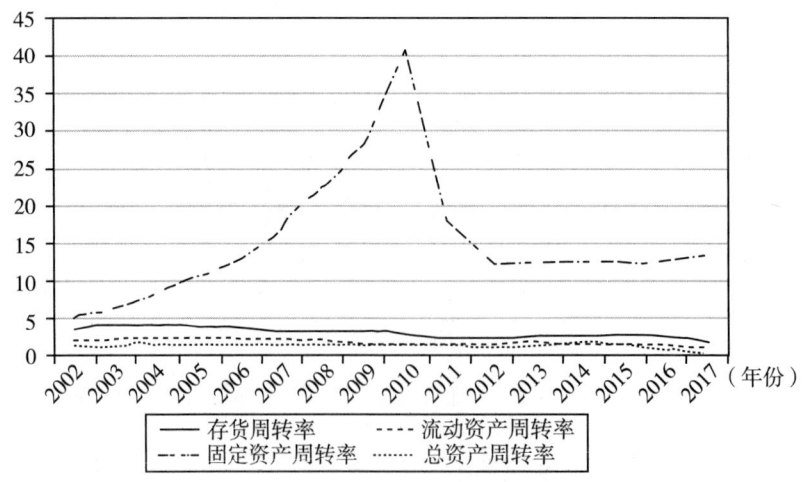

图5-9　2002—2017年云南白药各类资产周转率①

---

① 该图数据由作者整理自云南白药2010—2017年年度报告。

2.3 盈利能力评价

在实施多元化经营后,云南白药的销售净利率呈现总体上升趋势,净资产收益率除个别年份均保持在20%以上,公司盈利能力较强。如图5-10所示,云南白药ROE在2000—2017年的走势呈现一个M形的曲线。多元化经营的第一阶段是以白药产品核心功能进行拓展,云南白药双效气雾剂、云南白药创可贴自推出后引起市场的强烈反响,助推云南白药集团的业绩增长在2005年达到M形曲线的第一尖峰,ROE也是2000年以来历史最高值。同时,云南白药牙膏对收入的贡献在前期的营销铺垫后也开始显现出来。受金融危机影响,2009年ROE虽然进入M形曲线谷底,但依然保持在17%以上,这显示出云南白药牙膏和云南白药创可贴的盈利能力比较坚挺。根据云南白药牙膏的市场售价,产品定位在中高端,销量也很可观。2011年云南白药提出"新白药、大健康"的战略定位,由此云南白药跨界布局、多元化发展进入新的阶段,即依靠云南白药核心品牌带动新生品牌的发展。在充足的资本投入的支撑下,云南白药由产品延伸向产业延伸发展,公司ROE在2013年迎来M形曲线的第二高的尖峰。此后,

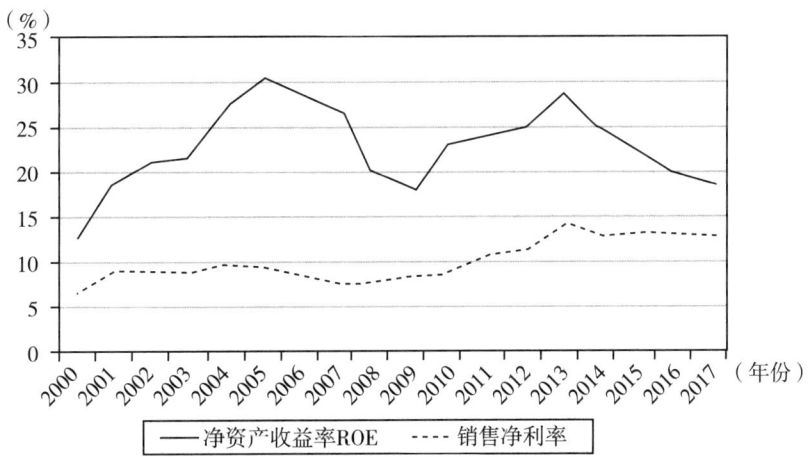

图5-10 2000—2017年云南白药净资产收益率和销售净利率①

---

① 该图数据来自Wind数据库中云南白药公司的杜邦分析体系。

随着众多企业加入跨界经营的阵营，市场上同质化产品越来越多，云南白药明星产品的发展态势也有所降温。

云南白药跨界多元发展的模式也得到了广大投资者的认可，主要表现在公司股价的增长态势。云南白药整体盈利情况良好，合乎资本市场的预期以及行业的发展要求。如图5-11所示，云南白药收盘价在2018年5月28日达到峰值116.69元，该日云南白药每股股价曾达到历史最大值120.05元。1999年以来，公司管理层引入市场导向机制，改善公司治理，以白药核心配方为出发点，加大产品研发，拓宽营销渠道，尝试跨界多元布局，将云南白药从一个不足15亿元的公司打造成市值千亿元级别的大健康医药企业。云南白药良好的盈利能力为公司股价的上升通道提供了支撑。

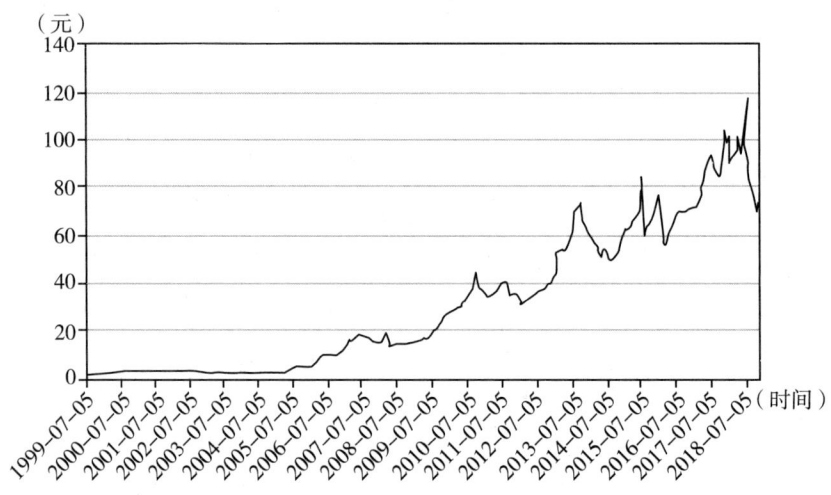

图5-11　1999年7月至2018年7月云南白药股价收盘价走势图①

2.4　发展潜力评价

云南白药股东权益和未分配利润持续增长，未分配利润占股东权益的比重从2008年的约33%持续增长到2017年的约83%。据云南白药2017年度报告显示，公司拥有货币资金26.66亿元，可用资金充裕，抗风险能力较强。同时，云南白药致力于产品开发和产业跨界，雄厚的资本能为新项目推进提供有力保障，

---

① 该图数据由作者整理自Wind数据库云南白药收盘价。

未来发展潜力巨大。如图 5-12 所示，2017 年云南白药的股东权益约为 180 亿元，未分配利润达到 150 亿元。"稳中央、突两翼"战略以及"新白药、大健康"战略的稳步推进使云南白药有序地进行产品开发、跨品牌、跨产业运作。2008 年云南白药集团的股东权益突破 30 亿元，出现了非常明显的增长；2008 年之后以较高的增长率不断增长，于 2017 年达到 180 亿元，约为 2008 年的 6 倍。优良的资本运作方式也使更多优质的资源进入云南白药公司当中，为未来多元化经营的进一步发展提供保障。

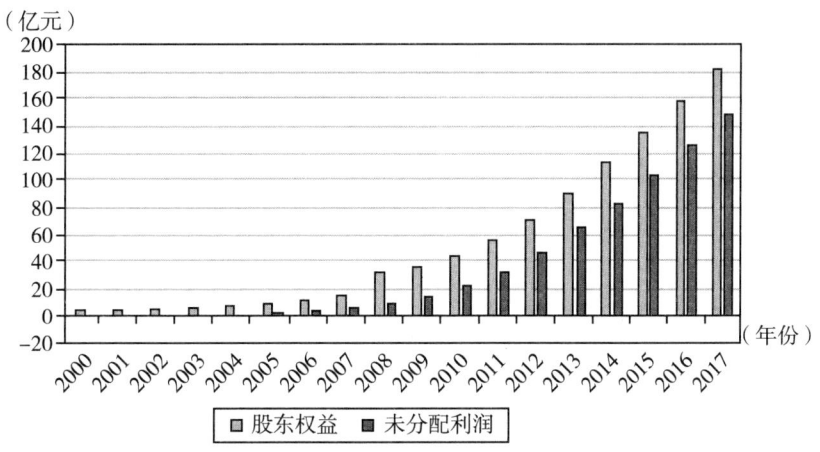

图 5-12　2000—2017 年云南白药股东权益和未分配利润①

如图 5-13 所示，2000—2005 年云南白药经营活动净现金流增长趋势明显，该阶段公司注重产品核心功能的拓展，云南白药双效气雾剂、云南白药创可贴就是白药核心配方外延的代表，这两款产品重塑了云南白药"疗伤圣药"的美名。随着云南白药不断完善产品和品牌结构，公司医药商务渠道愈加成熟，2012—2016 年的经营活动净现金流出现了又一波增长态势。此外，投资活动现金支出明显增加，雄厚的资金为云南白药积极整合内外部资源创造了良好的条件。云南白药多元化布局、大健康产业跨界发展为未来增长打下基础。云南白药有着较好的经营活动净现金流，结合稳健增长的股东权益，公司有着不错的发展潜力。

随着我国深化医药体制改革，行业竞争越来越激烈，产品同质化现象严重。2017 年，云南白药公司的销售费用高达 36.84 亿元，研发费用仅为 0.84 亿元，销售费用金额远高于研发的投入金额，是研发费用的近 44 倍（如图 5-14、

---

① 该图数据来自 Wind 数据库中云南白药公司的财务摘要。

图 5-15 所示）。云南白药销售费用占营业收入比重保持在 11%～17%，这与部分产品销售模式调整、产品市场开拓以及核心产品的销售增长有关。诚然，云南白药多元化经营需要开拓市场、打通销售渠道，但作为中医药企业，云南白药公司还应当更加重视研发投入。掌握核心科技对于云南白药大健康多元化发展至关重要。云南白药配方是国家保密级配方，对白药技术的垄断为公司跨界经营、业绩增长提供了保障。但如果云南白药能持续加强天然药物领域的深入研发，将会为云南白药的持续创新注入更加持久的活力。

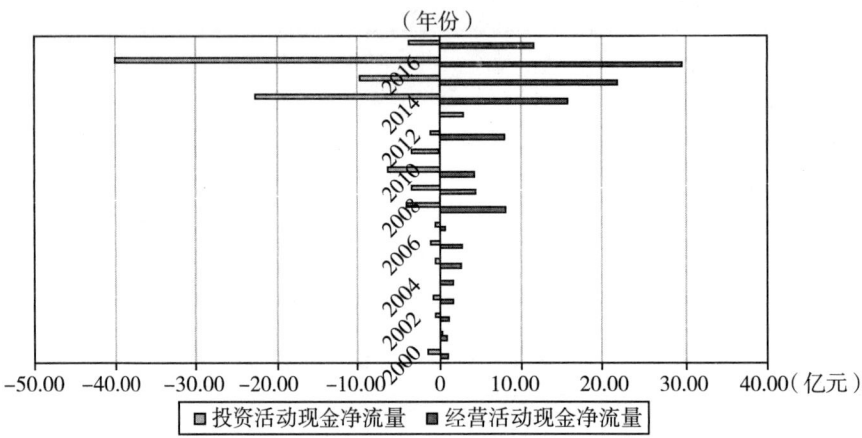

图 5-13　2000—2017 年云南白药投资活动和经营活动现金净流量[①]

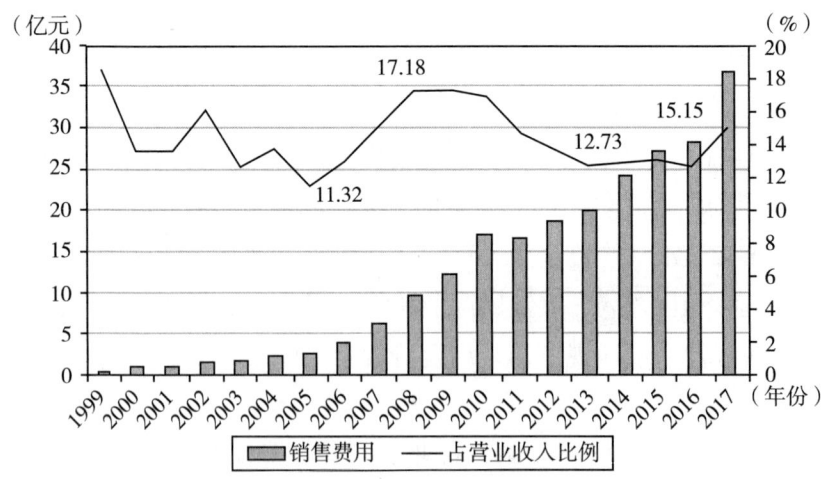

图 5-14　1999—2017 年云南白药销售费用及其占营业收入比例[②]

---

① 该图数据来自 Wind 数据库中云南白药公司的现金流量指标。
② 该图数据来自 Wind 数据库中云南白药公司的财务摘要。

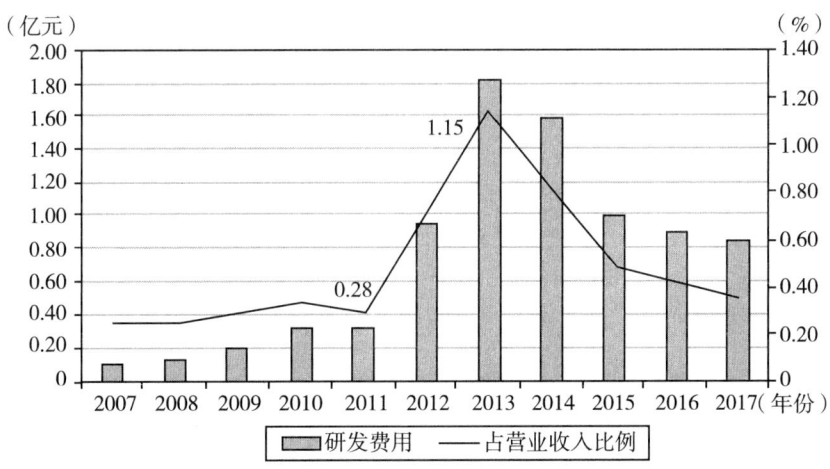

图 5-15　2007—2017 年云南白药研发费用及其占营业收入比例①

2.5　非财务效果评价

云南白药非财务效果主要体现在产品线的完善、市场份额以及企业品牌价值的提升。云南白药多元化经营模式使企业市场竞争地位不断巩固，产品和品牌日益丰富，各品牌之间的协同效应也愈发明显。云南白药品牌多次入选BRANDZ 品牌价值榜、胡润品牌榜等最具价值品牌榜单，并且旗下多个商标被认定为国家驰名商标，云南白药品牌荣获公众喜爱的中华老字号品牌称号。根据2010—2017 年公布的胡润品牌榜显示，2010 年云南白药品牌价值为 38 亿元人民币，占其市值比例为 13%；2017 年云南白药的品牌价值达到 300 亿元人民币，占其市值比例约 30%。此外，云南白药的品牌价值连续八年位居医药行业第 1 位。

为了提升企业运营效率、应对传统主业发展乏力，云南白药于 2018 年完成重大资产重组，重组后形成了云南国资委、新华都实业、江苏鱼跃科技"三足鼎立"的股权局面。新华都的主业以百货零售为主，江苏鱼跃长期专注于医疗设备、康复护理领域，两家新股东与云南白药多元化布局目标有着较高的契合度，重组后有利于激发公司未来的运营活力和内生动力。

如图 5-16 所示，云南白药牙膏 2005 年全面上市，当时广大消费者对口腔

---

①　该图数据来自 Wind 数据库中云南白药公司的财务摘要。

健康的认识处于提升状态，云南白药牙膏差异化的功效得到消费者的认可，加之公司加大力度进行产品推广，牙膏市场份额不断上升。随着其他品牌牙膏也推出同类型产品，以及经济大环境低迷的限制，云南白药牙膏经历了高速增长向低速增长的转变。

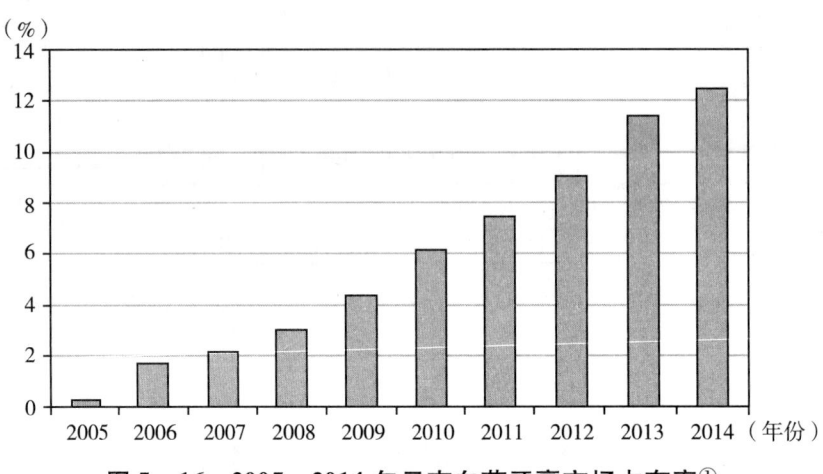

图 5-16　2005—2014 年云南白药牙膏市场占有率[①]

2016 年云南白药牙膏的销售份额占全国牙膏市场的 16.49%，在同类型产品中排名第二，在民族品牌中位列第一。如表 5-2 所示，云南白药集团产品中，云南白药气雾剂是市场明星产品，处于领先地位。2017 年云南白药牙膏国内市场占有率为 18.3%，国内品牌排行第二。其他品牌为高露洁、佳洁士等外资品牌（如图 5-17 所示）。从 2018 半年报介绍看，云南白药牙膏的市场份额为 18.1%，在国内品牌中排名第二，同时还推出了益生菌儿童牙膏等多个细分品种。

表 5-2　　　云南白药集团产品市场占有率一览表[②]　　　单位:%

年份	云南白药散剂及胶囊	云南白药气雾剂	云南白药创可贴	云南白药牙膏	宫血宁	田七系列
2014	41	85	38	11	14	17
2015	36	88	36	14	16	21
2016	37	88	36	16	18	23

---

① 该图改编自参考文献：凯纳营销策划集团. 云南白药牙膏：210 个亿的跨界崛起 [J]. 声屏世界·广告人，2018，(5)：45-48.
② 该表引用自王瑶，参考文献：王瑶. 云南白药集团行业竞争力营销策略分析 [J]. 中国集体经济，2018，(20)：60-61.

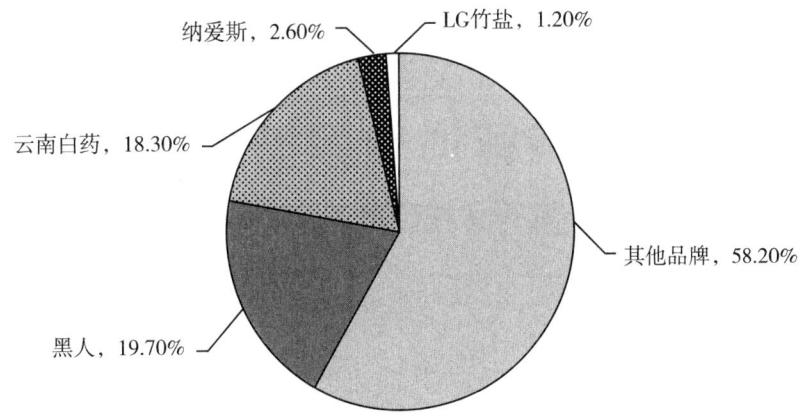

图 5-17　2017 年国内牙膏市场份额划分图①

但是牙膏市场容量开始接近饱和，众多品牌商竞争日趋激烈，云南白药牙膏的价格较高于同类牙膏，是在价格上实现突破还是功能上加以创新，这对于云南白药来说是新的考验。

云南白药目前药品板块、中药资源板块、医药商业板块构成了主营业务收入的重要来源。药品以云南白药气雾剂、云南白药膏、云南白药创可贴这些云南白药系列为主，专注于止血镇痛、消肿化瘀。健康板块，包括云南白药牙膏、养元青洗护系列产品等。中药资源板块包括中药材三七、茶品等。医药商业板块，主要负责云南白药的医药商业业务。云南白药在 2003 年推出云南白药牙膏，此后推出无论是同品类的日化系列养元青洗发水、还是豹七三七粉、千草堂手工皂、采之汲面膜、益小小卫生巾、云南白药儿童牙膏等，在品牌知名度和销售广度上均尚未达到云南白药牙膏的高度。云南白药在产品核心功能的拓展上是成功的，在多元化的品牌构建和大健康产业的布局中还存在巨大的发展空间。

---

① 该图数据来源于智研咨询，网址：http：//www.sohu.com/a/278301713_775892。

案例 6：制造向智造转型模式：格力电器低成本智造路径＊

案 例 概 览

近年来我国在"中国制造 2025""供给侧改革"等政策不断推进的前提下，开始了以低成本制造业为核心的新一轮产业布局和科技革命，并通过加大研发投入、鼓励自主创新等举措取得了阶段性的进展。

为了更加准确地研究我国低成本制造业转型的路径和方法，本案例重点通过格力电器的案例，分析其从传统低成本发展模式转变为现在以创新和科技引领发展模式过程中的具体做法，论述我国低成本制造业的可行转型路径，希望可以为我国制造业企业的转型升级提供一定的借鉴和参考。

格力电器原是低成本制造业的代表，近年来通过转型不断取得突破，目前业绩优秀，经营良好，自主创新能力突出，具有典型性。本案例首先介绍格力电器的背景，包括行业分析、格力电器主营业务、行业地位及研发水平等。其次分析格力电器转型的动机、阶段及效益。最后，对格力电器在制造业转型过程中的做法进行详细的阐述。本书的主要创新点为从案例的角度切入，通过定性及定量的分析方法，从制造业企业的立场论述我国制造业企业转型的具体路径和方法，具有一定的应用意义和价值。

案例研究结论是我国应该以保持、利用传统优势为前提，鼓励自主创新、科技研发，向着完善研发配套体系、低成本制造业精细化发展、在产业链中寻找业务增长点等方向努力，促进我国产业融合和科技发展，实现"制造"到

＊ 本案例由刘雨佳、王华完成初稿撰写，王华进行了案例改编。

"智造"的制造业转型。

1 格力电器转型的案例分析

1.1 格力电器背景介绍

1.1.1 家用电器行业分析

珠海格力电器股份有限公司（以下简称"格力电器"）所在的行业属于家用电器行业，细分领域为家用空调器。家用电器是我国居民生活的必需品，其广泛的使用为我国居民创造了良好的生活条件。随着我国居民收入水平的提高，我国消费需求也在不断增长，目前我国处于家用电器消费升级阶段。随着我国城镇化进程不断推进以及国家"家电下乡补贴"等相关政策的实施，家用电器行业整体发展趋势良好，智能制造、节能环保、转型升级将是家用电器行业未来的发展方向。

近年来，我国家用电器制造行业稳定发展，除 2015 年受到世界经济下行压力的影响，主营业务收入的增长率为负外，2013—2017 年我国家用电器行业主营业务收入和利润总额一直保持较好的增长趋势，5 年中主营业务收入均超过 1.2 万亿元，2016 年和 2017 年利润总额均超过 1000 亿元。此外，2013—2017 年我国家用电器行业利润率水平保持上升趋势，数值从 6.10% 上升至 8.20%。以上财务指标均显示出我国家用电器行业良好的发展前景和增长趋势，具体数据如表 6-1 所示。

表 6-1　　2013—2017 年我国家用电器行业主营业务收入、
利润总额一览表①　　　　　　　　　　　　　单位：亿元

年份	主营业务收入	同比增长率（%）	利润总额	同比增长率（%）	利润率（%）
2013	12843.00	14.20	784.00	28.70	6.10
2014	14139.10	10.00	931.60	18.50	6.59
2015	14083.90	-0.40	993.00	8.40	7.05
2016	14605.60	3.80	1196.90	20.40	8.19
2017	15135.70	18.70	1240.31	6.1	8.20

空调产量总体呈现上升趋势②，并且在产量和增长率方面相比于冰箱和洗衣机等传统大型家用电器有较好的竞争优势，具体数据如表 6-2 所示。

表 6-2③　　2013—2017 年我国空调、冰箱、洗衣机生产数量表　　单位：万台

年份	空调	同比增长率（%）	电冰箱	同比增长率（%）	洗衣机	同比增长率（%）
2013	14332.90	11.60	9340.60	10.60	7201.90	8.20
2014	15716.90	11.50	9337.10	1.00	7114.40	-0.03
2015	15649.80	0.00	8992.80	-1.90	7274.50	0.70
2016	16049.30	4.50	9238.30	4.60	7620.90	4.90
2017	18039.80	26.40	10494.37	13.60	7864.77	3.20

1.1.2　格力电器的行业地位及市场份额

格力电器是我国家电行业的领军企业，行业地位突出，产品优势明显。格力电器自成立以来一直致力于生产并销售空调器、自营空调器出口及空调相关零配件的进出口业务，其中与空调相关的业务占据了格力电器营业收入和净利润的大部分比重。目前格力电器是全球最大的集研发、生产、销售、服务于一

---

① 数据来源：工信部家用电器行业运行情况。因只有家用电器行业利润总额数据，故表中利润率为利润总额与主营业务收入的比率。
② 在分析空调市场的发展时，销量的指标会比产量的指标更有说服力，但工信部官网中并没有披露空调的销量数据，考虑到 2013—2017 年我国空调市场的产销量较高，这一章节采用产量来替代分析空调市场的发展情况。
③ 工信部家用电器行业运行情况。

体的国有控股上市公司，截至 2017 年年底，格力电器市值为 3000 亿元左右。2014 年后，为了增强竞争优势，格力电器形成了以格力为主打品牌，TOSOT 等多品牌协同发展的格局，并逐渐开展手机、热水器、小家电等业务。2015 年 5 月，格力电器正式进入全球 500 强企业行列，在家用电器类行业排名全球第一。

在市场份额方面，格力电器在其核心业务空调领域的绝对地位，为空调行业的龙头企业。格力电器 2016 年年度报告中披露，2005—2016 年，格力电器连续 12 年领跑全球，1995—2016 年，格力电器在家用空调细分领域连续 22 年产销量第一。根据"产业在线"① 的数据显示，2016 年格力电器在国内家用空调领域市场占有率高达 42.73%。2017 年 6 月，格力电器董事长董明珠在公开演讲中提出，格力电器占据世界空调市场 30% 的市场份额。

1.2　格力电器转型的必要性

格力电器应制定合理的战略，实现从制造向"智造"的转型。格力电器目前规模较大并拥有一定的市场份额，尤其是在其大力发展的空调领域占据绝对的龙头地位，但是格力电器业务模式单一，以空调为首的家电行业市场容量有限等问题不容忽视。因此想要保证业绩的稳定并寻求突破，格力电器有必要在保持空调领域领头羊地位的同时，向产品创新、技术创新、多元化发展的方向转型，寻求业务增长点，保持核心竞争能力。

目前家用电器行业竞争激烈，与格力电器同行业的美的集团、青岛海尔等知名企业都在发力转型，格力电器需要形成自己独特的竞争优势，才可以继续保持领跑。以美的集团和青岛海尔为例，其转型都是基于原本的业务优势，寻求新的业务增长点。青岛海尔致力于成为一家互联网企业，走轻资产路线。其核心理念是整合社会资源为用户提供个性化定制的智能产品与服务，从"大规模制造"向"大规模定制"转型。美的集团致力于产品创新、效率驱动和国际化战略，目标是发展为一家横跨消费电器、暖通空调、机器人及自动化系统的全球化科技集团，提供多元化的产品种类。

---

① "产业在线"系中国权威的家用空调、除湿机、移动空调市场研究平台，提供专业的家用空调产业新闻、市场分析、研究报告。

格力电器与美的集团、青岛海尔的转型既有共同点也有不同点。共同点是三大家电巨头都十分重视产品创新，模式创新，希望走一条创新引领的制造业转型之路，提高生产效率。不同点是美的集团和青岛海尔基本上是在其家电产业链中寻找业务增长点，而格力电器在大力发展其主线业务的基础上还拓展了包括手机、汽车、金融等其他行业的业务，走多元化的道路。所以不论是从外部环境、竞争对手或是自身发展的角度来考虑，格力电器都应该坚持其自主创新及多元化发展的战略，保证其在家用电器行业及空调领域的可持续稳定发展。

1.3　格力电器转型的阶段及实施效果分析

格力电器作为我国低成本制造业企业的代表，最初倚重的也是低成本的竞争优势，借助规模效应和较低的生产成本实现企业的扩张和发展。而近年来格力电器完成了从简单的生产销售向自主创新、智能化、多元化发展的转型，格力电器的成功转型使得其产品在激烈的竞争中脱颖而出。经过分析，格力电器的转型阶段主要分为三段，分别是传统低成本模式生产阶段、转型调整及适应阶段和成功转型为创新引领模式的阶段。格力电器作为家电行业的领先企业，其营业收入、净利润、净利率、毛利率水平远高于我国制造业企业的平均水平，但在格力电器转型的三个阶段中，其盈利水平呈现不同程度的变化。

1.3.1　低成本模式生产阶段

2002—2008 年是格力电器低成本模式生产阶段。这一阶段中我国家电制造行业摆脱了依赖进口、技术引进的方式，开始了自主创新、规模化生产的道路。然而在低技术壁垒的传统白色家电行业，生产企业众多、产品种类复杂、市场竞争激烈，格力电器成功依靠产品品质、成本、规模效应等优势迅速发展壮大，脱颖而出。

2002—2008 年格力电器的营业收入①和净利润均呈现高增速稳步上升的趋势并不断扩大规模,营业收入金额从 2002 年的 70.3 亿元上升到 2008 年的 422 亿元,净利润金额从 2002 年的 2.96 亿元上升到 2008 年的 21.28 亿元,2002—2008 年格力电器净利率水平较低,年平均值为 3.49%,如表 6-3 所示。这一时期格力电器的毛利率水平较为稳定,数值为 18% 左右,虽然高于同行业的其他企业,但是通过纵向比较,这一阶段的毛利率数值在其发展过程中属于较低水平,如图 6-1 所示。主要原因系 2002—2008 年格力电器发展的特点是低成本生产模式,依靠产品品质和规模效应②获得市场份额,产品科技含量较低、差异化程度不够明显,所以格力电器的收入、利润规模迅速扩大,但是毛利率、净利率等财务指标保持稳定。

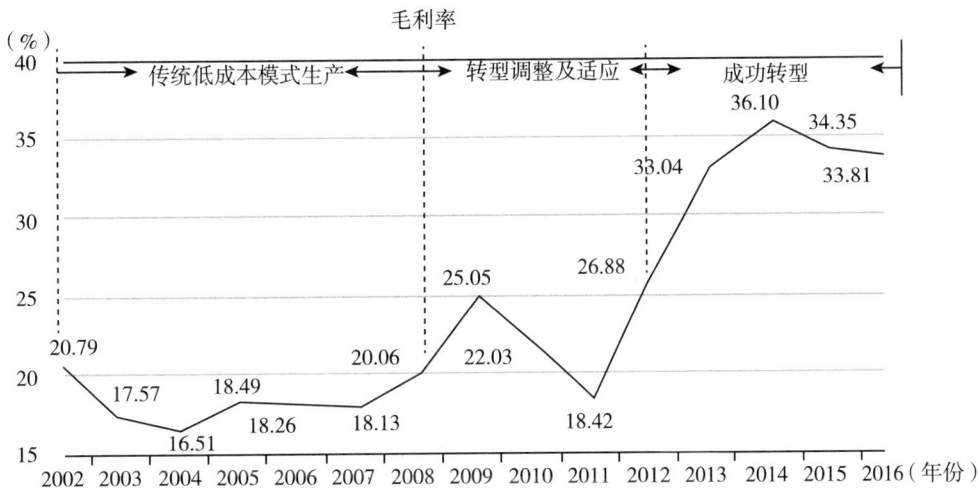

图 6-1 2002—2016 年格力电器毛利率折线图③

1.3.2 转型调整及适应阶段

2008—2012 年格力电器开始了制造业转型和产业升级,属于转型的调整和适应阶段。这一阶段中我国家电制造行业经历了世界金融危机的冲击,但是在我国经济发展形势较好和"家电下乡""家电节能补贴"等政策的支持下,我国

---

① 这里的营业收入指格力电器的营业总收入,包括营业收入、利息收入、已赚保费、手续费及佣金收入等。
② 规模效应通常指企业生产规模达到一定程度时,单位成本随生产数量增加而减少的情形。
③ 数据来源:根据格力电器 2002—2016 年年度报告中相关财务数据计算得出。

家电行业保持稳定增长并逐渐向研发创新、节能环保的方向转型。格力电器作为率先开始转型和产业升级的制造业企业之一，在这一时期得以继续扩大规模并开始深化自主研发和多元化经营的道路。

2008—2012年格力电器的营业收入和净利润同样呈现高速增长的趋势并且在金额方面有了较大数额的提升，但是在增长率方面，呈现无规律的波动。这一时期格力电器营业收入金额在5年内从422亿增长到1001亿元，增长金额579亿元。格力电器净利润金额在5年内从21亿元增长到74亿元，增长金额53亿元，净利率指标相比于低成本生产模式整体提高，但是呈现小幅度的波动，波动区间为5.04%~7.44%，如表6-3所示。这一时期格力电器毛利率水平同样呈现较大幅度的波动，波动区间为18.42%~26.88%，但整体水平高于传统的低成本生产阶段，如图6-1所示。主要原因系2008—2012年格力电器处于转型的调整和适应阶段，公司通过加大研发投入、自主创新、多元化经营等方式寻找增长点，处于生产模式、经营模式的调整和适应阶段，所以营业收入、净利润增长率和毛利率出现波动，但格力电器在这一阶段营业收入和净利润金额的大幅增长显示出制造业转型对于公司业绩的明显提升。

表6-3　　2002—2016年格力电器营业收入、净利润统计表[①]

年份	营业收入（亿元）	增长率（％）	净利润（亿元）	增长率（％）	净利率（％）
2002	70.30	—	2.96	—	4.21
2003	100.42	42.84	3.37	13.85	3.36
2004	138.33	37.75	4.20	24.63	3.04
2005	182.48	31.92	5.09	21.19	2.79
2006	263.34	44.31	6.91	23.38	2.62
2007	380.09	49.40	12.87	85.38	3.39
2008	422.00	11.03	21.28	65.36	5.04
2009	426.37	1.04	29.32	37.78	6.88
2010	608.07	42.62	43.03	46.76	7.08
2011	835.17	37.35	52.97	23.10	6.34
2012	1001.10	19.87	74.46	40.57	7.44
2013	1200.43	19.91	109.36	46.87	9.11

---

① 数据来源：格力电器2002—2016年年度报告。

续表

年份	营业收入（亿元）	增长率（%）	净利润（亿元）	增长率（%）	净利率（%）
2014	1377.50	14.75	142.53	30.33	10.35
2015	1005.64	-27.00	126.24	-11.43	12.55
2016	1101.13	9.50	155.25	22.98	14.10

1.3.3 成功转型为创新引领模式的阶段

2012年至今，是格力电器自主创新第三阶段，也是格力电器从原有低成本生产模式成功转型为创新引领模式的初步收获时期。格力电器在自主创新及智能制造方面遥遥领先，正式步入高科技企业的行列，多元化战略也取得了阶段性的进展。这一阶段我国经济增速放缓，"家电下乡"等政策结束，家电生产、销售模式发生变化，市场竞争更加激烈，家用电器逐渐从节能环保到智能家电、从自动化生产到智能制造、从技术创新到技术创造，这一阶段是我国家用电器行业向智能化发展的重要阶段。

2012—2016年，除2015年受家电行业市场波动的影响外，格力电器营业收入均超过1000亿元，2013—2016年，格力电器净利润均超过100亿元，净利率更是处于较高水平并且稳步提升，从2012年的7.44%提升到2016年的14.10%，在5年的时间里增长了近1倍，如表6-3所示。可见格力电器在在转型过程中虽然面临困难，但是依旧凭借其出色的公司战略和转型路径稳定了公司的业绩，转型效果良好。同时这一时期，格力电器的毛利率水平也为最高，在2013—2016年毛利率数值均超过33%，显示出良好的盈利能力，如图6-1所示。格力电器盈利水平稳中有升主要系格力电器在空调领域优势地位明显并不断深耕细作，通过自主研发、加强创新、多元化经营等战略巩固其市场份额，相比于同行业的其他企业率先开始转型并选择了适合公司的转型方法。这一时期格力电器毛利率水平较高主要系格力电器通过保持研发投入和强大的配套研发体系掌握了相关的核心科技，产品质量好、科技含量高，盈利能力较强。

2016年，格力电器公布了史上最高利润分配方案，每10股派发现金18元（含税），派发现金股利总额高达108.28亿元。2016年格力电器净资产收益率为30.41%，净利率14.1%，而根据中国企业联合会的调查，2016年我国500强制造业企业的平均净利率仅为 2.5%。以上数据都显示出格力电器在从低成本制造业转型后经营效率和盈利水平的大幅上涨，行业优势明显。

1.3.4　格力电器转型实施效果分析

（1）"中国制造"向"中国智造"的跃迁。格力电器经过三个阶段的调整，已经成功转型为以创新和科技驱动的高科技制造业企业，实现了从"中国制造"向"中国智造"的跃迁。目前格力电器除依靠其强大的品牌效应外，还拥有多项核心科技，这些核心科技提高了产品的科技含量、提升了企业的日常管理效率，将企业从简单的组装、加工、生产升级为以科技引领的智能制造业企业。以专利为例，专利是企业科研水平的重要体现，Shin 和 Dedrick 的研究表明，专利作为企业的具体资源，其战略规划和实施对龙头企业走向高附加值环节具有现实意义。格力电器作为家电行业高科技企业的代表，截至 2016 年底，格力电器累计申请技术专利高达 27000 多项，体现出格力电器成功转型为以创新和科技驱动的高科技制造业企业后强大研发实力和智能水平。

（2）提升盈利能力、优化业务结构。格力电器转型的实施效果主要从盈利能力及多元化进程两个角度来分析，在格力电器转型的三个阶段中，其盈利水平及多元化进程呈现出较为明显的阶段性变化。

在盈利能力方面，在成功转型为创新引领模式阶段中，格力电器营业收入、净利润均有大幅增长，2013—2016 年，格力电器营业收入均超过 1000 亿元，净利润均超过 100 亿元。在毛利率及净利率指标方面，其绝对值和增长率均为存续期间的峰值，2013—2016 年，格力电器毛利率均超过 33%，2014—2016 年，净利率均超过 10%，显示出良好的盈利水平。格力电器的成功转型对于提升产品科技含量、产品附加值等方面均起到了良好的效果。

同时，格力电器在多元化经营方面也取得了一定成效。一方面格力电器在不断尝试新产品的过程中仍保持着较高的盈利水平和规模增长，另一方面格力电器的产品结构也在不断地优化，除空调以外其他业务的占比开始提升。以主营业务的构成为例，在低成本模式生产及转型调整阶段中，格力电器的多元化战略尚在初始部署阶段，这时期产品结构均为以空调为核心的相关业务。在成功转型阶段，格力电器通过在除空调市场外其他业务的经营，一定程度上改善了其产品结构和盈利模式。格力电器 2012—2014 年主营业务构成中空调所占比重较大，分别为97.41%、97.63%、96.72%。但2015年和2016年，这一比重下降到了85.65%和81.33%（如表6-4及表6-5所示）。

表6-4　　　　　2012—2014年格力电器主营业务构成表①　　　　单位：亿元

主营业务构成	2012年	占比（%）	2013年	占比（%）	2014年	占比（%）
空调	888.86	97.41	1054.88	97.63	1187.19	96.72
生活电器	14.53	1.59	16.18	1.50	17.86	1.46
其他	9.09	1.00	9.47	0.88	22.40	1.82
合计	912.48	100.00	1080.53	100.00	1227.45	100.00

表6-5　　　　　2015—2016年格力电器主营业务构成表　　　　单位：亿元

主营业务构成	2015年	占比（%）	2016年	占比（%）
空调	837.18	85.65	880.85	81.33
生活电器	15.23	1.56	17.18	1.59
其他主营业务	26.90	2.75	33.85	3.13
家电制造业务合计	879.31	89.96	931.88	86.04
其他业务	98.14	10.04	151.15	13.96
合计	977.45	100.00	1083.03	100.00

格力电器在保持其营业收入及净利润水平较高增长的同时，产品结构逐渐丰富化。格力电器的多元化战略并非一直十分顺利，以格力手机为代表的部分新产品没有获得较好的市场和应有的收益，其部分多元化战略也备受质疑。总体来说，格力电器在多元化及制造业转型进程中仍保持着较高的增长率和较好的盈利水平，多元化战略初见成效。格力电器的多元化进程还在继续，目前正向新能源汽车等高科技行业迈进，考虑到发展新产品和业务需要一定的周期，同时也需要一定的时间积累经验，格力电器多元化战略的后续具体实施效果还有待进一步观察。

---

① 因2012—2014年与2015年、2016年格力电器在年度报告中主营业务构成的划分标准不一致，此处将这两段期间做成两个表格，分别列示。资料来源：格力电器2012—2014年年度报告。

1.4 格力电器转型的途径分析

1.4.1 注重研发、自主创新

创新是格力电器的核心战略,格力电器创立以来坚持技术的自主创新,是行业内唯一一个创新链完备并获国家主管部门认可的企业。格力电器曾在年报中披露对于科技创新研发的投入不设上限,保证科研经费每年按不低于产品销售收入的一定比例投入。格力电器的战略思想为宁可发展速度慢,也不要购买其他国家先进技术,因为一旦形成技术依赖,将很难形成自己的核心竞争能力。在传统的低成本模式阶段,格力电器产品销量高、质量好,依靠规模优势领跑家电行业。在意识到这一发展模式的弊端后,格力电器早早开始了技术创新,并在近几年收到了初步成效。以格力电器自主研发的智能家居为例,格力电器智能环保家居系统利用综合布线技术、网络通信技术、自动控制技术等将住房家庭用电设备集成,使高效环保的能源管理系统与家庭综合服务集成系统有效融合,提升家居节能性、安全性、舒适性和艺术性。这一技术为行业首创,显示出了格力电器出色的自主创新能力。

格力电器研发投入强度大并且建设有完善的配套研发体系,科研技术水平领跑我国制造业企业。近年来格力电器的研发投入均超过40亿元,力求精益求精。截至2016年12月31日,格力电器累计申请技术专利27000多项,其中发明专利1万余项,拥有15项国际领先的核心技术。2016年格力电器共承担了29项国家重大科技项目,期间获得国家技术发明二等奖、国家科技进步二等奖、中国专利优秀奖等多项荣誉。格力电器2016年年度报告数据显示,格力电器是全球最大的空调研发中心,目前拥有科研人员8000多名,国家级技术研究中心2个,国家级工业设计中心1个,省级企业重点实验室1个。同时格力电器设有7个研究院、52个研究所、632个实验室,配套设施完善。

1.4.2　高效生产、智能环保

（1）绿色生产，可持续经营。在原有的传统低成本模式生产阶段，我国各制造业企业凭借低廉的环境成本，将废水、废物等随意排放，只为眼下利益，却没有考虑到企业和我国经济的可持续发展。格力电器自成立以来一直保持着高度的社会责任感，在意识到环保这一问题后，开始了绿色生产的转型。格力电器的环保生产模式主要包括绿色生产和废弃资源回收再利用。

格力电器以其领先的空调制造技术为基础，积极推进自主创新、科技研发，生产的产品除性能好，功能强大外，大多数十分环保、节能。2016年11月工信部发布的2015年度节能机电设备（产品）推荐及"能效之星"产品清单中，格力电器共有35款产品入选，成为获选节能产品最多的家电企业。格力电器围绕产品节能和技术创新所作出的努力为国家承诺实现2020年碳排放强度比2005年下降40%~50%的目标作出了重大贡献。

格力电器也十分重视废弃家电的环保问题，并形成了再生资源的闭环产业链。自2011年起格力电器先后在长沙、郑州、石家庄、芜湖等地建立再生资源全资子公司，总投入超过10亿元。目前拥有齐备的"四机一脑"（电视机、冰箱、洗衣机、空调、计算机）处理线，可有效解决废弃家电造成的环境污染和健康危害，努力实现绿色制造。2016年格力电器延续"节约、绿色、环保、资源再生"的可持续发展战略方向，再生资源板块重点完成了自建渠道、降成本项目和管理体系建设项目。格力电器四个资源再生基地于2016年6月通过认证机构SGS①关于三合一体系的审核，并取得证书。

（2）智能生产，自动化制造。在传统的低成本模式生产中，企业组织模式较为传统，生产线中依靠大量生产工作人员完成批量生产，生产效率低下，自动化转型是格力电器生产创新的一大特色。2011年，格力电器制定了自动化的发展战略，依据自动化发展的需求，依次成立了自动化办公室、自动化设备制造部、自动化技术研究院。2012年格力电器开始实施自动化生产战略，并于2013年1月正式组建智能装备研发团队。经过多年的潜心发展，2015年8月22日格力电器首次对外公开亮相相关设备。2015年9月格力电器注册了珠海格力

---

① SGS Group，是全球领先的检验、鉴定、测试和认证机构，是全球公认的质量和诚信基准。

智能装备有限公司，独立运营。2015年，格力电器智能装备公司产出智能装备2000台（套），产值超5亿元。格力电器近年来持续加快自动化、机械化转型步伐，不断提高自主自动化设备研发和生产能力。自主研发生产的自动化设备在提升公司自身效率和效益的同时，也为将格力电器打造成为世界上最好的设备提供商奠定了坚实的基础。

1.4.3 创新营销、完善管理

（1）营销渠道创新。营销渠道创新是格力电器快速发展的法宝之一，格力电器也是率先开展销售渠道市场规范管理的企业之一。一方面，格力电器根据公司发展，对营销渠道尤其是专卖店进行转型升级，由外延式拓展向内涵拓展转型。格力电器在条件好的中心城市建设旗舰店、体验店，将工作重点转移到消费者，真正实现厂、商和消费者的共赢，因为只有保证消费者"盈利"才能让销售渠道保持下去。截至2016年年末，格力电器在中国拥有27家区域性销售公司和2.5万家专卖店，其特殊的营销模式使格力电器在激烈的渠道竞争中站稳了脚跟，牢牢掌握了渠道话语权和主动权。另一方面，公司拥有稳固的线上、线下业务布局优势，线下与国美、苏宁等大型家电连锁卖场保持良好的战略伙伴关系，线上与京东、天猫等网购平台紧密合作，实现了O2O电商平台的一体化，促进电商营销模式与传统营销模式并行发展。

（2）完善人才及企业管理制度。格力电器董事长董明珠认为，人才管理对于企业意义重大，是保证其他创新及企业发展可以有效进行的基础。Rao Pin Yang 的研究表明全面提升人才水平，建立管理团队有利于处理企业内部和供应链节点之间的各种业务。在传统的低成本模式生产阶段，格力电器更多的是注重产品，忽略了人才管理方面为企业带来的活力和效率。如今格力电器致力于形成公平公正岗位竞争机制及有效的激励机制，为员工提供畅通的晋升渠道并不断加强人才的培养，完善绩效管理体系。以2016年为例，格力电器通过人才创新相关举措的实施，全年公司整体生产效率提升10.5%，直接控员项目增效4294人，折合工时控员增效2244人[①]。

同时格力电器经营期间内不断进行管理创新，与时俱进。在传统低成本模

---

① 格力电器2016年年度报告。

式生产阶段，格力电器组织机构复杂，信息传递速度慢，管理效率低下。2014年格力电器自主开发的项目管理信息平台 GPMS① 成功上线，GPMS 的应用提升了群项目管理的效率，对于满足客户需求，有效地将产品推广到市场具有重大的意义。同时，格力电器不断完善其内部管理制度，2016 年在公司采购、物资耗用、费用支出、子分公司管控和基建工程结算等方面开展了审计项目，力求最大程度的提高管理效率。管理创新可以很好提升企业内部管理效率并且对于产品销售端消费者的反应了解迅速，便于在生产端和研发端作出相应调整。

1.4.4　延伸产业链、多元化经营

格力电器具备十分敏锐的商业嗅觉，近几年的格力电器不再满足于仅在空调相关领域汲取利润，开始了多元化经营的方针。格力电器的多元化经营分为两种，第一种是以空调产业链为基础，发展由空调延伸出来的上下游产业。第二种则是向空调以外的其他产业进军，拓宽经营范围和产品种类。

一方面，格力电器大力发展空调市场的上下游业务。格力电器凭借其在空调领域的绝对龙头地位，一方面发展上游的电机、压缩机、自动化设备、制冷暖通设备。另一方面，格力电器也大力拓展下游的资源再生业务，寻求增长点。以压缩机为例，格力电器自主研发的"三缸双级变容积比压缩机技术"被鉴定为国际领先水平。格力电器开发的涡旋压缩机为国内首创，成功打破国外涡旋压缩机技术垄断，其性能达到行业领先水平，体现出格力电器在开拓上下游业务中的明显优势。打通上下游产业链的意义在于可以增强公司对于上下游相关公司和业务的控制能力，有利于保证生产的高效进行。

另一方面，格力电器在除空调市场之外的业务动作不断，开始逐渐涉猎小家电、冰箱、手机、汽车、金融、智能家居等行业。以 2016 年为例，格力电器多元化的进程如下：第一，公司共完成 346 个生活电器开发项目，代表产品为 IH 电饭煲等。第二，以产品多元化及智能家居为切入点，格力电器探索研究家用消费类电子产品、通信及工控芯片等，力求取得自主知识产权。第三，格力电器正大力开展手机方面的研发，截至 2016 年年底，二代手机已经开始批量生产，三代手机正在研发中，已经具备一定的科研实力。

---

① GPMS：General Person Management System，即通用人事管理系统。

2 制造向智造转型的启示和建议

2.1 重视创新、完善研发体系

2.1.1 提高对创新研发的重视

创新研发是企业形成核心竞争能力的关键,也是发挥原有低成本优势并形成新的差异化竞争能力的重要环节,我国制造业企业应重视创新,明确创新对于企业持续发展的重要意义。经过对格力电器案例的分析,制造业企业需要制定相关的研发战略、适当增加研发投入,培养独一无二的核心竞争能力,发展技术壁垒高、不容易被替代的高科技产品并重视科研专利对于企业发展的作用。

格力电器的科研独树一帜,充分体现了其敏锐的商业嗅觉和作为优秀制造企业的基本素质。这一点极其值得我国制造业企业学习。其主要特点包括:第一,自主创新。在优秀的技术方面摆脱对发达国家的依赖,依靠强大的研发能力自主开发。其开发的光伏空调等项目均为国际首创。第二,引领市场。出色的制造企业不会等待消费者,不会根据消费者的需求而生产,而是要引领消费者,走在消费者前面,创造需求。在创造需求的同时,大可不必担心消费市场无法跟上的问题,如今的消费者已经不是被动地接受,他们接受新事物的能力极强,需要个性化、潮流化的产品和服务。2012 年,早在发达国家"再工业化"刚刚开始,我国新一轮制造业改革萌芽之时,格力电器就开始了对自动化生产的部署并开始逐渐实施。

2.1.2 完善我国研发体系

从国家层面应该建立相应的研发配套体系，形成以科研机构为基础，各大高校为平台，制造业企业为实施主体的创新模式，提高科研效率、提升成果转化率。我国制造业的转型离不开国家相关政策的支持，一方面我国应鼓励创新，通过一定的激励制度和配套服务调动个人、企业、科研机构以及整个社会的积极性，实现"万众创新"。另一方面考虑到技术的外部性，我国政府应该进一步加大研发投入，为制造业企业的研发提供保障。

企业层面，首先前期投入巨大、回收期长、产权的安全性等是阻碍我国部分企业开展研发的障碍。因此我国制造业企业应该制定合理的研发战略，在我国政策的指导下重视研发，合理投入。其次，对于已经具备一定研发实力的制造业企业，也应该保持一定规模的研发投入，保持竞争力，力求精益求精，同时可以发挥优秀龙头企业的带头作用，引领我国中小制造业企业的转型。

2.2 提升生产环节效率及产品质量

2.2.1 智能制造、提高效率

发达国家的"再工业化"进程，以及我国低成本制造业的转型，根本目标都是实现由"制造"向"智造"的转变，通过人工智能，提高全要素生产效率。智能制造不是单方面某项技术的领先或使用，而是一次全面、完整的科技革命。要将以云计算、物联网、3D打印技术等为代表的信息系统、物流体系、高新科技有机结合到传统的制造业。在研发、生产、销售、使用等过程中衍生出增值服务，让生产制造环节更加智能，提高整个产业链的效率。

2.2.2 产品精细化发展

我国的低成本制造业尚有提高的空间，在大力发展科技、注重创新的同时，我国低成本制造业应向着注重细节和精细化的方面发展。我国低成本制造业的品种齐全、规模庞大，但是尚未达到产品工艺极致、产品质量趋近完美的程度。"德国制造"享誉世界正是因为其产品精度高、质量好、技术先进。在我国低成本制造业尚未完全转型之前，需要更加注重细节，提高低成本制造业的水平，发扬"工匠精神"，保持竞争力。

2.3 保持原有优势、寻求新的增长点

2.3.1 保持低成本制造业传统优势

保持传统优势是我国低成本制造业转型的前提，对我国经济稳定十分重要。我国的低成本制造业需要转型，但是转型并不意味着要舍弃我国的低成本制造业。第一，产业结构需要匹配经济发展。我国为发展中国家，工业化进程还在继续。低成本制造业有着特殊的不可替代地位。第二，强大的低成本制造业有利于技术研发和创新。我国具有部分工业化程度较高的发达国家难以比拟的强大加工和制造能力，具备迅速组装、生产复杂产品的实力。低成本制造业的转型需要研发和技术，但同时也需要高效的低成本制造业与之配合。因为创新并不是一次就成功，需要反复的试验和调整，我国完善的配套设施可以有效提高科技成果的转换率并降低成本。格力电器的成功转型，正是因为其在传统的优势领域不断深耕细作，在保持空调市场极强竞争力的同时，优化产业链，实现高效的智能制造、自主创新。

2.3.2 发掘新的增长点

（1）寻找新的低成本优势。我国制造业企业应该积极寻找新的低成本优势，我国制造业最初的发展得益于成本优势，在我国政府转变经济发展模式的背景下，我国制造业企业应保持低成本优势，挖掘其他利润源，实现价值链攀升。成本对于制造业企业来说至关重要，在原有低成本模式优势丧失的背景下，我

国制造业企业应该寻找新的方式降低成本。主要有以下两种方式：第一，将我国的制造业转移到成本更低的地区，这是一些龙头制造业企业采取的做法。但是考虑到资本规模、员工就业、企业管理方面的限制，大多数制造业企业无法采用这一方法。第二，提升企业从研发生产到销售维护等各个环节的管理效率，做到全价值链的精细化管理。这是我国多数制造业企业可以认真研究并采取的降低成本办法。

（2）寻找新的业务增长点。实现低成本制造业的改革转型，必不可少的一个环节就是拓宽产业链，在微笑曲线利润高的上下游产业链中寻求突破，或者开展多元化经营，寻求业务增长点。我国传统的制造业只是组装、制造的环节，随着互联网等高科技的渗透，制造业将会形成一个从研发到产品销售的闭环管理模式，生产企业将会深入、广泛的参与到价值链的各个环节中，实现价值的创造。

2.4 制定适合我国制造业企业的发展战略

制造业企业转型和发展的战略有很多，我国制造业企业不应该局限于学习发达国家和我国其他企业的经验，应该在这一基础上加深对国家政策、行业发展及企业的认识，结合制造业服务化战略制订适合自身发展及转型的策略。

服务型制造可以理解为通过产业链的延伸，促进低成本制造业与服务业融合，从而形成新的产业组合和业务模式。Guerri 和 Meliciani 的研究发现信息和通信技术的发展对于制造业服务化有显著的良性作用。新一轮制造业改革的基调与制造业服务化的战略十分吻合。服务型制造通过创新经营最终达成从简单制造并出售产品向"制造 + 产品 + 服务"的模式转型。制造服务化是科技进步的必然结果。随着产品的高端化和复杂化，从研发到销售涉及的环节会相应增多，与之配套的服务应运而生，这些服务用于满足消费者不断增长的消费体验，同时以产品为中心所衍生出的增值服务也会带来丰厚的利润。此外，服务型制造还具备成本低、环保等特点，有利于提升产品竞争力并增加附加值。

服务型制造的转型对于企业而言，可以从以下方面着手，开展相关业务：

第一，利用大数据对产品的整个产业链进行把控，对于消费者提出的问题，可以在短时间内通过数据反馈给予回答和解决。第二，对于复杂程度较高的产品，制造业企业可以提供相应的增值配套服务，使消费者可以轻松使用复杂的高科技产品等。

案例 7：会计信息系统支持内控管理：佛山双鹤内控建设之路*

案 例 概 览

会计信息系统的内部控制（以下简称"内控"）是否完善，直接关系到其提供会计信息的真实性和可靠性。就目前我国会计信息系统的发展现状来看，大部分企业的会计信息系统内控还不完善，不能跟上时代的需要。因此，加强会计信息系统内控的管理，不仅是企业内在管理的要求，而且是提高企业竞争能力、防范风险的重要途径。

本案例结合佛山双鹤分析其会计信息系统内控面临的控制风险，并据此寻求建立和完善会计信息系统内控的基本思路。主要是介绍佛山双鹤及其会计信息系统内控的基本情况；针对佛山双鹤会计信息系统内控进行剖析，分析其存在的问题及原因，并提出优化策略。

通过对佛山双鹤的案例研究发现，佛山双鹤的会计信息系统内控存在诸多漏洞：岗位职责分工不够明确、数据处理过程缺乏监控、系统流程设计不够合理、系统内控评价模块缺少。针对佛山双鹤会计信息系统内控的缺陷，本书提出了改进措施，例如：系统开发时更加积极表达信息需求、系统嵌入内控评价模块、系统增加风险预警功能、增强会计信息系统的安全控制、梳理业务流程的关键控制点、严格执行相关岗位职责分离控制等。

本案例提出的对佛山双鹤会计信息系统内部控制研究的优化策略，对我国企业会计信息系统内部控制的完善具有一定的借鉴意义。

---

* 本案例由申强、王华完成初稿撰写，王华进行了案例改编。

1 案例背景——佛山双鹤药业有限责任公司

1.1 公司背景

佛山双鹤是华润双鹤药业股份有限公司（以下简称"华润双鹤"）的控股子公司——国有企业。原名是广东神州制药有限公司，由于公司重组，被华润双鹤收购，现公司名称正式变更为：佛山双鹤药业有限责任公司。

佛山双鹤的组织结构如图 7-1 所示：

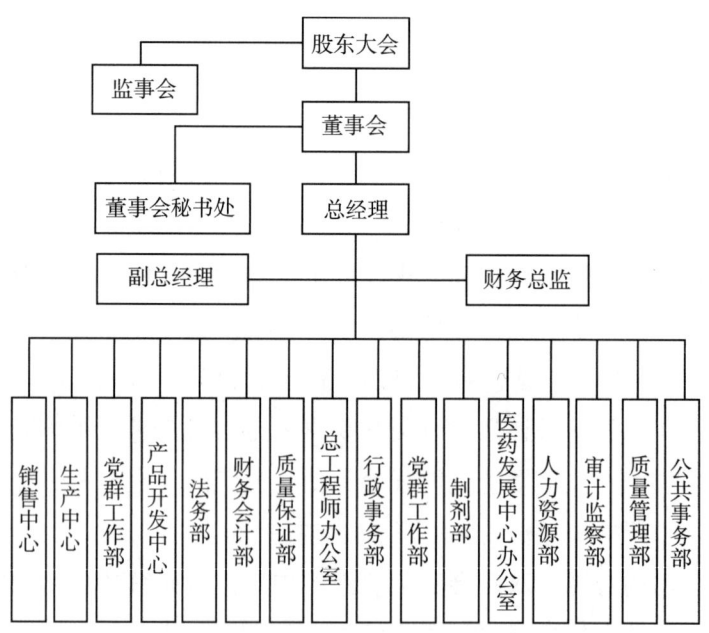

图 7-1 佛山双鹤的组织结构

佛山双鹤为华润双鹤在华南地区的输液产品生产和销售基地。公司位于广东省佛山市南海区里水镇河村开发区，依山傍水，风景秀丽，环境优雅，距广州市区约 15 公里，交通极为方便。公司各种生产设施严格遵照 GMP 标准建设，工艺先进，设备精良，拥有 4 条从德国和美国进口的非 PVC 塑袋输液生产线，该生产线集印刷、制袋、灌装和封口于一体，性能稳定，极大地提高了大输液生产的自动化程度，输液产品年生产能力为 4000 万袋。生产能力处于行业领先地位，是华南地区最大的软袋输液生产基地。

1.2 行业背景

医药行业是我国国民经济的重要组成部分，是传统产业和现代产业相结合，一、二、三产业为一体的产业。医药行业对于保护和增进人民健康、提高生活质量，为计划生育、救灾防疫、军需战备以及促进经济发展和社会进步均具有十分重要的作用。药品质量是企业发展的源泉，医药行业对企业内部控制的质量要求很高，内部控制管理的好坏对医药企业的发展起着至关重要的作用。

2010 年 5 月，财政部发布了《企业内部控制应用指引第 18 号——信息系统》，其对信息系统内控做出了相应的规定。会计信息系统的内控是否完善，直接关系到其提供会计信息的真实性和可靠性。

1.3 业务背景

1.3.1 佛山双鹤会计信息系统的现状

佛山双鹤的管理信息系统是采用的 ORACLE 公司的信息系统，于 2010 年引进，会计信息系统是该系统中的一个核心子系统，该部分将介绍其基本工作原理。

企业在建立管理信息系统时大多是从建立会计信息系统入手,通过会计信息系统的建立带动整个企业管理信息系统的建立,而在建立会计信息系统时,则要考虑留有与企业管理信息系统其他子系统的接口。图7-2是佛山双鹤管理信息系统中包含的子系统。

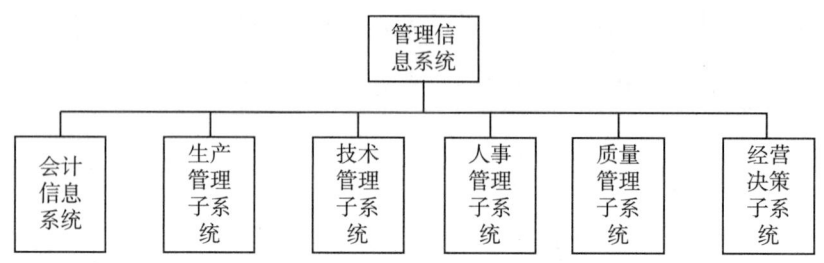

图7-2 佛山双鹤管理信息系统

会计信息系统主要反映企业的经济活动,反映企业的资金、成本、利润及供、销、存等有关信息。实际上,企业职能部门的全部成员都在一定范围内参与会计数据的产生,企业的每一项管理活动都在一定程度上利用会计信息。在会计信息系统中,原始数据都来自于企业各部门,如材料核算数据来自物资供应部门,销售数据来自销售部门,固定资产核算数据来自设备管理部门,成本核算数据来自生产、技术、物资、设备管理等部门,所以会计信息系统被视为企业管理信息系统的核心和基础。图7-3表示会计信息系统与管理信息系统各子系统的关系。

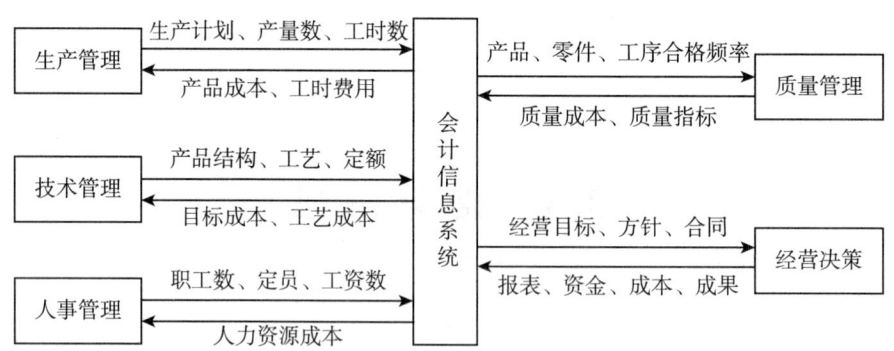

图7-3 会计信息系统与管理信息系统各子系统的关系

1.3.2 佛山双鹤会计信息系统子系统的内控现状

佛山双鹤的会计信息系统主要分为总账子系统、工资子系统、固定资产核算子系统、应收账款核算子系统、应付账款核算子系统、成本核算子系统、购销存业务处理子系统、报表子系统、资金管理子系统等模块。

应收账款核算子系统与应付账款核算子系统、财务分析子系统、销售子系统和账务处理子系统之间存在着密切联系,其关系如图7-4所示。

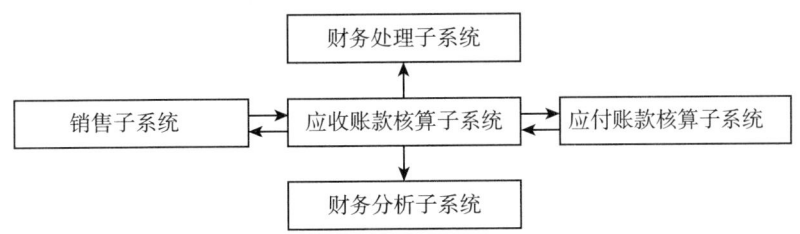

图7-4 应收账款核算子系统与其他子系统的业务处理流程

对图7-4流程的说明如下:

第一,销售子系统向应收账款核算子系统提供经过复核的销售发票、销售调拨单以及代垫费用清单,应收账款核算子系统对发票进行审核并据以进行收款和结算处理,并把销售发票、销售调拨单的收款和结算情况以及代垫费用的核销情况传递给销售子系统。

第二,应收账款核算子系统与应付账款核算子系统之间进行转账处理,如应收账款对冲应付账款;同时,对于既是客户又是供应商的往来业务对象,可以同时查询应收账款和应付账款往来明细。

第三,应收账款核算子系统向财务处理子系统传递记账凭证。

第四,应收账款核算子系统向财务分析子系统提供各种分析数据。

应收账款核算子系统的数据处理流程和操作流程:

(1) 应收账款核算子系统的数据处理流程,如图7-5所示。

(2) 应收账款核算子系统操作流程。如果用户第一次使用应收账款核算子系统,并已经建立相应的账套,可按照下列操作流程进行,如图7-6所示。

成本核算子系统的数据处理流程主要包括:从其他核算子系统取得成本项目费用,输入生产统计数据和其他生产费用数据以及进行成本的计算,同时还将计算出的成本数据向账务处理子系统及销售子系统传递。成本系统输入的数据包含两类,一类是基础数据,主要有成本核算方法选择、费用来源设置、部门档案管理、数据精度设置、基本概念定义、定额管理和建账期初余额的输入等;另一类是业务数据,例如,各种费用数据和生产统计数据。成本核算子系统的数据处理流程,如图7-7所示。

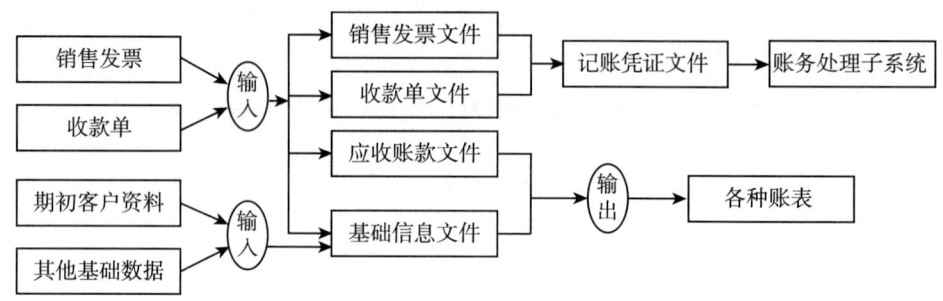

图7-5 应收账款核算子系统数据流程

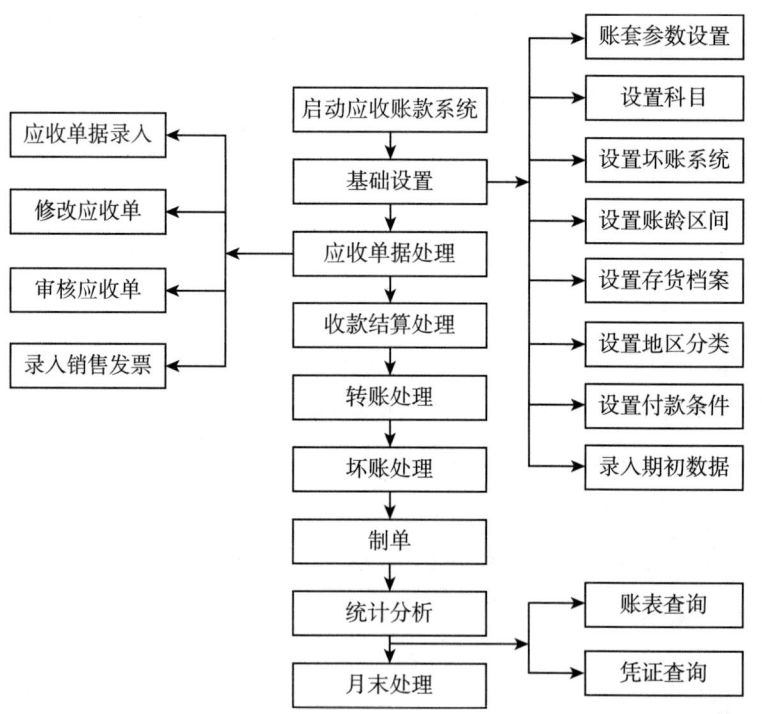

图7-6 应收账款核算子系统操作流程

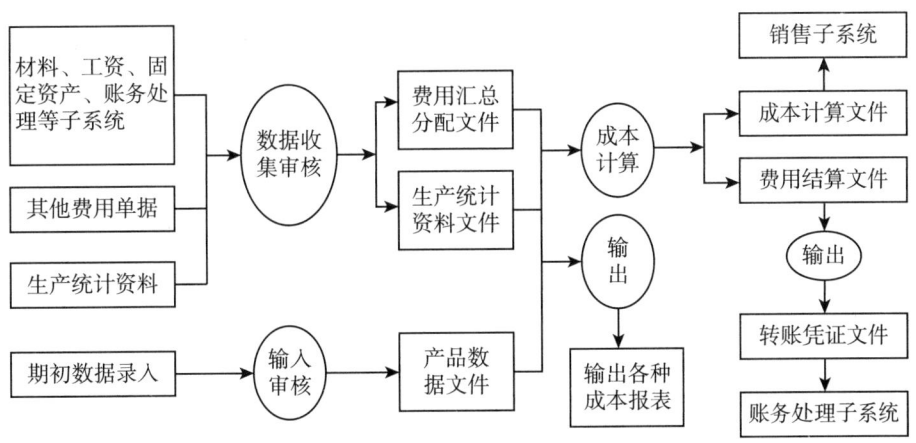

图 7-7 成本核算子系统数据流程

2 佛山双鹤会计信息系统支持内控管理的实施路径

作为使用 ORACLE 会计信息系统的企业，佛山双鹤具有典型特点，其在内控方面取得的优势或存在的问题可能也与大多数企业大同小异，笔者发现佛山双鹤会计信息系统内控在制度设计和系统设计方面存在以下几个典型问题。

2.1 会计信息系统内控制度设计的问题和原因

2.1.1 岗位职责分工不够明确

《企业内部控制基本规范》第四章——控制活动中第二十九条明确规定：

不相容职务分离控制要求企业全面系统地分析、梳理业务流程中所涉及的不相容职务，实施相应的分离措施，形成各司其职、各负其责、相互制约的工作机制。而在笔者经历过佛山双鹤的审计工作后，发现该公司存在很多岗位职责分工不够明确的情况。

在我们课题组对该公司进行调研时，该公司财务部一共有六名职工。其中财务经理和财务副经理各一名，他们主要负责财务部的管理，以及财务部和生产部、销售部、人事部等部门之间事务的处理工作；三名会计人员，分别主要负责收入、费用和成本三部分的工作；另外还有一名出纳，主要负责处理银行以及企业现金的管理工作。

在对该公司进行审计的过程中我们通过抽查会计凭证发现，有些收入类的凭证是费用会计或者成本会计做的，而又有一些费用类的凭证是收入会计或者成本会计做的。当我们经过询问之后才发现，他们三个人之中有两个人是刚刚入职不到半年的新员工，所以都由一名老会计带着做。与此同时，由于该公司的出纳是一名以前做过会计的职工，因此在生产经营的旺季有些会计凭证的编制工作就由出纳担任了。

笔者在和该公司一名会计人员的一次沟通中，更是得到了让人震惊的消息。该公司财务部目前只剩三人，原因是公司想降低人力成本。裁掉了以前的两名会计和出纳，让以前的一名会计作为现在公司的出纳，也会兼任很多会计的工作。

与此同时，在笔者向该会计人员索取公司内控手册时，该会计人员竟说只有经理手上有，平时没有人看过那个文件。由此可以看出，该公司的内控不要说全员参与，就连在财务部内部也未能全面实施。内控只是建立在制度层面，未能有效开展。

2.1.2 数据处理过程缺乏监控

上文曾经提到过，佛山双鹤的会计信息系统是集团公司华润双鹤从外部购进的，当时 ORACLE 公司根据华润双鹤的具体情况对系统也进行了相应的修改。但是从我们调研的过程中发现，该系统在设计上还是存在着严重的不足。其中一个重要的不足就是在由凭证转为账簿和报表这个过程的时候，整个过程财务人员都看不到。因此，他们经常跟我们说的一句话就是："在外面再会做账的人到了我们公司都不会做了！"这是系统在设计时留下的缺陷，系统在后来也没有得到及时的更新。因此，导致了佛山双鹤在对会计数据的监控这个方面无从下手，而这也很大程度上加大了该公司财务出错的风险。

因此，在佛山双鹤财务部应该增设一个会计审核岗。该岗位的主要职责有：审查机内数据和书面资料的一致性；为了防止漏洞对系统运行的各个环节加以审查；为了防止舞弊监督系统的运行。

一般而言，会计信息系统中输出的数据不会出现错误，因此，佛山双鹤财务部忽视了输出监控环节，没有采取有效的措施，但是若会计信息系统数据输出程序中存在问题，就容易造成输出的数据和处理后的数据不相符。因此，有必要采取一系列有效的输出监控措施，这将有利于发现系统处理程序中的错误。

2.2　会计信息系统内控系统设计的问题和原因

2.2.1　系统流程设计不够合理

我们调研的过程中，所获取的该公司的财务资料主要是该公司 ORACLE 系统输出的 Excel 总账文件和该公司以前从该系统导出的每个月的明细账。而我们所获取的公司成本明细账，是公司在通过系统导出后经过自己修改再给我们的，而不是从系统直接导出后给我们，公司方面给出的解释是直接导出的文件大家都看不懂。

系统流程上设计得不合理，不仅增加了公司在用人时的培训费用，也增加了人力成本，同时，也将大大增加系统使用人员在使用系统时出错的风险。在作者看来，佛山双鹤会计信息系统在流程设计上，至少存在以下几个方面的不足：

（1）系统资源浪费严重。由于 ORACLE 是国外的信息系统，在进行中国化的时候，为了节省系统开发的人力物力，系统可能没有按照中国会计准则进行编程，而是在美国会计准则的基础上做了几笔调整分录，调整到按照我国会计准则反映的结果。而大家都知道，系统资源是非常宝贵的，这样的做法无疑浪费了很多系统资源，同时也减慢了系统处理数据的速度，影响了会计信息的及时性。

（2）没有实现信息共享的最优化。如前所述，该公司会计信息系统包括总账子系统、工资子系统、应收账款核算子系统、应付账款核算子系统、购销存业务处理子系统、成本核算子系统、固定资产核算子系统、报表子系统、资金管理子系统等模块，各模块下再进行细分。虽然各个子系统之间有一定的信息共享，但从目前来看，企业内部各个子系统之间不能进行有效的信息共享，或者即使系统有信息共享的功能，但系统使用者却不会使用，使得信息资源无法进行有效共享。

（3）难以满足管理需要。财务部只是记录与经济业务相关的数据，并不收集并记录业务活动的全部数据，同一业务活动的相关数据被记录和保存在不同部门的人员手中，财务部只有描述业务活动的子集数据，导致会计信息系统与其他子系统中对同一业务活动进行描述的数据可能不一致或信息重复。此外，会计信息系统编制的会计报表本身具有很大的局限性，只能从财务角度反映和分析企业的财务状况和经营成果，不能从更多的角度进行反映。例如，有时候一个只懂基本财务的经理想看一下企业的报表，但是该系统输出的报表过于复杂难懂，导致该经理缺乏决策的相关信息。

（4）不能满足不同用户的不同需求。不同的信息使用者，对同一家公司的会计信息需求可能有所侧重。在企业内部，企业的投资者希望企业的利润最大化，因此他们比较关注财务报表中与利润相关的项目；经理阶层为了让大家看到自己的管理业绩，因此他们比较关注财务报表中与销售收入相关的项目；企业员工追求的是个人收入和职业稳定的最大化，因此他们比较关注企业的盈利情况以及财务的稳定情况。而在企业外部，税务部门作为国家机关，可能比较关注企业税务核算的健全性；供应商作为供货方，可能比较关注企业的还款能力；社会公众会希望企业承担社会责任，而对于上市公司，他们可能非常在意企业财务数据的真实性。

就目前来看，佛山双鹤会计信息系统输出的会计信息很难同时满足这么多信息使用者不同的信息需求。

（5）处理控制流程设计不合理。处理控制是指系统在进行数据处理的过程中，对数据的准确性和完整性进行的控制，包括更新控制和访问控制两个方面。数据在机内传递的过程中有失真的风险，可能从这个节点传递到下个节点的数据发生了改变，更新控制就是指对其传递过程进行控制，防止数据改变。访问控制是指为了防止对信息系统中正在处理数据的非法访问所实施的控制措施。而在笔者看来，佛山双鹤由于信息系统在母公司，数据处理过程也在母公司，所以无法实施处理控制。

因此，该公司应该重视会计信息系统的流程改进工作。首先，佛山双鹤会计信息系统应该充分挖掘各子系统数据间的联系，实现企业经济业务数据的共享。其次，企业应该尽力减少舞弊现象的发生，在事件发生时，一次性录入能够描述清楚事件所需要的全部信息，减少牛鞭效应发生的可能性。最后，该公司还应通过平衡积分卡评价体系，评价本企业的会计信息系统流程能否适应会计信息使用者的需要。同时将评价的结果反馈到本企业的会计信息系统流程中，改进流程中存在的不足之处，使系统流程更加优化，从而更好地满足企业内外部各种会计信息使用者的需要。

2.2.2 系统内控评价模块缺少

佛山双鹤使用的 ORACLE 会计信息系统和大多数会计信息系统一样，都存在一个共同的缺陷，就是没有把内控评价纳入系统进行量化。内控评价的概念最早由美国公认职业会计师协会（AICPA）提出。1929 年在其发布的《财务报表》一文中提出："要对内控的有效性做出评价而抽样的范围由检查内控系统的结果确定。"从我国发布的内控评价指引中可知，目前的内控评价工作要求在境内外同时上市的公司及沪深两市主板上市公司执行，而中小板及创业板择机执行，未上市大中型公司只需做好准备工作，鼓励提前执行。佛山双鹤的母公司华润双鹤于 1997 年 5 月 22 日在上海证券交易所主板上市（股票代码：600062）。因此，佛山双鹤应该进行内控评价工作。

在华润双鹤 2012 年 4 月 6 日出具的《华润双鹤药业股份有限公司 2012 年度内部控制规范实施工作方案》中明确指出，公司内控评价工作从 2011 年 11 月份启动，共分七个阶段：制订评价工作方案、组成评价工作组、实施测试、认定控制缺陷、缺陷整改及验收、汇总评价结果和编制评价报告。

根据公司内控建设规划，2012 年在 2011 年内控建设的基础上，已将公司内控体系推广到合并报表范围内所有子公司，并已将内控范围覆盖至非财务报告相关内控。在公司内控体系完善工作的部分，公司更是决定由内控建设项目工作小组负责，在 2012 年 10～12 月期间健全风险评价标准、建立公司风险数据库。

在内控自我评价工作计划中，该文件指出，随着公司内控体系的建设，内控评价范围将包括所有子公司，涉及生产、销售、采购、财务、法律、信息化、安生、环境等多个领域，为保证内控自我评价的有效开展，公司决定继续以董事会审计与风险管理委员会牵头成立内控自评工作组的方式开展内控自我评价。公司决定以董事会审计与风险管理委员会牵头成立内控自评工作组的方式开展内控自我评价。其内控自我评价工作计划表如表 7-1 所示。

表 7-1　　　　华润双鹤内控自我评价工作计划表

序号	工作计划	计划时间	责任人
1	由公司董事会审计与风险管理委员会领导，组织各相关部门相关人员成立内控自我评价工作组	2012 年 6 月	内控评价工作组
2	内控自我评价工作组确认进行自我评价的业务流程	2012 年 7—8 月	内控评价工作组
3	内控自我评价工作组设计工作时间表、工作底稿格式、内控缺陷具体评价标准	2012 年 7—8 月	内控评价工作组
4	内控自我评价工作组对内控范围内的公司内控规范实施情况进行测试，并认定是否存在内控缺陷	2012 年 12 月—2013 年 1 月	内控评价工作组、各业务及管理部门
5	内控自我评价工作组对发现的缺陷进行评价，编制缺陷评价汇总表，提出整改意见并编制整改任务单	2013 年 1 月	内控评价工作组、各业务及管理部门
6	根据内控自我评价工作编制内控自我评价报告，并按要求披露内控自我评价报告	2013 年 2 月	内控评价工作组

作为华润双鹤的子公司，佛山双鹤应该于 2012 年建立完成内控体系，并于 2013 年 2 月之前建立完成内控自我评价体系。在当前信息化的时代背景下，虽然规范、科学的内控自我评价标准尚未建立，佛山双鹤应该完善现有的会计信息系统，增加内控自我评价模块，进行一次系统升级。

3 实施经验

我们通过对佛山双鹤的案例研究发现，佛山双鹤的会计信息系统内控存在诸多漏洞：首先，佛山双鹤会计信息系统的岗位职责分工不够明确，公司内部相关人员缺乏相互制约机制，难以保证内控的实施效果；其次，佛山双鹤会计信息系统数据处理过程缺乏监控，财务部对输出的数据可以进行修改；再者，系统流程设计不够合理，一方面使公司的财务核算走了不少弯路，另一方面也大大增加了审计的难度；最后，系统缺少内控评价模块，直接导致不能对会计信息系统内控进行评价。以上因素削弱了佛山双鹤会计信息系统提供会计信息的真实性和可靠性。

针对佛山双鹤会计信息系统内控的缺陷，本书提出了改进措施，例如：系统开发时更加积极表达信息需求、系统嵌入内控评价模块、系统增加风险预警功能、增强会计信息系统的安全控制、梳理业务流程的关键控制点、严格执行相关岗位职责分离控制等，以期佛山双鹤能够通过会计信息系统内控体系的持续改善，从而实现企业的战略目标，提高经营的效率效果。

3.1 细化会计信息系统的系统设计

（1）系统开发时更加积极表达信息需求。管理信息系统和会计信息系统的开发，都需要经过很多阶段，包括系统总体分析、系统功能设计、系统模块设计、系统程序编制、系统程序调试、系统并行运行和系统投入使用等阶段。每个环节的质量和进度将会直接影响到后面环节甚至整个系统的开发。不管是系统开发前的可行性分析，还是系统开发过程中的一些环节，都要让使用者参与，因为他们是系统的使用者，对于需要什么样的系统，他们可能更加有发言权。

同时，还要使用系统开发进度表控制进度，规范系统调试和验收制度。

前面已经讲过，佛山双鹤的会计信息系统是和母公司一起从外部购进的，在系统开发时只有母公司派了少量的人参与其中，在子公司这一环节没有派人参与，因此该系统在使用时存在信息系统外包的一些通病。在短期来看，信息系统外包可能比信息系统自己研发更加节省成本，但是从长远来看，在外包服务结束时，企业可能缺少适应信息系统的灵活性，因为对系统最了解的人员不是他们自己，而是系统开发人员。此外，外包服务商提供的服务可能存在短期内发现不了的问题，等到发现问题的时候为时已晚。

佛山双鹤在使用其会计信息系统时，存在信息需求不能很好地被满足的现状。比如，系统输出的成本报表可理解性差、公司财务部人员不能理解数据在系统中的处理过程等。

此外，内部审计部门没有参与华润双鹤会计信息系统的开发过程，致使内部审计部门没有在系统开发的过程中发挥作用。而正是由于这一点，在设计系统时，就忽视了为内部审计工作和外部审计工作留下审计接口这个问题。导致在以后系统运行的过程中，内部审计部门不能对会计信息系统进行有效监督，系统运行面临着巨大风险。同时，也给外部审计工作带来了巨大的挑战，增加了企业的审计风险和审计成本。

因此，在以后的系统升级以及换代的时候，公司财务部和内审部的人员以及其他相关部门的人员应该更加积极地表达出自己的信息需求。只有这样，外包业务设计出来的系统才能更好地满足公司整体的信息需求。

（2）系统嵌入内控评价模块。任何制度的运行，如果缺少评价和监督环节，那将是非常大的缺陷，内控制度也不例外。在内控的监督方面，在企业内部有内审部，在企业外面有外部审计有关部门；而在内控评价方面，在企业外部，国家正在完善这方面的法律法规，在企业内部，我觉得做得还不够。在研究思路方面，目前我国学术界对内控评价主要围绕企业的业务流程和内控的要素两个方面展开，这两种思路各有优劣。前一种思路评价结论可靠性差且评价成本高，但可以发现内控缺陷并加以弥补；后一种思路评价结论可验证性差但评价范围更广。

如前文所述，佛山双鹤应该在下一次系统升级的过程中加入内控自我评价模块，最好进行量化评估。有关内控评价的定量评估模型，国内有关学者已经做过很多这方面的研究。佛山双鹤可以根据自己的生产和业务特点，选择适合本企业的内控评价模型。

（3）系统增加风险预警功能。为了对公司各项业务活动进行全面控制，做到事前防范、事中控制、事后处理，佛山双鹤会计信息系统应建立预警机制，强化风险意识。建立的预警机制应该覆盖本企业全部经济业务活动。主要措施有：

①建立并完善风险评估信号和指标体系。风险的发生，往往会有很多信号，这些信号有很多是通过各种财务指标来进行传达的。该公司应该针对可能出现的各种风险，建立并完善风险预警指标，以便及时发现并评价所出现的风险。

②建立并健全风险控制运行体系。公司应该根据自己的风险承受能力合理选择自己对待风险的态度，是进行风险规避，还是进行风险承担，或者偏好风险，并要根据自己的能力做好风险控制工作，避免风险转化为危险。

③建立风险事件快速反应部门。当风险事件发生时，要能迅速做出反应，将事故造成的损害程度降到最低，并且通过对已经发生的事件进行总结分析，防止此类事件的再次发生，为以后的风险防范工作做好准备。

④将会计信息系统与公司风险数据库连接起来。如前文所述，该公司已经于 2012 年 6 月建立起风险数据库。由于财务风险是公司风险管理的重要组成部分，因此，应该将公司财务分析与财务风险评估的结果输入风险管理子系统，同时也要将风险管理子系统的风险应对措施传递到会计信息系统。

3.2　强化会计信息系统的运行控制

（1）增强会计信息系统的安全控制。在调研的过程中，我们发现该公司并没有专门的信息技术部门，在企业软硬件以及计算机网络的配置方面不是十分专业，财务部的计算机每次出问题都是由本部门的一名对计算机比较熟悉的职员自己处理，导致该公司的会计信息系统在处理业务的时候经常出现系统方面的问题。再者，该公司的会计数据是通过网络传输到北京总部的，而在目前的网络环境下，企业的任何信息在理论上都可能被别人访问到。因此，公司通过物理通信线路传输会计信息存在着很大的安全隐患，会计信息有可能被恶意访问或者篡改。

开放网络环境下，企业应建立针对会计信息系统不同层次的安全控制，在技术上加强对包括网络层面、通讯层面及操作层面的安全控制，如建立企业网络与外网的防火墙，访问控制制度，入侵检测技术、身份认证及对数据传输进行加密。

（2）梳理业务流程的关键控制点。关键控制点是业务流程中存在重大隐患的操作点，通过控制该操作点，可以有效降低业务流程产生重大风险的可能性。每个业务流程都有较多的控制点，但是可能只拥有一个或几个关键控制点，佛山双鹤若对各业务流程的关键控制点总结出来并给予特别关注，相信其业务流程中的风险亦能得到有效的控制。由此我们可以得知，关键控制点与业务流程中的重大业务风险是对应的，可能一个重大风险必须要一个或者几个关键控制点才能得到控制，所以公司在进行关键控制点的梳理时，要首先明晰该业务流程的重大业务风险，并找出其对应的一个或几个关键控制点。

将以下业务流程中的关键控制点列出，起到一定的参考作用。如表7-2所示。

表7-2　　　　　　　　业务流程及其关键控制点列表

业务流程	关键控制点
货币资金	现金流入、现金流出、银行开户、现金盘存、客户及银行对账、票据及印章保管、货币资金的监督检查
采购与付款循环	授权审批、不相容职务分离、付款流程、存货验收及入库、预算控制
销售与收款循环	各审批环节、销售定价、客户授信、销售合同签订、发货、发票开具、发票传递、销售收款、应收账款坏账管理、售后服务管理、贴牌产品管理
资产管理	固定资产、存货及无形资产的保管和使用，固定资产、存货的清查，固定资产、存货盘盈盘亏分析，固定资产维护更新，废旧物资的保管、销售与定价
成本费用核算	直接材料的核算和分配、直接人工的核算和分配、制造费用的分配
研究与开发	研发项目的立项、执行与验收，研发产品的测试
工程项目	工程项目立项、工程施工、工程监理、工程设计、工程招标、基建工程管理、零星项目管理
业务外包	委外加工工作的申请与审批、委外加工产品的测算

续表

业务流程	关键控制点
财务报告	减值准备的计提、资产核销的审批、债权债务的往来记录与核实、日记账的记账与审核、财务报告的编制、财务报告信息的审核、财务状况的分析、关联交易的授权审批、关联交易的信息披露
全面预算	全面预算的编制、预算指标的分析、全面预算的执行、全面预算的考核
合同管理	合同的签订和审批、合同登记、合同借阅、合同保管、合同变更、合同纠纷的处理、合同权利义务的终止和合同解除、印鉴的刻制、公章的备案与启用、公章的使用、公章的保管、公章的交接、公章的停用

（3）严格执行相关岗位职责分离控制。我国相关规章制度明确规定，企业应该实施不相容职务分离控制。并且规定实施会计电算化的企业，在企业会计职务设置方面，应当做到软件操作、审核记账、电算审查和档案保管等相互分离。这是对企业会计信息化的基本要求。该公司可以通过在两个或两个以上的人员之间分配工作的方式，相互制约的工作机制实现这一监控目标。例如，公司中负责收付现金的出纳职务和记录交易的会计职务应分别由不同的人员负责。对于会计信息系统而言，总体上应该从系统设计、系统操作和系统监控等方面着手，使人员严格执行岗位职责分离控制制度。

在信息系统环境下，给企业的内控带来了机遇，也给内控带来了新的挑战，会计信息系统使内控出现了一些新的内容。世界各大财务造假与舞弊事件造成的巨大经济损失等都说明了一个好的会计信息系统内控对公司健康成长的重要性。

2010年5月，财政部发布了《企业内部控制应用指引第18号——信息系统》，其对信息系统内控做出了相应的规定。会计信息系统的内控是否完善，直接关系到其提供会计信息的真实性和可靠性。就目前我国会计信息系统的发展现状来看，大部分企业的会计信息系统内控还不完善，不能跟上时代的需要。因此，加强会计信息系统内控的管理，不仅是企业内在管理的要求，而且是提高企业竞争能力、防范风险的重要途径。以佛山双鹤为对象进行案例研究，通过对其会计信息系统及其内控体系的描述，分析公司在执行内控方面存在的缺陷，并提出相应的优化策略。对佛山双鹤会计信息系统的内控实际情况进行案例研究，对我国企业会计信息系统的完善具有一定现实借鉴意义。

第二篇
新经济发展与创新模式

案例8：免费产品不免费：腾讯产品组合策略*

案例概览

信息产品作为互联网企业的特有产品，本身具有前期投入大、后期边际成本接近于零的特点。这种特点直接导致了信息产品与传统产品存在本质区别。互联网企业运用免费产品吸引客户，获取流量，运用增值产品流量变现，进行价值转换，从而完成自身盈利。企业的产品组合策略需要不断进行跟进，设计产品的广度、长度、深度以及黏度实现免费产品与增值产品的有效组合，调整企业产品组合策略保持较高的利润率，是互联网企业目前的重要问题。

本书详细分析产品组合策略的应用对互联网企业的影响，分析互联网企业的产品组合策略，将盈利来源划分为以完全免费产品和盈利产品免费功能为主的免费产品与以盈利产品增值功能为主的增值产品，探讨其免费产品与增值产品之间存在的双边效应，以此进行价值获取机制的设计。对此，我们选取了腾讯公司进行分析，为互联网企业如何构建自身产品组合体系，设计价值获取机制，规避风险、赢得市场、实现转型提供参考。

本书以案例分析为研究方法，选取腾讯公司为典型案例，同时选取阿里巴巴集团、百度公司、腾讯公司、京东、网易、新浪公司、搜狐在内的7个公司进行比较分析，进行互联网企业产品组合策略分析。以腾讯公司为主要案例，对其产品组合进行多层次多维度分析，探索其产品组合策略实际效果，得出互联网企业在设计产品组合策略中存在流量转换价值的共通性。互联网企业营造了增值产品与免费产品的双边效应，免费产品实际上并不"免费"。

通过对案例的研究，得出我国互联网企业进行产品组合策略研究与探讨企

---

* 本案例由吴翘楚、王华完成初稿撰写，王华进行了案例改编。

业防范风险、提高效益的作用,具有战略意义与操作可行性。

1 腾讯产品组合策略与盈利分析

1.1 腾讯产品组合发展历程

1998年11月,腾讯控股有限公司成立。目前已经成为中国互联网龙头企业之一,是拥有最多中国服务用户的企业。它一直遵循"一切以用户价值为依归"的价值理念,以提升人类生活品质为价值理念,在互联网市场环境下稳定发展。

互联网经济下,社交网络基于人际关系,把现实关系搬到互联网,加速人和人的交流和信息流动,成为人类生活中不可缺少的一个部分。目前,腾讯意图为用户提供"一站式在线生活服务"。QQ、微信、腾讯网、腾讯游戏、QQ空间、无线门户、搜搜、拍拍、财付通等的存在证实了腾讯打造了中国最大的网络社区。该社区满足了互联网用户涉及免费与付费两方面的关于通信、资讯、娱乐和电商等领域的不同需求。目前,腾讯50%以上员工为研发人员。

如图8-1所示,腾讯下设六个事业群:技术工程事业群(TEG)、微信事业群(WXG)、互动娱乐事业群(IEG)、平台与内容事业群(PCG)、云与智慧产业事业群(CSIG)、企业发展事业群(CDE)。以事业部进行划分的腾讯业务体系更多是基于腾讯官方自身的运营方式,六大事业部各司其职,相互依托,从细分市场分析腾讯的业务领域可以更好地把握腾讯的产品体系是如何构建的,研究腾讯如何基于产品的成本特征和定价方式实现利润最大化的过程。

1.1.1 投入期:免费产品为主

投入期,腾讯以OICQ[①]为主要产品,增值产品尚未出现,以免费产品为主,

---

① Open ICQ.

追求单边网络效应。本书以 1998—2000 年，作为腾讯的投入期，这一时期腾讯完成了产品仿制，应用创新，实现了单边网络效应，聚集了用户群体，但是空有流量而还未找到盈利点，将产品进行商业化，因此投入很大但没有利润。

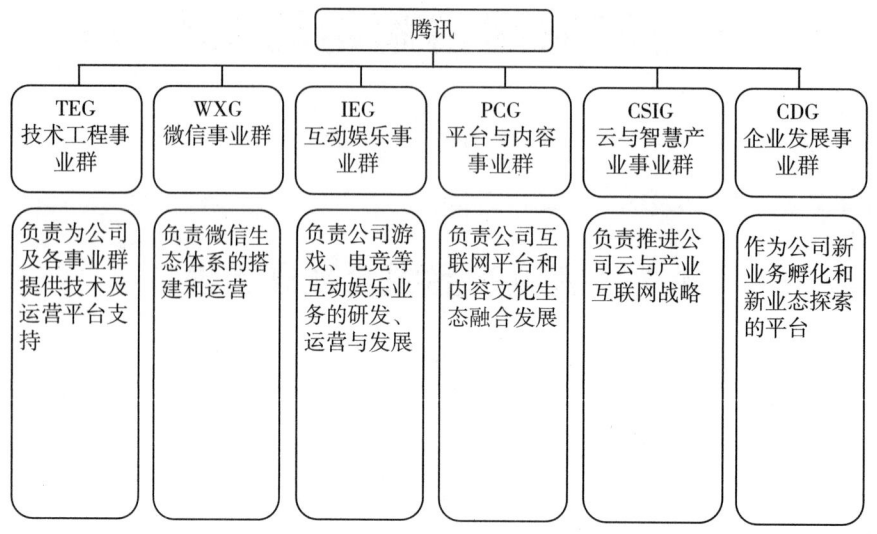

图 8-1　腾讯组织架构

在这个阶段，腾讯是以 OICQ 为单产品进行运营，战略定位是一个即时通信服务商，没有商业化，也没有真正的盈利点，生存依赖于投资。1999 年，腾讯发布 OICQ，该产品是模仿以色列人做的 ICQ，是一个即时通信软件。OICQ 初期准确把握了用户心理，初期版本的体积很小，只有 200 多 k，并给用户提供了多种头像框加以选择。在网费以小时计的时代，提高了用户体验，降低了用户的心理门槛，从而顺利地得到了推广。与此同时，腾讯清晰地意识到了技术的不足，并不断对此加以改进，每个星期对程序进行一次优化，在只有一台服务器的情况下不断提升技术，减少对服务器的要求。综合起来，OICQ 在基础服务方面抓住几个核心的功能点，体验好、体积小、传递快而稳定，并拥有个性化体验提高用户兴趣。OICQ 为腾讯获取了用户，在社交领域获取了流量。

1.1.2　成长期：以 QQ 为中心的产品体系

腾讯成长期的产品组合策略以 QQ 为核心，以其他业务为依托，构建了一个即时通讯盈利体系。这个阶段双边效应初步体现，流量开始转换成价值，逐步得到运用，并为免费产品提供盈利支撑。2000—2005 年是腾讯的成长期，腾讯不断进行产品的更新和优化，意图建立属于自己的增值业务体系。

腾讯成长期前期，并没有自己的增值业务，盈利依托于其他企业。QQ2000 版空有庞大用户，但却缺少利润点，需要投资才能存活，而后来实现盈利，也过分依赖于通信运营商的"移动梦网"业务。腾讯在这个时期作为即时通信服务商存在，其营业收入依托于"移动梦网"，空有流量作为金山银山却不能顺利转换为企业盈利，导致运营商的业务整顿直接对腾讯的生死产生影响。

在 2003 年以后，腾讯开始建立自身的增值产品体系，与自身的免费产品形成双边效应。QQ 秀的推出，使其成为腾讯第一个赚钱最多的业务，是用户第一个愿意为它付费的业务，让腾讯摆脱了对中国移动的依赖。用户个性化的需求使其愿意将钱充到 Q 币账户里面购买增值服务。这也为日后游戏的增值服务打下了基础。它的成功，实际上是在 QQ 用户量已经达到很大的情况下，抓住用户的人性化需求和攀比心理，获取了全部用户中占比很少的付费用户。随后，网游业务、媒体和广告业务、搜索和电子商务业务，腾讯的增值产品体系逐步建立，同时针对 QQ 进行延伸，推出 QQ 空间，并加大对基础设施的投入、提升基础用户体验，做好 QQ 相册，真正实现了免费产品与增值产品之间的相辅相成。

简要分析腾讯的成长期的发展，是从亏损到盈利的巨大转变。早期 QQ 的投入成本巨大，需要存储的数据过大，导致免费增值模式下的初期成本过高，但无法找到赢利点。直到虚拟产品的设计和出现，这种情况得到了好转。QQ 秀、QQ 黄钻、QQ 绿钻等虚拟产品的出现，赋予腾讯真正的活力。以 QQ 为基础，腾讯收获了大量忠实客户。通过 Q 币、QQ 宠物、QQ 空间、QQ 音乐、QQ 邮箱、QQ 游戏等，腾讯设计了一系列增值服务，来满足客户的个性化需求。

究其根本，腾讯依赖于自身的免费产品，免费产品实际是腾讯获取利润的基石。在免费的背后，实际上用户会受到一系列的诱惑，从而渐渐走向消费模式。腾讯设计增值服务将流量转换为价值，利用付费服务满足用户的个性化和差异化需求。

QQ 即时通信软件的出现满足了通信的虚拟性和及时性，消除了物理距离的障碍。促进情感沟通和人与人之间各种联系的需要，QQ 具有全球市场和无限的可能性，且没有时空限制，腾讯可以依靠 QQ 来最大化将流量转换为市场价值。

由此可见，腾讯在早期以 QQ 为核心的产品体系，就对双边网络效应有一定的应用。该效应的运用多依靠于互联网早期的人口红利，并不适用于现在，但仍具有借鉴意义。

1.1.3 成熟期：免费产品与增值产品相辅相成的多元化开放体系

腾讯的成熟期，建立了一个较为完善的多元化开放体系，它以早期建立的流量优势为根本，以社交为关键词，打造以 QQ、微信为核心，其他产品为延伸的免费产品与增值产品相辅相成的产品组合，发挥双边效应，实现了流量与利润的相互转换与增值。

2005—2018 年，是腾讯的成熟期，腾讯利用流量优势抢占先机，同时产品线进行调整。自 2007 年，平台模式开始成为互联网企业的主流，百度、阿里、腾讯分别从搜索、电子商务、即时通信三个领域建立不同方向的信息产品平台。它利用免费产品建立的流量优势打跟随战，同时开启 PC 产品无线化。2010 年，"3Q 大战"影响了腾讯的产品思维，从做能让人接受的产品角度出发，腾讯的战略导向也变成了做一个开放的平台。2011 年，腾讯利用流量优势打赢米聊奠定了微信今天在移动互联网第一入口的地位，成为无可替代的互联网霸主。

腾讯成熟期不再拘泥于所有领域的全面发展，而是根据自身免费产品的优势所在，有选择性的对增值产品进行选择。2012—2014 年，腾讯将原本分散的业务进行整合，资源集中，全面"无线化+电商布局+投资"，并将电商从主要业务中进行剥离。腾讯从"一站式服务"向"生态化系统"进行转变，产品线精细化，产品有目的性的减少，将部分业务交给合作伙伴去做。腾讯本身专注做"连接器"和内容产业。在入口思维下，腾讯手握社交这个关键词，本身就具有将长尾效应不那么突出的产品进行快速商业化的特质。QQ、微信为立业之本，游戏、广告、媒体、支付、音乐、地图等为造血业务，内容、搜索、O2O 电商、打车、房地产、旅游等与合作伙伴共同协作，是腾讯成熟期的产品组合策略。

经过对腾讯成熟期产品的分析，其业务还是建立在其对即时通信软件的把控上，其免费产品带来的流量是腾讯盈利乃至生存的基石。社交系的免费产品，使腾讯在增值产品的选择上具有多元性。流量和利润在腾讯产品组合中形成了一个循环，而免费产品与增值产品之间的效应促进了吸引流量，流量增值，企业盈利，免费产品再投资的过程。

1.2 腾讯现有具体产品组合策略与盈利分析

1.2.1 腾讯现有产品体系

如表 8-1 所示,腾讯现有的业务系统分为七个部分:社交、金融、娱乐、资讯、工具、平台、人工智能。它涵盖多种产品,目的在于为企业提质增效,创造价值。

表 8-1 腾讯产品总体系[①]

领域	产品名称	产品价值
社交	QQ	作为即时通信平台,用户在 QQ 上可以随时随地与朋友以多种方式进行沟通,使用主题,气泡,挂件等个性装扮来满足个人喜好,并在这里结交具有类似兴趣的新朋友;使用厘米秀为年轻人打开个性化聊天模式,同时与其他服务连接,使用户更够更加方便的接触到腾讯其他产品
	微信	微信提出了新的极简思维方式,同时集即时通信、娱乐社交、生活服务等方面于一身,对用户的生活带来了极大的改变。摇一摇、朋友圈、游戏中心、表情商店、公众平台、小程序、微信支付等组成部分各司其职,为用户打造全新的即时通信场景。它从一个即时通信工具开始起步,逐步衍变成了用户交流沟通的一个生活平台。在腾讯连接一切的理念下,被赋予了更多职能
	QQ 空间	作为一个开放性的平台,同时满足了用户展示、交流与娱乐的需求
	腾讯微博	在平台的基础上,腾讯微博加入了社会属性,贡献实时、动态和多元的价值内容,满足用户的个性化信息沟通及自媒体建立需求
金融	财付通	作为专业在线支付平台,是中国第二大在线支付平台。它涉及各种综合业务,关注支付的安全性、便捷性、专业性,涉及 B2B、B2C、C2C 等多个领域
	微信支付	微信支付端延伸出的支付功能,由于可以通过手机完成快速支付而受到用户的推崇,因此得以广泛传播。具有安全、便捷、高效的特质,有效迎合了市场的需求,扩大了微信的使用场景

---

① 腾讯官网 https://www.tencent.com/zh-cn/system.html。

续表

领域	产品名称	产品价值
金融	QQ钱包	QQ钱包是集银行卡、二维码、NFC等不同便捷支付方法为一体的移动支付产品。其主要受众为21岁以下的年轻群体，成功将生活服务、政务服务、融合支付、理财、公益等多个场景进行再造，为用户提供一体化服务
	腾讯理财通	作为腾讯的官方金融平台，秉承用户连接和开放连接的原则。与银行、保险、基金、经纪、信托等金融机构合作，以满足不同风险水平的金融需求，为固定收益、股票、债券和其他资产类别定制金融产品。它已推出产品功能，如薪资固定投资、梦想计划、指数固定投资、信用卡还款融资和抵押融资
	腾讯微黄金	是一种资产安全管理工具，该服务中用户所持黄金份额全部由工行登记管理
	腾讯大金融安全	金融级智能安全防控平台
娱乐	腾讯游戏	全球领先的游戏开发与运营机构
	腾讯影业	腾讯影业的定位是一个开放的内容平台，它建立在新文化背景下，目的是创作高质量的电影和电视作品。其下设四个工作室：大梦电影、黑体、进化娱乐、漫宇。"年轻、独特、高品质、连接"这是腾讯影业在这个阶段做电影和电视内容的方向
	腾讯动漫	中国最大的正版网络动漫平台
	腾讯电竞	电子竞技品牌，于2016年12月9日成立。目前，腾讯电子竞技已经形成了比较完整的系统，包括MOBA、FPS、ACT、体育、赛车、象棋等六大类。同时，单一产品竞争体系和综合竞争体系基本完善
	阅文集团	前身为腾讯文学，由腾讯文学与原盛大文学整合而成，是目前极具影响力的正版数字阅读平台和文学IP培育平台
	QQ音乐	中国领先的网络音乐平台及正版数字音乐服务提供商，意图在音乐方面为用户提供优质服务
	腾讯视频	跨屏覆盖设备数量行业第一的视频平台，以内容为中心，用户为根本，致力于为用户提供更加丰富更加优质的视频娱乐体验。拥有极多版权资源，并且已经参与自制内容的创作，力图打造优质IP。产品形态同时覆盖PC客户端、移动端等
	企鹅影视	视频平台，主要从事网络剧、电影投资、艺人经纪三大核心业务，整合产业链，打造高品质网络内容平台。在电影方面已经参与多部优秀影片的制作，在网络剧方面也取得了优异成绩

续表

领域	产品名称	产品价值
娱乐	腾讯体育	体育直播产品
	企鹅电竞	移动电竞直播平台
	NOW 直播	移动直播 App,使用户随时能够使用移动设备进行直播,分享
	兴趣部落	兴趣社交平台。通过兴趣作为连接纽带,对 QQ 社群关系链进行重构,满足年轻用户的兴趣社交需要
	腾讯课堂	专业在线教育平台。其目的在于对中国教育资源分布和发展不均的现状进行改善,在信息化时代下打破地域限制,传递教育资源
	企鹅 FM	网络电台应用
资讯	腾讯网	大型综合门户网站。以"事实派"为媒体的品牌核心价值意识,凭借业界领先的媒体信誉,影响力和沟通能力,为消费者提供现场首次新闻报道,以及全面、公平、详尽的信息服务。它涵盖了新闻、娱乐、科技、体育和其他综合信息,以及关键的互动社区,娱乐产品和基本服务
	腾讯新闻	腾讯为用户创建了全面,及时的新闻产品。通过数据和数据创新,坚持"事实派"的核心事实,提供首次报告和准确的本地信息服务。与此同时,创建原创精品专栏,为消费者提供最快,最准确和最相关的信息内容
	天天快报	兴趣阅读软件。运用智能对用户兴趣进行计算,从而为用户推荐偏好内容。同时与微信、QQ 的功能结合,对用户兴趣进行识别
工具	应用宝	移动应用分发平台
	QQ 浏览器	支持不同终端用户快捷上网的浏览器
	腾讯手机管家	手机安全与管理软件
	腾讯电脑管家	免费网络安全软件
	腾讯地图	提供数字地图内容、导航和位置服务解决的方案
	QQ 邮箱	与 QQ 连接的电子邮箱产品
	自选股	提供证券投资服务的 APP。在充分考虑用户需求的情况下,使其更加容易获取有价值的金融信息
	天天 P 图	专业图片美化软件,内容涵盖自拍、美容、修图等多个方面。基于团队自主开发的人脸检测技术和面部特征,图像处理技术,不断推出一些行业创新,在多个国家具有影响力
	腾讯问卷	在线问卷调查平台,是用户研究和问卷调研的重要工具
	吐个槽	用户反馈平台,支持 WEB、公众号、APP、小程序,致力于为给产品经理服务,提供沟通场所,使沟通简单化、方便化和人性化

续表

领域	产品名称	产品价值
平台	开放平台	腾讯的开放平台是腾讯向合作伙伴提供自身能力的重要舞台。合作伙伴可以使用开放式提供的 PC，移动，多终端开放接口。优秀的创意社交游戏和实用程序将连接到平台，整个平台将发布到数以亿计的用户平台，如 QQ、微信、QQ 空间和应用程序。获取流量和收益
	腾讯云	腾讯云基于腾讯多年来在大规模互联网服务方面的经验，为企业和个人创建公共云平台。为开发人员提供基本的云计算服务，如云服务器，云数据库，云存储和 CDN。并为游戏、视频、移动应用等提供行业解决方案
人工智能	腾讯 AI Lab	腾讯企业级人工智能实验室。目前，实验室技术已应用于数百种腾讯产品
	优图实验室	腾讯旗下顶级的机器学习研发团队

腾讯七大领域的不同产品构成了现有的腾讯产品体系。它以 QQ、微信等免费产品为核心，以其他增值产品为延伸，构建自身的产品体系。它在细分市场领域完整的产品体系本身会增加用户的黏性，使得腾讯在细分领域与其他互联网企业竞争时有着网络经济和范围经济的优势。

1.2.2 腾讯产品组合策略下盈利分析

如图 8-2 所示，本书从价值创造、构成要素两个视角、四种实施效果评估手段，来对腾讯现有的建立在免费增值商业模式的盈利模式进行分析。腾讯通过树立正确的价值主张，以及对自身资源能力的有效使用，实现产品的跟进，从而创新客户价值，满足用户需求；通过对免费产品和增值产品的有效结合，免费产品维护客户关系。获取流量，增值产品高度个性化，细分客户，获取利润，流量是基础，利润是推动力，对自身产品进行推广，使用户价值最大化，从而构建完善的价值创造系统；通过对收入来源的不断开拓，成本结构的不断优化，将用户价值进行转换，完成自身价值获取机制的设计，最终通过，网络效应、收益质量、市场表现、成长潜力等进行实施效果评估，寻求缺点加以更正。

从产品、推广、客户、财务四个维度来看腾讯公司免费增值商业模式下的产品组合策略，它的价值主张，资源能力，免费产品，增值产品，客户关系，客户细分，收入来源和成本结构等都有其自身的特点，符合时代的发展。在互联网时代中清晰找到了自身的定位。

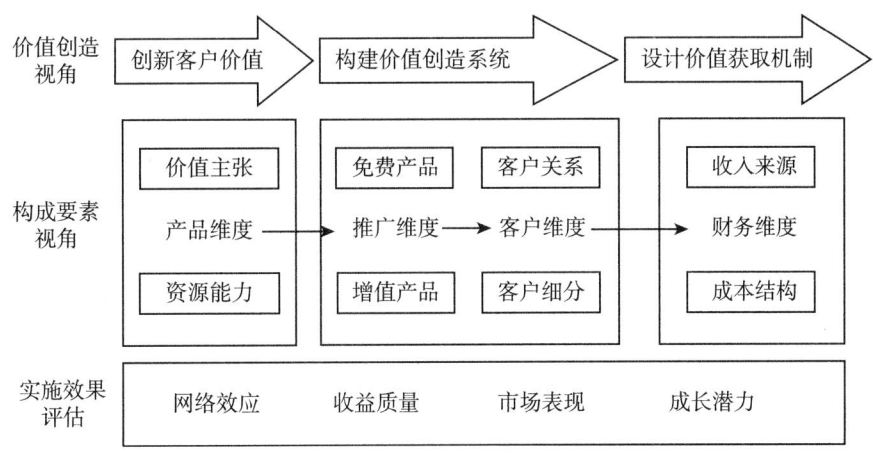

图 8-2　腾讯免费增值商业模式下盈利模式分析框架

从产品维度来看，有必要考虑用户当前和未来的需求是什么，提供什么样的用户价值，可用或需要什么资源，以及是否与外部第三方合作。

在价值主张方面，腾讯依靠 QQ、微信等互联网免费基础服务平台，将自身打造成连接器，打造优质内容，建设基于明星产品的内容产业，最大化获取流量。腾讯以即时通讯和社交平台为核心，建立开放式生态系统，连接门户网站，互动娱乐，移动支付，电子商务等其他功能。用户可以访问丰富的内容和服务，第三方公司可以通过核心平台连接到大型用户群，其全面性和使用感超出了单独提供的任何产品和服务，吸引顾客为增值产品付费。因此，即使在社交连接和数字内容领域，腾讯也面临着头条系的威胁，但其整体优势依旧明显。

在资源能力方面，作为即时通讯领域的巨头，腾讯通过免费产品已经掌握了数亿用户群，并且有获得用户关注并将其转化为用户价值的增值产品基础。腾讯旗下所有其他产品和服务都可以升级并推送给用户。它集中于自身擅长的通讯和社交的基础业务，把搜索/微博/电商/信息流/短视频/云等业务转交给合作伙伴。腾讯与泛娱乐领域的顶级行业参与者的外部合作使用户能够获得高质量和高质量的内容。改善用户体验，实现客户价值创新。

从推广维度来看，腾讯的产品组合策略侧重于个性化服务，如何向用户展示产品和服务，以及通过使用产生用户价值。

在免费产品方面，腾讯通过即时通讯和社交平台为客户免费服务，吸引流量,从而建立了其他产品和服务的推广渠道,极大地提高了推广效率。通过其庞大的用户群实现流量转换。及时准确地了解用户需求,推动产品和服务;用户使用数据和自定义首选项还可以提供及时的反馈,以帮助改进产品,以及帮助改善用户体验和建立交互式客户关系,从而提高用户参与度。

在增值产品方面,腾讯的增值服务业务是其主要的利润来源,主要包括社交平台上的网络游戏和增值服务。腾讯的网络游戏和手机游戏种类繁多,致力于满足不同类型用户的需求,关注用户体验,通过销售游戏道具,营业时间或月度服务获取利润;社交平台增值服务为个性化服务创造了可观的收入,例如个人社区,会员特权等。与此同时,利用自身优势,与其他企业如京东展开合作,实现共赢。

从客户维度来看,腾讯试图最大化地将自身免费产品的用户转变成付费用户,依靠本身增值模式维持、放大用户价值。

客户细分方面,腾讯将免费用户和付费用户进行区分,运用长尾效应将客户细分高度个性化,为具有个性化和专业需求的付费用户提供更具个性和功能的升级服务,从而留住老客户,吸引新客户。

客户关系方面,腾讯运用 DMP[①](Data-Management Platform,数据管理平台)系统。数据管理平台系统地分析人群肖像,从海量数据挖掘高质量潜在客户,并对其需求进行有针对性的解决,产生更高效的"技术营销"。

从财务维度来看,腾讯的产品组合策略有助于设计价值获取机制,将用户价值转化为盈利能力。

成本结构方面,腾讯专注于连接和内容的价值主张,保持公司不断创新,不断改进产品和服务的能力,拓宽用户价值挖掘和现金流获取的渠道。

收入来源方面,腾讯首先改善了用户体验,并通过个性化和差异化的产品和服务将一些免费用户转变为付费用户,获取了第一层收入。其次,腾讯将第三方连接到自己的生态系统,与第三方共享用户价值,并获得第二层收入。

---

① DMP(Data-Management Platform)数据管理平台,是把分散的多方数据进行整合纳入统一的技术平台,并对这些数据进行标准化和细分,让用户可以把这些细分结果推向现有的互动营销环境里。

1.3 腾讯产品组合策略分析

本书对双边网络效应进行再造和延伸,对腾讯的产品组合策略进行深度分析和思考。网络效应解释了互联网企业对免费产品的运用,即拥有更多客户群体,更多流量,能够产生更多价值,诠释了互联网免费产品对增值产品的影响,而本书也试图进一步讨论增值产品对免费产品的作用。增值产品在免费产品带来流量之后,对自身产品体系的深度、长度、广度、黏度都有了大量提升,促使多元化的进行,在各个领域进行利润获取,之后,对免费产品进行反哺,增加其数量、技术含量等。

1.3.1 产品广度:多元化发展

双边效应下,企业产品组合广度影响企业产品组合的结构和定价,腾讯将其进行运用,以即时通信产品为核心,建立了独一无二的多元化产品体系。产品组合宽度(也称为产品组合广度)是指公司产品组合中包含的产品线数量。腾讯以即时通信免费产品为基础,运用投资等方式,向电商、搜索、生活等领域渗透,设计一系列增值产品,具有极高的产品广度。

腾讯运用自身的流量优势,建立价值获取机制,扩大产品线数量,并专注于"连接器"。自2010年以来,腾讯已经制定了一个开放战略,通过社云拥有超过2000个合作伙伴和60多个行业解决方案,帮助所有行业建立自己的超级大脑。新成立的云和智能行业业务集团还将整合核心产品线,包括腾讯云、智能零售、安全产品、腾讯地图等。帮助医疗、教育、交通、制造、能源等行业朝着智能化和数字化进军。

由于免费产品为腾讯获取足够的流量,使腾讯得以运用其打入各大领域,并在各个相关领域积累了多年的资源。提供高质量和有价值的内容一直是腾讯的目标和优势。凭借对内容的深刻理解和深厚的流量基础,腾讯在新闻、视频、文学、音乐、动画和体育等众多领域取得了领先优势。在运输、商业服务、医疗保健和在线教育领域,也能看见腾讯的参与。信息产品优势使腾讯具有了极高的话语权，加强了腾讯产品组合的防御能力。

除此之外，腾讯的外部投资领域极广，涉及各个领域各个方向，通过投资并购，腾讯在获取优质资产的同时，将自身领域进行延伸。如图8-3所示，通过与优秀的客户如动视暴雪①、星巴克②、NBA③、华纳音乐④、迪士尼⑤等进行合作，在音乐、游戏、影视、体育、零售等领域拥有份额，极大地拓宽了腾讯资产的多样性。它利用免费增值模式，进一步优化产品策略，将免费产品如QQ、微信的价值最大化，建立高度黏性的用户组，引入第三方服务接口，实现流量实现。与此同时，庞大的用户群也形成了进入市场的障碍，竞争对手很难获得市场份额。

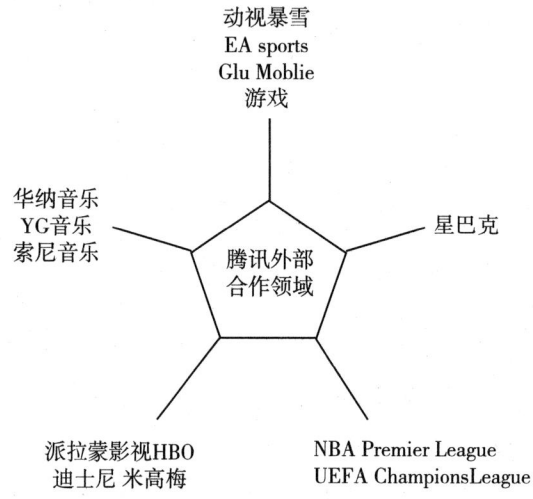

图8-3 腾讯外部合作领域

1.3.2 产品长度：多层次延伸

腾讯双边效应下，其核心产品即QQ、微信，由于提前达到市场临界点而实现"赢家通吃"，导致社交领域主要以垄断形式存在，产品长度不长，而其他领

---

① 全世界最大的游戏开发商和发行商。
② 全球最大的咖啡连锁店。
③ 美国男子职业篮球联赛的简称，于1946年6月6日在纽约成立，由北美30支队伍组成的男子职业篮球联盟，汇集了世界上顶级的球员，是美国四大职业体育联盟之一。
④ 香港主要唱片公司之一。
⑤ 全称为The Walt Disney Company，主要业务包括娱乐节目制作，主题公园，玩具，图书，电子游戏和传媒网络。

域则通过双边效应实现再增值,长度普遍较长。

产品组合的长度,即产品组合中所有产品系列的产品项目数量总和。每个产品系列中的产品项数称为产品系列的长度。如表8-2所示,腾讯的产品组合主要涉及社会、金融、娱乐、资讯、工具、平台、人工智能等七个领域,是以社交为基础,向其他领域进行多层次延伸。

表8-2　　　　　　　　　腾讯主要产品品目与总数①

领域	主要产品品目总数
社交	4
金融	6
娱乐	14
资讯	4
工具	10
平台	2
人工智能	2

社交领域的产品组合长度较短,资源较为集中,主要以免费产品为主,增值产品为辅,其功能主要在于获取流量,是腾讯的核心领域。与新浪微博抢占市场份额失利之后,核心资源主要集中于QQ和微信。

金融领域产品组合长度长,主要涉及增值产品。主要与腾讯在市场营销战略上连接延伸有关,涉及腾讯自身体系的完整与资源再升值。微信支付同时与用户黏性挂钩,其主要目的还是在于增加用户量,扩大用户的忠实度。

娱乐领域涉及产品较多,产品组合长度长,处于免费产品与增值产品相辅相成。由于娱乐板块涉及方面过多,相应的产品也数量较多。基于微信和QQ两大社交免费产品带来的流量,腾讯进入任何领域都相对容易。这也导致其在面对企业资源、市场需求及市场竞争时制约较少,门槛较低。在娱乐领域容易占据多方面的优势,从而形成环环相扣的局面,有效形成循环与资源的相互利用,减少流出成本。

咨讯领域产品组合长度较短,同样以免费产品为主,主要涉及新闻等方面;工具领域产品组合长度较长,涉及免费产品延伸的增值服务等,主要还是为即时通讯领域提供个性化的服务,同时涉及搜索、手机管理等方面;平台领域产品与人工智能领域组合长度短,主要以免费产品为主,为其他免费产品和增值

---

① 数据来自腾讯官网。

产品提供技术支持，证明腾讯将来还需要在智能技术等方面扩张产品线。

1.3.3 产品深度：多渠道挖掘

腾讯通过双边效应，对产品组合的深度进行多渠道的深层次挖掘。

产品组合的深度，即产品系列中每种产品的品种数量。当某些产品项目的市场前景黯淡，或者业务成果不好且难以改变时，它们只能被淘汰。

腾讯通过增值产品获取利润之后，对免费产品进行再投入，对其进行更新再造并增加免费产品种类和数量。从新免费产品进行延伸，对增值产品的深度进行提升，为企业更好的获利做出贡献。同时腾讯也对不够擅长的领域进行切割，交给合作伙伴去做。它利用对用户需求的把控和了解，对客户进行细分，从而设计个性化的增值产品，多渠道对产品深度进行挖掘。

社交方面，在与新浪微博抢占市场份额失利之后，核心产品主要集中于 QQ 和微信。QQ 推出了一项新的娱乐功能，吸引年轻用户，使每月活跃用户和 21 岁及以下智能终端的日常活跃用户增长。微信扩展了小程序和微信支付方案的使用，以增强用户参与度和用户黏性。QQ 和微信两大免费产品作为流量获取的重要渠道，为腾讯开发增值产品做出铺垫。

金融投资则主要以微信支付为基础，辅以 QQ 钱包、腾讯理财、腾讯微金和腾讯金融保障，打造安全、快捷、高效的金融体系，在建设综合支付平台的同时，提供支付、理财、咨询等服务。

在娱乐领域，腾讯视频是用户最受欢迎的商业网络媒体平台；通过持续的内容创新，腾讯视频已发展成为中国最大的视频平台；通过 NBA 等许多重大体育赛事的运营和直播，腾讯体育已成为国内互联网上首批体育媒体平台之一；微视觉等短视频产品做出了巨大努力，成为行业中的强有力竞争者；腾讯影业和腾讯动漫坚持知识产权培育和发展的道路，成为中国影视界的重要发展力量，后者已成为中国动漫产业的旗舰平台，他们与腾讯领先的游戏业务，电子竞技业务，共同构成了新文化矩阵的重要组成部分。

咨询领域，腾讯面临来自头条系的挑战，它在进行转型的同时，应当巩固自身在流量方面的优势，打造良好的信息平台，工具领域，腾讯直面用户需求，打造一系列与用户生活息息相关的产品，建立自身优势，增加产品使用图景。

平台领域与人工智能领域，腾讯加大技术投入，全面推进智能化的进行，打造自身的数字化信息系统，对研发与投入有了更深的思考与理解。同时提倡技术创新，鼓励员工，将科学技术作为公司发展与创新的原动力，支撑产品组合策略升级，产品体系再造。

腾讯维持QQ、微信所需要的云存储空间，保持免费，为所有使用者提供服务，如果说其目的在于为人民服务，那显然不符合一个公司获取利润的最大目的，而随着免费产品的被人使用，腾讯能够更快更好地获取数据与传递数据，无形之中起到了给品牌进行宣传的作用，真正的目的还是通过这种连接，实现自身价值的再增值。

表8-3列出了腾讯的部分投资并购交易。通过投资并购，腾讯能够获得高质量的资产，并利用投资对象的竞争优势来增强其业务模式的资源能力要素；另一方面，它缩短了独立布局相关业务所需的长时间，并利用资本运营手段实现了与竞争对手之间的角逐。它更侧重于核心沟通和社会服务，不仅要实现资源整合和规模效应，还要对竞争对手施加压力。

表8-3　　　　　　　　腾讯投资并购表单

业务领域	投资并购对象
文化娱乐	盛大文学、中国音乐集团、华谊兄弟、引力影视、耀克传媒、柠萌影视、CNTY、喜马拉雅、Zealer、博纳影业、微票儿、小格娱乐、YG娱乐
企业服务	沃云网络、赢了网、永洪科技、Teambition、海云迅捷、斗米兼职、深圳云高信息、Planetary Resources、SKymind、Petuum、Barefoot、Clear Labs
本地生活O2O	58同城、新美大、同城旅游、华南城、高朋网、艺龙、饿了么、爱帮网、妈妈网、e袋洗、秀美甲APP、亿红妆
搜素及软件	搜狗、猎豹移动
视频直播	快手、斗鱼TV、红点直播、呱呱视频
金融	陆金所、中国邮政储蓄银行、众安在线、人人贷、好买财富、水滴互助、轻松筹、元宝铺
电子商务	京东、好乐买、美丽说、小红书、珂兰钻石网、Roseonly、买卖宝、汇通天下、人人快递、ASTO、拼多多、锦尚志、ZZ91再生网、中国环保网
汽车交通	特斯拉、摩拜单车、蔚来汽车、Future Mobility Corp、爱驰亿维、亿车科技、易鑫资本、易车、人人车、天天拍车、滴滴出行、四维图新

续表

业务领域	投资并购对象
通讯及社交	Snapchat、kik、知乎、双面白领、谁APP、抱抱APP、侃图、Face视频交友、Hike Messenger
游戏	Supercell、动视暴雪、CJ Games、Epic Games、Riots Games、Glu Mobile、Pocket Gems、Robot Entertainment、乐逗游戏、成都余香、无锋网络、深圳网域、凯歌科技、靠谱网络、Discord、Kamcord、Paradox Interactive
房产服务	易居、链家网
体育活动	微塞体育、KEEP、嗨球科技
医疗健康	丁香园、挂号网、PLCOOC、晶泰科技、妙手医生、医联Medlinker、新氧网、思派网络、碳云智能科技
在线教育	新东方在线、ABC360、疯狂老师、猿题库、在行
教育	真时科技、指尖天文、Moon Express、Meta

投资并购的能力，实际上是建立在腾讯对数据流量的把控能力上，它对信息的掌握，使它在很多领域上面能够快人一步，抢先达到临界点。但这种方式对它来说并不合适，因此它开始进行转变，把不擅长的领域交给合作伙伴去做。目前腾讯是以少数股权为主的投资方式构建生态，输出基础能力给合作伙伴，进而获得进入新领域的机会，这种"连接"策略，是它获利的基础。

但是，腾讯在投资并购中也存在一系列问题。如何运用腾讯本身所具有的宝贵的数据财富，是投资并购的重中之重。数据墙、底层数据平台的故步自封，不能做到互通互融就无法真正对数据加以利用，无法实现投资者与被投资者之间的相互整合；在腾讯之外，情况更不乐观。在数据基本上没有相关性的情况下，腾讯的投资合作就与普通的投资无异，并没有对其拥有的庞大的用户与数据资源加以利用，造成资产的升值不如预期。

1.3.4 产品黏度：多应用共赢

腾讯将免费产品与增值产品进行组合，通过对用户的需求与行为习惯进行分析，将二者进行有效组合，发挥双边效应的价值，最终实现多个应用之间的共赢。

产品组合的黏度是指企业每个产品类别的最终用途，生产条件和分销渠道之间的密切关联。在互联网生态系统中，不同情境下的应用类似于自然生态系统中不同物种之间的应用，共享阳光，空气和土壤，同时相互依赖，形成生态链的上游和下游。在数字经济的生态学中，数据起着循环中介的作用。生态圈的重要任务是在产业链的上游和下游建立数据治理机制，促进数据的重用，集成和再生，最终为用户，合作伙伴和社会形成双赢局面。

腾讯已经利用腾讯、微信、QQ、QQ 空间、应用宝、浏览器等社交网络和流量分配平台赢得了庞大的用户群。它致力于连接一切，意图利用自身优势，在消费端连接人与人、实现人与人、物与物、物与人之间的共通。它打通了免费产品与增值产品之间的壁垒，将它们之间的效应进行整合，将流量和价值最大化的相互转换，各个产品之间相互协作，共同构成腾讯现有的产品组合。

1.4 腾讯产品"双边效应"促进盈利

腾讯利用 QQ、微信、游戏、视频等服务中存在的免费产品吸引客户、增加客户黏性、获取商业信息，后通过订购视频流媒体及直播等数字内容服务与游戏内虚拟道具销售、视频广告、微信广告、支付相关服务及云服务等付费服务收回成本并创造利润，并通过腾讯投资在对收入进行二次振幅的同时对本身业务做多元化处理，从而具有资本进行免费服务的初期巨额投入。这种利用免费产品和盈利来源形成"双边效应"的行为具有一定的研究意义。

美团网创始人兼 CEO 王兴在 2017 年 5 月份首次提出互联网进入下半场，他指出中国互联网的高速发展得益于消费端用户数量的增加，一旦用户增长率放缓，公司就需要集中精力利用每个用户创造更多价值。2C 的互联网逐渐覆盖了所有人，场景和类别，用户时长和用户黏性的战争已经打响。

本书阐述的双边效应是指互联网企业免费产品与增值产品之间的一种相辅相成的联系。这种联系使二者有了组合的可能性，并促使互联网企业将流量转换为价值，获取利润。

免费产品涉及完全免费产品与付费产品免费功能。它主要起到支持性作用，不具备直接盈利的功能。但是由于免费产品的特殊性，企业通过其可以获得大量流量。增值产品涉及收费产品的增值功能。互联网经济下，消费者需求越来越个性化、多样化。这就要求企业对增值服务做出更加个性化的设计，因此企业通过免费产品了解客户的动向，挖掘和左右客户的需求。这种行为构成了企业获利的基础，而企业获利之后，对产品进行再投资，增加基础设施，提升免费产品。这个过程本书定义为免费产品与增值产品的产品组合实施过程，它们之间的联系本文定义为免费产品与增值产品之间的"双边效应"。

价值创造是互联网企业为用户提供与商业活动相关的一系列有价值产品或服务所能够获取的价值，而盈利模式是企业创造价值并成为企业创新重点的决定性因素。腾讯运用免费产品与增值产品进行组合，构成环环相扣的产品体系。

从腾讯现有的产品中，本书选取了微信进行具体分析并设立结构图，意图阐述腾讯免费产品与盈利产品之间复杂的双边效应。

腾讯是我国即时通讯领域的王者，然而其即时通讯软件在互联网市场始终保持着基本免费的状态。以微信如代表，如果除去广告、微信支付提现等收入，它的使用不需要向使用者收取如何费用。而与传统QQ相比，微信的表情包不需要收费，其字体、壁纸等虚拟产品也是免费的。这看似与企业的价值观相互违背，但实际上微信通过其他手段取得了收入，这种互联网信息产品的免费，是一种有力的营销手段，也是一种坚固的壁垒。

互联网信息产品的免费现象屡见不鲜，这种"免费"并不是一种慈善，是商家为了争取付费用户的一种手段。如图8-4所示，腾讯投入资金与技术对微信的发展升级进行支持，又通过免费提供产品，为企业吸引流量，积累黏度极高的用户群体，这些用户群体中部分转换为愿意为个性化服务进行付费的付费群体，并给腾讯带来收入。这些收入大多数来自于微信本身小程序、朋友圈、公众号等带来的广告收入、游戏收入，将微信"九宫格"分出去一个给京东带来的战略投资收入等，腾讯获取利润，再将部分收入进行再投资，对免费产品进行更新再造，为用户提供更加前沿的服务，从而保证流量和用户群体的忠实度。

本书通过分析腾讯2017年度报告来划分腾讯的免费产品和利润产品。

由表8-4可知，腾讯的免费产品主要集中于QQ、微信、娱乐等方面，目的都在于运用免费这种手段，来吸引客户的流入和增加客户的黏性，从而创造庞大的流量和收集海量的数据。这个时代的流量为王的背后，实际上是数据为王。掌握了信息与数据的企业将更有可能在互联网时代独占鳌头。免费产品实际上并不免费，而是通过其他方式达到了赢利的目的。

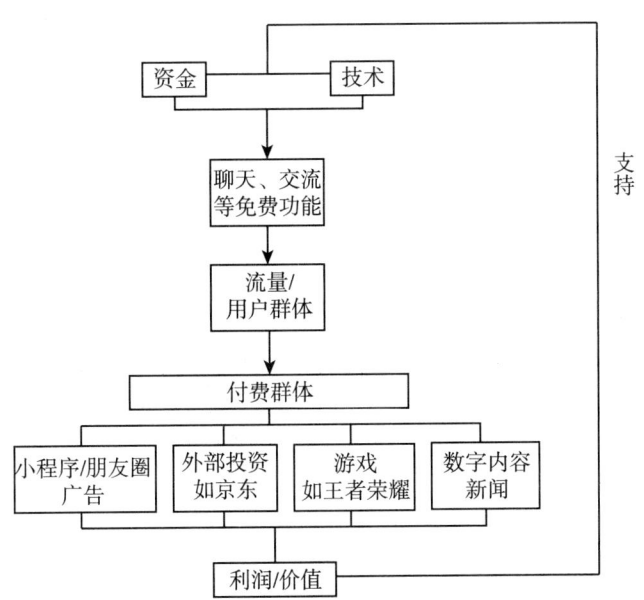

图 8-4　微信免费产品与盈利来源双边效应结构图

表 8-4　腾讯免费产品和盈利产品初步划分

免费产品	盈利产品
个人免费 QQ	企业付费 QQ，QQ 广告服务、QQ 会员服务、移动 QQ 业务等
微信基础服务	微信广告收入、微信支付、小程序线下连接
腾讯游戏基础服务	游戏内虚拟道具销售
腾讯视频基础服务	订购视频流媒体及直播等数字内容服务、广告收入 腾讯投资 云服务 人工智能

每次带宽升级都会带来数字内容产业的"变革"。当通信技术从 3G 升级到 4G 时，它促进了数字内容从文本到视频，视频和其他新形式的发展；5G 时代将迎来现场直播，长视频和个性化内容制作的爆炸式增长。腾讯免费产品为其打下了坚实的用户基础，接近 2 亿的用户量，给腾讯在互联网有了更多的说话权利，然而其产品组合策略是否真的能够对免费产品提供的价值做到物尽其用，数据变现，仍然需要看腾讯下一步的产品走势。毕竟现在的腾讯投资有一部分只是停留在表面上，并没有利用数据来进行投资，而腾讯与京东的合作，也显示了腾讯将这部分资源加以运用的潜力。

因此，腾讯所提供的免费服务与产品，实际上是为了增加自身流量，拓宽市场，增加品牌占有度，是营销的一种长期手段，并不是真的不需要付出任何代价。我们在对即时通讯软件进行使用的同时，也被其带来的隐含信息所影响。这些信息能够潜移默化的影响我们的消费选择，最终通过盈利产品反馈成价值。

2 腾讯产品组合策略实施效果

2.1 腾讯产品组合策略价值创造整体效果

腾讯产品组合策略有一个循次渐进的过程，这个过程暗合了互联网企业建立双边效应的规律。

1998—2000 年，腾讯处于投入期，它大量投资来建设免费产品，需要大量资源来进行支持。这个阶段价值不能真正转换为利润，只是作为流量进行储存。腾讯在这个阶段处于亏损状态。

2001—2005 年，腾讯步入成长期，开始找到盈利点。流量通过 QQ 秀、QQ 会员等增值产品开始逐步变成盈利流向企业，使得腾讯初步建立流量循环价值增值的盈利模式，构建起自身的价值创造体系。

而从 2005 年开始进入到成熟期，腾讯发挥双边效应的价值，公司盈利和市值走向了新的层次。通过对公司内部结构调整，对产品组合策略进行升级再造，腾讯意图利用微信等产品巨量的用户基数优势，首先将人们联系在行业的工作场景中，然后通过人们达到他们的工作对象。它基于社交产品开发的应用如 QQ、微信，从社交场景出发，延伸到工作场景，在未来，它可能会发挥作用，甚至在移动互联网系统下开发一个操作系统。

2017 年度的爆发式增长确定腾讯产品组合策略过去的成功性，这种成功建立在互联网红利的基础上，在产业互联网，腾讯的产品主线必须与实体经济相结合,自 2010 年确定专注"连接"之后,通过社交平台、内容平台、支付平台和技术功能,腾讯与其合作伙伴创造性地将人、人和数字内容、人员和服务联系起来。它的定位是成为各行各业最个性化的数字助手。本书受到数据限制,存在数据不全的情况。

2.2 腾讯产品组合策略财务指标评价

2.2.1 腾讯自身财务数据单独分析

本书拟对腾讯的营业收入构成、成本结构、经营盈利等方面进行分析。拟选择腾讯近期前 8 个季度的财务数据与其从 2013—2018 年的年度报告与季度报告做综合分析,财务指标选择如表 8-5。

表 8-5　　　　　　　　　　部分财务指标选择

财务指标	指标意义
营业收入构成	腾讯产品收入占比
营业总收入	总业务增长情况
净利润	Non-GAAP[①] 下净利润
其他收入占比	分析从 2017 年开始其他收入迅速增长
平均净资产收益率	反映股东权益的收益水平,用以衡量公司运用自有资本的效率
总资产净利率	公司运用全部资产所获得利润的水平
市盈率	研究腾讯市值近期下跌等问题

在腾讯成长期,其收入、毛利、除税前利润、纯利等指标发生了非常明显的变化,呈现出高速增长的状态。如图 8-5 所示,其收入从 2001 年的 4907.6 万元到 2004 年的 114353.3 万元,总资产从 6554.2 万元到 286332.1 万元,净利润从 1021.6 万元到 44670.2 万元。证明腾讯真正找到了盈利点,实现流量的再增值,并将产生的利润反馈于自身的成长。

---

① 非美国通用会计准则。

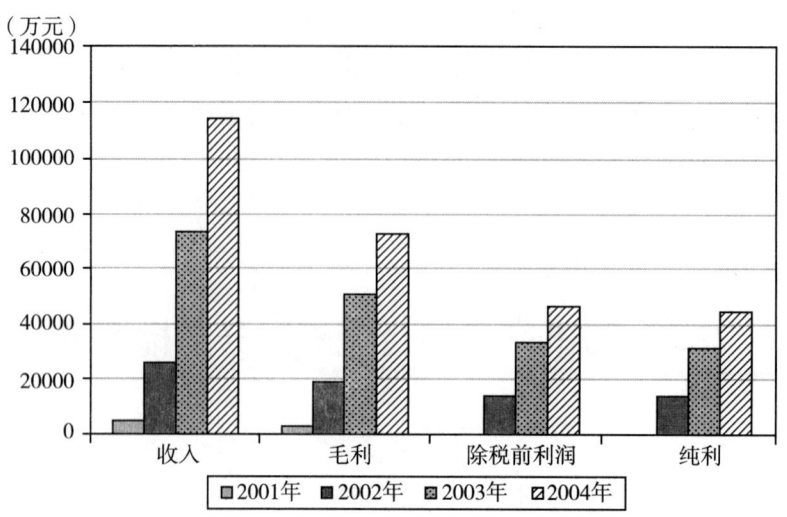

图 8-5 腾讯 2001—2004 年简明综合收益表①

而如图 8-6 所示,从 2005 年开始,成熟期开始建立自身完整的多元化的产品组合体系,实现了收入与净利润的高速增长与突破。到了后期,收入的增长速度开始高于净利润。意味着腾讯已经到了需要进行进一步转型的阶段。

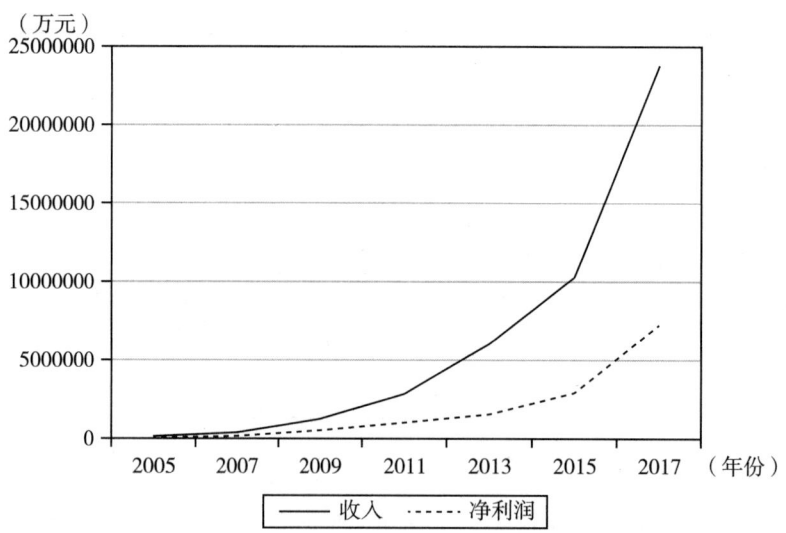

图 8-6 腾讯 2005—2017 年收入与净利润变化折线图②

截至 2018 年 12 月 31 日,腾讯的营业收入主要分为三部分:增值服务收入,

---

① 资料来源于腾讯 2004 年财务报告。
② 资料来源于腾讯 2005—2017 年财务报告。

其他收入和在线广告收入。其中增值服务占 56.49%，其他收入占 24.93%，网络广告收入占 18.57%。和 2018 年第三季度财务报告相比，增值服务占比减少，其他收入和网络广告的部分上升（见表 8-6）。自 2017 年第一季度以来，腾讯非主营业务的"其他收入"飙升，从之前相当于总收入的 2%~3%。在 2018 年的第一季度和第二季度，它已上升到 10% 以上，并在"其他收入"中投资收益（可供出售金融资产的公允价值变动）占总量的比重较大。2017 年，腾讯的投资收益为 201.4 亿元，是 2016 年的近 6 倍。而 2018 年第一季度，腾讯的投资收益为 75.85 亿元，占其净利润的近 30%。

表 8-6　　　　　　　　　腾讯 2018 年总营业收入构成①

报告期	项目名称	营业收入（百万）	占比（%）
2018-12-31	增值服务	176646.00	56.49
	其他	77969.00	24.93
	网络广告	58079.00	18.57
	营业额	312694.00	100.00

从表 8-7、图 8-7、图 8-8 可以看出，从 2014—2017 年，每股基本盈利和每股摊薄盈利保持快速增长。证明腾讯的产品组合战略在移动互联网的早期成功。2018 年第三季度，腾讯的其他收入占比走高，实际上腾讯其他收入占比在 2018 年前三季度都处于稳定而持续的增长状态，从第一季度的 14.54%，增加至 16.85%，再到 18.02%。而其主打的增值服务收入占比则一直在下降，截至 2018 年 9 月 30 日，仅占 58.38%。

表 8-7　　　　　　　　　腾讯 2013—2018 年部分财务数据②

	2018/12/31	2017/12/31	2016/12/31	2015/12/31	2014/12/31	2013/12/31
基本每股收益（元）	8.3360	7.5980	4.3830	3.0970	2.5790	8.4640
稀释每股收益（元）	8.2280	7.4990	4.3290	3.0550	2.5450	8.2980
净利润（亿万元）	799.84	724.71	414.47	291.08	238.88	155.63
总资产净利率（%）	12.3172	15.0457	11.6960	12.0531	17.1048	16.9893
平均净资产收益率（%）	27.1640	33.2066	27.8933	28.7991	34.5178	31.2405

---

① 资料来源于腾讯 2018 年年报。
② 东方财富网 http://quote.eastmoney.com/hk/00700.html?from=360。

同时,关注净利润、总资产收益率、平均净资产收益率,其净利润在 2015 年开始爆发式增长,两年间增长 1.5 倍左右。但是如图 8-7 至图 8-10 所示,其净资产收益率与总资产净利率并不稳定,并没有如净利润增长一般爆发,说明腾讯净利润的增长多得益于其资产的增长。

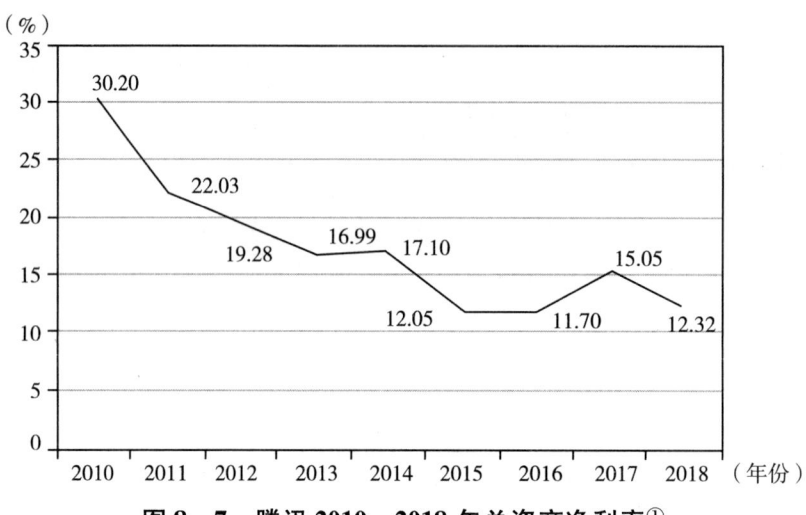

图 8-7 腾讯 2010—2018 年总资产净利率①

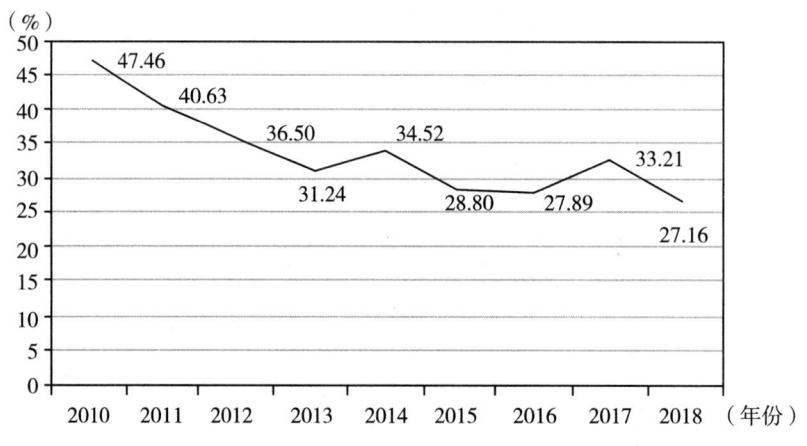

图 8-8 腾讯 2010—2018 年平均净资产收益率②

---

① 东方财富网 http://quote.eastmoney.com/hk/00700.html?from=360。
② 东方财富网 http://quote.eastmoney.com/hk/00700.html?from=360。

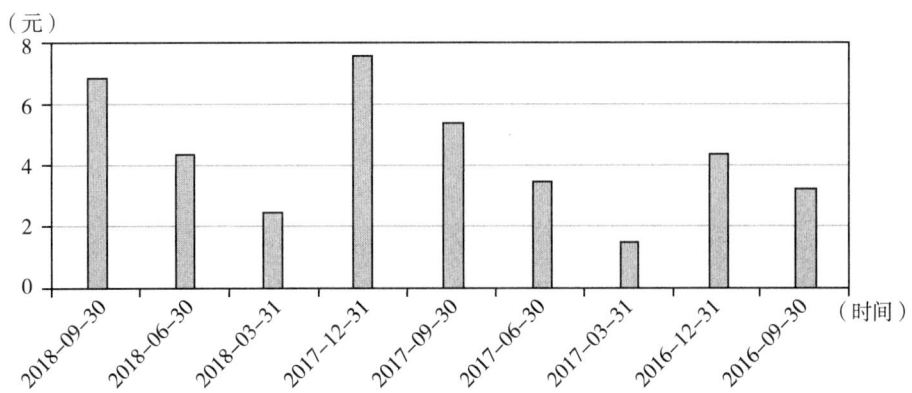

图 8-9　腾讯 8 个季度基本每股收益①

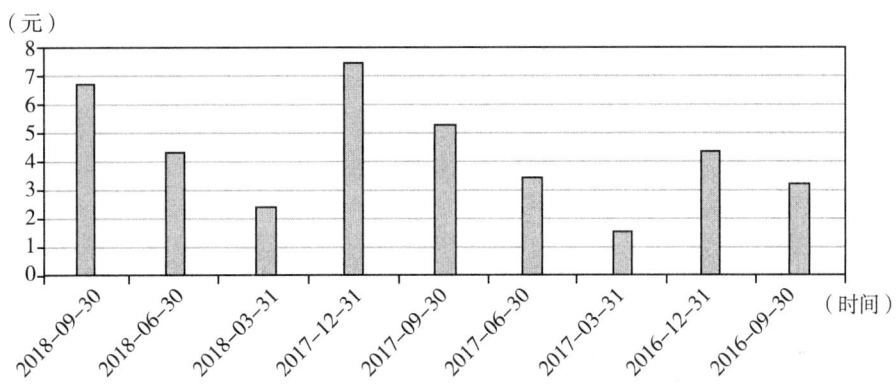

图 8-10　腾讯 8 个季度稀释每股收益②

由图 8-11 与图 8-12 可知，从营业总收入来看，继营业总收入在 2017 年得到了高速增长之后，2018 年腾讯继续保持这高速增长，但是很明显的是，营业总收入的滚动环比增长在 2018 年第二季度起开始走下坡路，从第一季度的 10.0841% 到第二季度的 6.5215%，第三季度已经下降至 5.5182%。而同比增长率在 2017 年第三季度之后就开始出现下滑，下降幅度从 2% 左右到 8% 左右，到 2018 年第一季度直接下降 10% 左右。这意味着，在 TOC 领域走到了极点的腾讯，在失去了互联网人口红利的情况下，不可避免地要面临增长率的下降。

---

① 东方财富网 http：//quote.eastmoney.com/hk/00700.html？from=360。
② 东方财富网 http：//quote.eastmoney.com/hk/00700.html？from=360。

管理会计工具与案例：企业转型、升级与创新

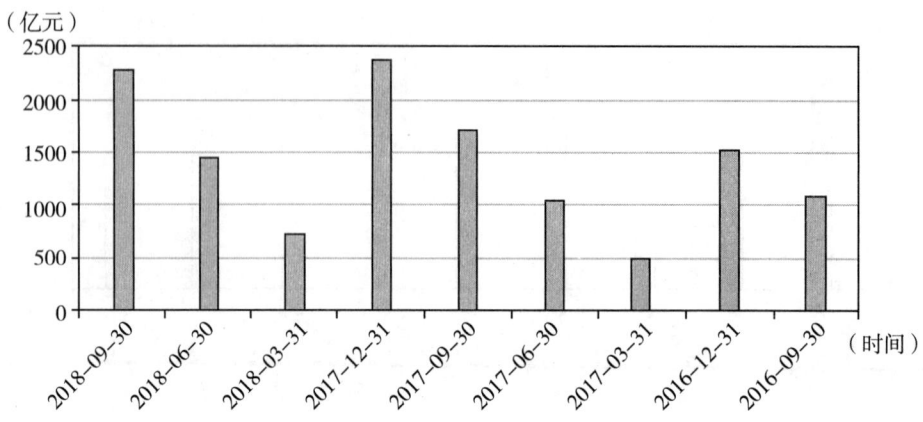

图 8-11 腾讯 8 个季度营业总收入①

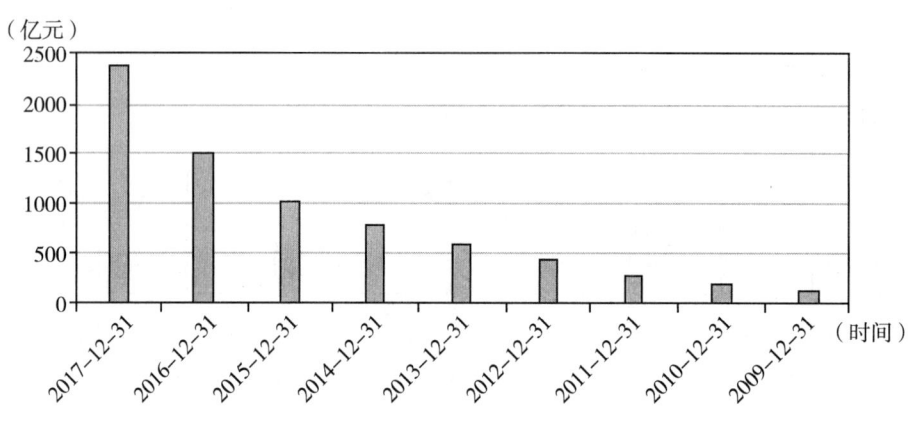

图 8-12 腾讯 2009—2017 年营业总收入②

2.2.2 腾讯所处行业财务数据比较分析

本书同时进行行业分析，将腾讯股价的变动与香港恒生指数、软件行业进行对比。

2018 年腾讯半年度报告发布之前，外界便对腾讯现有的盈利能力做出了质疑，半年度报告首次出现净利润下滑，市场对腾讯在 NON-GAAP 下计算出的盈利能力已经提出了质疑。然而，截至 2017 年年报，腾讯的总收入同比增长

---

① 东方财富网 http://quote.eastmoney.com/hk/00700.html?from=360。
② 东方财富网 http://quote.eastmoney.com/hk/00700.html?from=360。

56%，非美国通用会计准则的股东应占盈利同比增长43%。

如图8-13所示，12月20日，美联储加息。腾讯死守300港元关口。在2018年，腾讯的游戏业务陷入两难境地。在2018年初，腾讯仍然看起来前景良好，市值超过5000亿美元，一举超越Facebook。而在接下来的9个月中，腾讯开始陷入疲软状态：由于"吃鸡"游戏版号的限制，腾讯无法对其进行商业化，导致自身净利润增长放缓，游戏收入首次下降。最明显的反应来自股票价格。

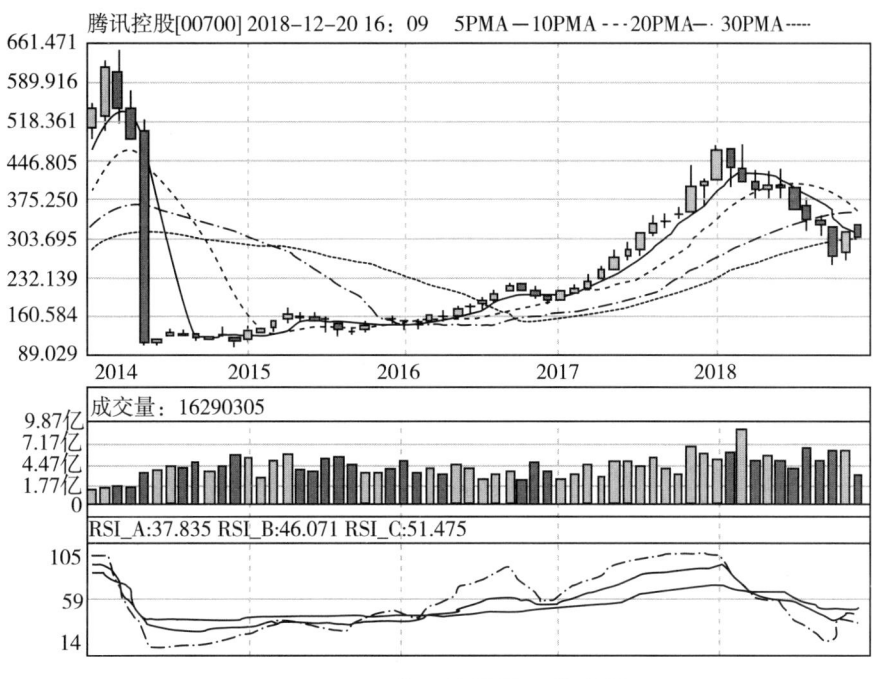

图8-13　腾讯控股股票指数①

腾讯控股最近1个月累计涨跌幅4.14%，最近3个月累计涨跌幅-5.78%，最近6个月累计涨跌幅-20.60%，2018年以来累计涨跌幅-24.60%。2018年累计跌幅高于香港恒生指数10.24%，从图8-14可知，总体效果低于香港恒生指数和软件行业。而在近期3个月开始回暖，股价开始回升，最近1个月开始出现正数值，初步判断与腾讯在9月份做出的公司结构调整有关。这也说明，市场对腾讯的潜力已经出现了质疑，其战略转型和结构调整实际上是在环境压迫下做出的主动选择（参见图8-14）。

---

① 东方财富网 http：//quote.eastmoney.com/hk/00700.html？from=360。

| 管理会计工具与案例：企业转型、升级与创新

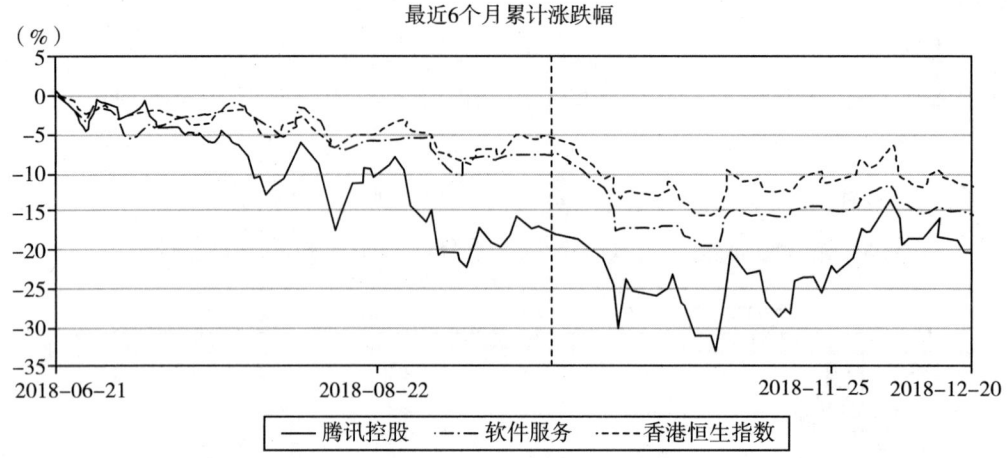

图8-14　行业对比近6个月累计涨跌幅①

而从市盈率的角度，如图8-15、图8-16所示，本书从TTM（Trailing Twelve Months，滚动市盈率）与LYR（Last Year Ratio，静态市盈率）两个角度进行分析。TTM方面，行业平均为57.39，行业中值为282.88，腾讯为28.96，排名为49。LYR方面，行业平均为201.23，行业中值为192.77，腾讯为33.56，排名为52。这为腾讯的股价跌盘做出了一定的解释，就是腾讯的业绩增长潜力、未来成长性已经下降。从TTM可以看出，腾讯股票现实的投资价值并不靠前，在行业平均普遍走势良好的情况下，腾讯TTM相比于LYR的上升究竟是因为行业的普遍状态，还是因为其对产业结构的调整由未可知。

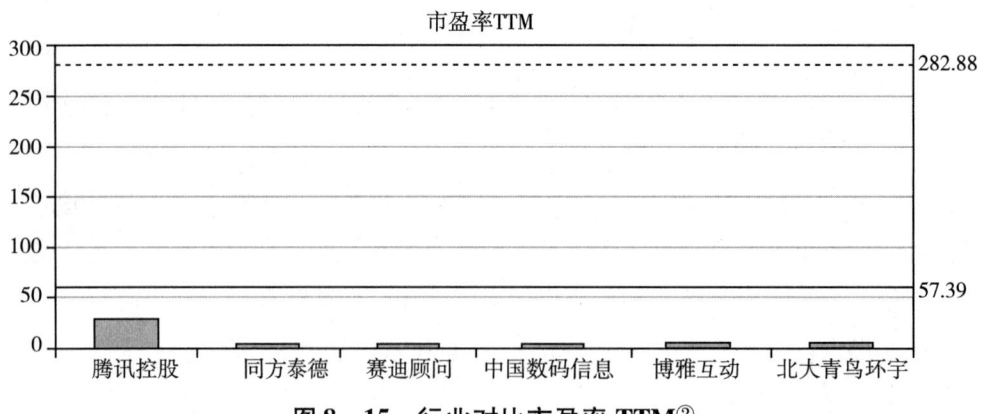

图8-15　行业对比市盈率TTM②

---

① 东方财富网 http：//quote.eastmoney.com/hk/00700.html?from=360。
② 东方财富网 http：//quote.eastmoney.com/hk/00700.html?from=360。

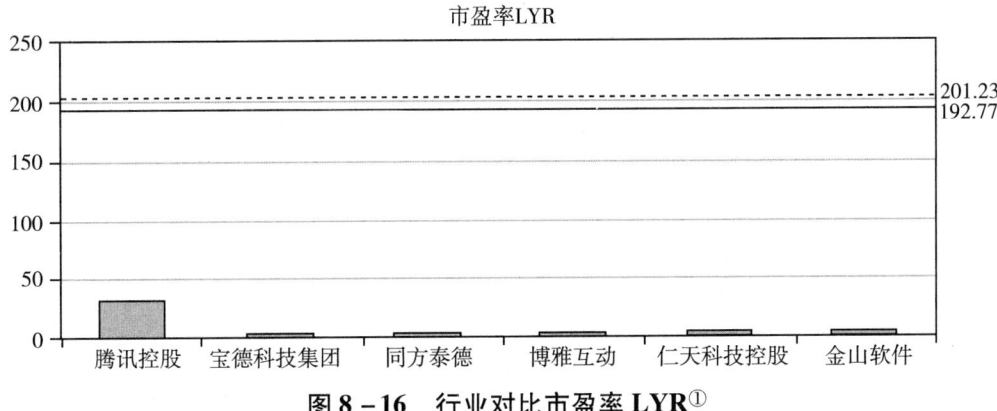

图 8-16 行业对比市盈率 LYR①

由此可以得出结论，从财务指标来看，在互联网发展初期阶段，腾讯迎合了市场，其产品组合策略符合时代的需要，因此促进腾讯的高速发展和总市值的飙升，但是随着产业互联网的到来，腾讯这种增值方式出现了疲软状态，也受到了外界质疑，最直接的表现就在于股价上。腾讯在 2018 年 9 月份做出的转型决定，将资源更加集中于连接方面，定位于数字化的助手，从目前数据来看，得到了一定的市场认同。但是具体效果如何，还需要等待时间的检验。互联网的产品组合策略，如果不能与实体经济相结合而集中于虚拟经济，就很难脚踏实地的一直发展。

2.3 腾讯产品组合策略非财务指标评价

互联网时代下，互联网产品组合策略的价值如何进行衡量，是一个有争议的谜题。从"流量为王"到"虚拟经济与实体经济结合"，互联网企业的价值评估方式更加扑朔迷离。机构投资者用"大资金"赌"大赛道"，以自身眼光评判日后产业走向，直接影响了互联网时代下的企业格局。这种情况下，针对互联网企业商业项目的估值方式层出不穷，但依旧不够清晰。针对以"用户（C）"为中心的商业模式，如何衡量其用户价值，进而对其产品组合策略实施效果进行探讨，是本书需要思考的问题。

---

① 东方财富网 http://quote.eastmoney.com/hk/00700.html?from=360。

本书选取了部分非财务指标,从流量池和变现能力两个方面,对腾讯产品组合策略进行评价。从腾讯这个案例进行分析,免费产品的运用,给付费用户的产生与保持塑造了条件,它将数字内容服务与社交及其他高流量平台通过 PCG 结合在一起。而通过 CSIG,腾讯为传统行业的数字化转型提供先进的数字技术和资源,包括云计算,大数据,人工智能等。免费产品与增值产品相互组合、相互影响,为腾讯提供流量,创造利润。

2.3.1 产品组合策略非财务总体分析方法

首先,根据 DEVA 模型(Discounted Equity Valuation Analysis,股票价值折现分析法[①]),即公式(8-1):

$$E = MC^2 \tag{8-1}$$

公式(8-1)中,E 即整个项目的价值,M 即单个客户投入的初始资本,C 即单个客户的价值。其中 C^2 的依据在于梅特卡夫定律,而 M 的依据在于摩尔定律。这个模型的意义在于,它体现了互联网商业项目的投资在超过固定成本线之后,将呈指数增长,不再与固定成本的线性变动相联系。这也是美国的互联网企业堆积用户,并以用户规模为互联网商业项目估值的重要数据的原因。

而随着时间的流逝,互联网产品组合策略的估值方式有了新的变化,运营的数据被发现可以使投资者对产品组合有更加准确的判断,至此新的模型被提了出来。总结起来,这类模型可以刻画为公式(8-2):

$$E = K \times ARPU \times MAU \times LT \tag{8-2}$$

公式(8-2)中,K 是一个常数,涉及具体的行业信息,ARPU 是单客收入,MAU 是月活跃用户规模,LT 是用户生命周期。ARPU × MAU 体现了企业在 1 个月中能获取的收入,与以月为单位的 LT 相联系,可以体现企业在用户生命周期中能获取的总体收入,也就是说,该模型可以对互联网企业商业项目在整个生命周期中能获取的总体收入进行衡量。

而另外一种方法同时开始涌现,也是本书所运用的方法,即公式(8-3):

$$E = V \times R \tag{8-3}$$

[①] 前任摩根士丹利首席分析家、著名的华尔街证券分析师与投资银行家玛丽·米克尔(Mary Meeker)和同事在 1995 年出版的《互联网报告》中提出了"DEVA 模型(Discounted Equity Valuation Analysis,股票价值折现分析法)"。

公式（8-3）中，V(Volume)即流量池，R(Revenue)即变现能力。这个模型将流量池与变现能力相联系，指出互联网企业成功的关键在于流量与变现。

本书选取最后一个公式的原因在于，互联网时代下，流量的聚集和变现逐渐涉及了多个层次多个方面。作为价值的一种，企业将流量转变为盈利的能力，就是互联网企业最终盈利的体现。

2.3.2 腾讯产品组合流量池评估

对流量池进行的评估，实质上是对互联网项目端口质量所进行的评估。产品是否具有有吸引力的功能、顾客是否对产品有情感依赖的情况，都与用户是否流入企业息息相关。二者之间进行结合，可能会使用户实现场景沉浸，产生非理性的消费冲动。这种情况下，用户不再对纠结于产品价格，而是将自身在互联网端口上所能接触到的产品与服务进行整合理解，并愿意为之付出相应的高溢价。作者通过对腾讯活跃用户量、占有时长、使用频率、用户市场占有率来对腾讯产品组合进行现有流量池的评估。

从活跃用户角度，本书针对腾讯流量池规模进行分析。由于数据缺失，本书从2003年的各项数据开始进行分析。如图8-17所示，腾讯在成长期后期，其注册即时通信账户、活跃账户增长速度较快，而收费互聊增值服务注册用户也有所提高。而如图8-18和图8-19所示，2005—2012年，腾讯的用户一直在增长，而收费注册用户通常情况下的增长率远低于免费用户。从2009开始，腾讯将用户重新划分，Qzone活跃账户与QQ游戏最高同时在线账户得到了重视。这个阶段腾讯还存在收费移动与电信增值服务注册账户，到了2013年，这个数据不再作为运营主要数据。

从2013年开始，涉及QQ与微信的数据变成了重点数据，也证明了腾讯在这个阶段，社交流量正式开始分流，变成了以QQ和微信为主的两个主要群体。如图8-20所示，QQ的月活跃账户从增长到降低，而微信与QQ的总活跃账户一直处于稳步上升，证明流量已经在逐步从QQ向微信进行转移，收费用户也基本上处于增长趋势。这证明在这个阶段，腾讯产品组合体系支撑其逐步提升，实现一个流量的循环增长，由免费产品与增值产品之间形成相互增值。

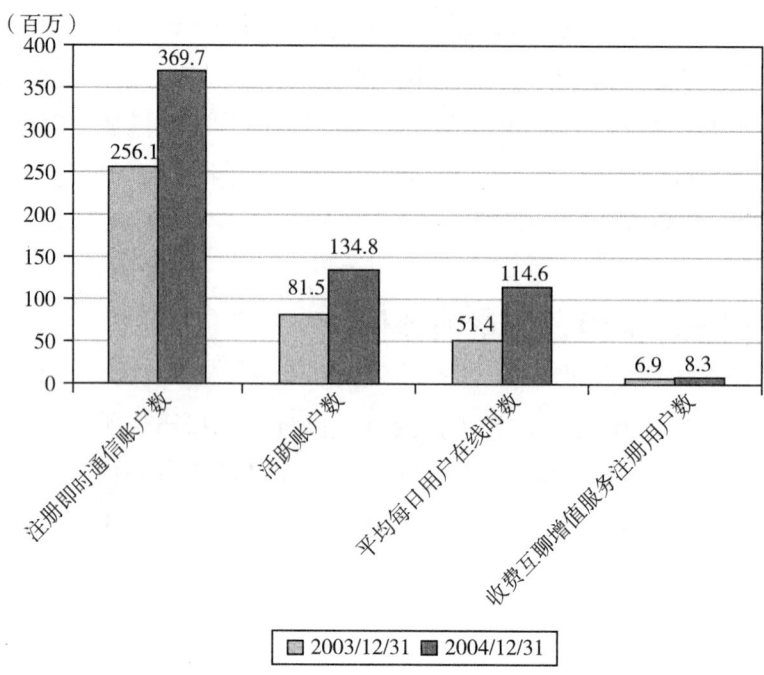

图 8-17　腾讯 2003—2004 年流量池部分数据①

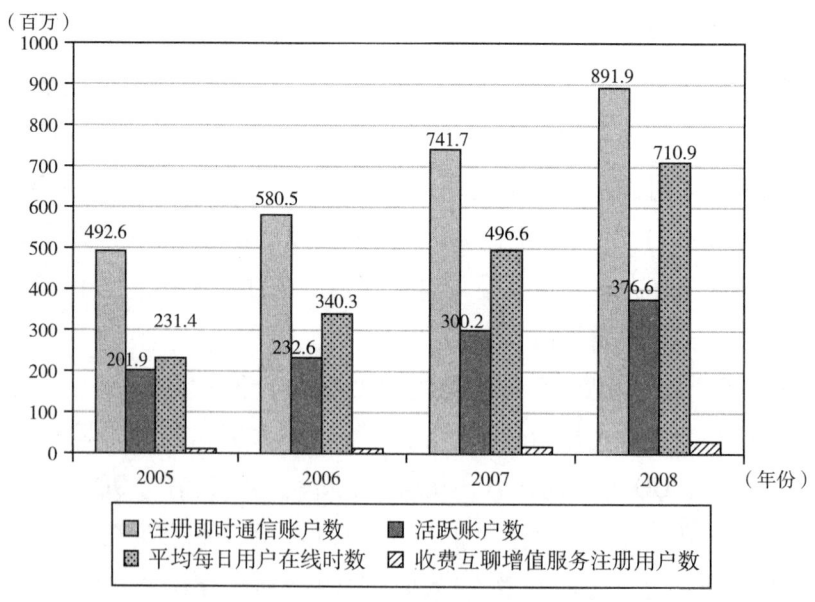

图 8-18　腾讯 2005—2008 年流量池部分数据

---

① 腾讯 2004 年财务报告。

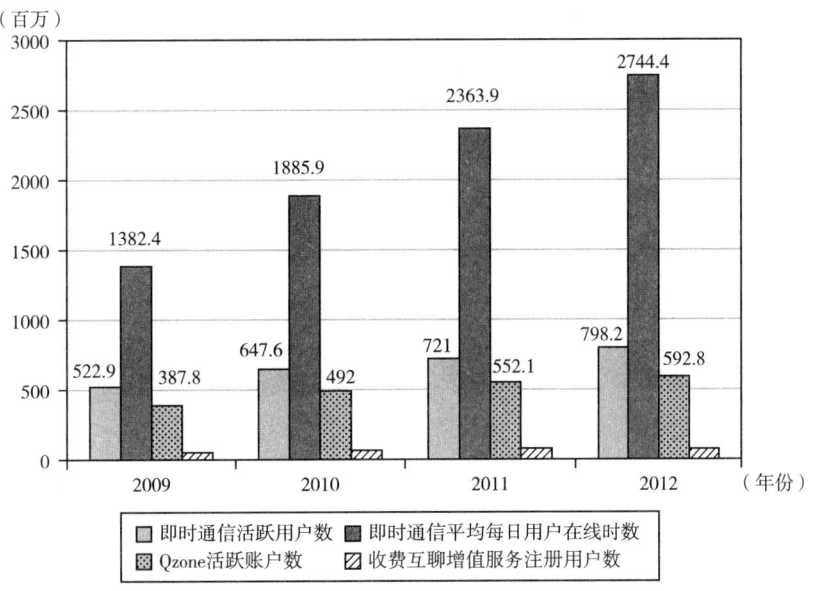

图 8-19 腾讯 2009—2012 年流量池部分数据

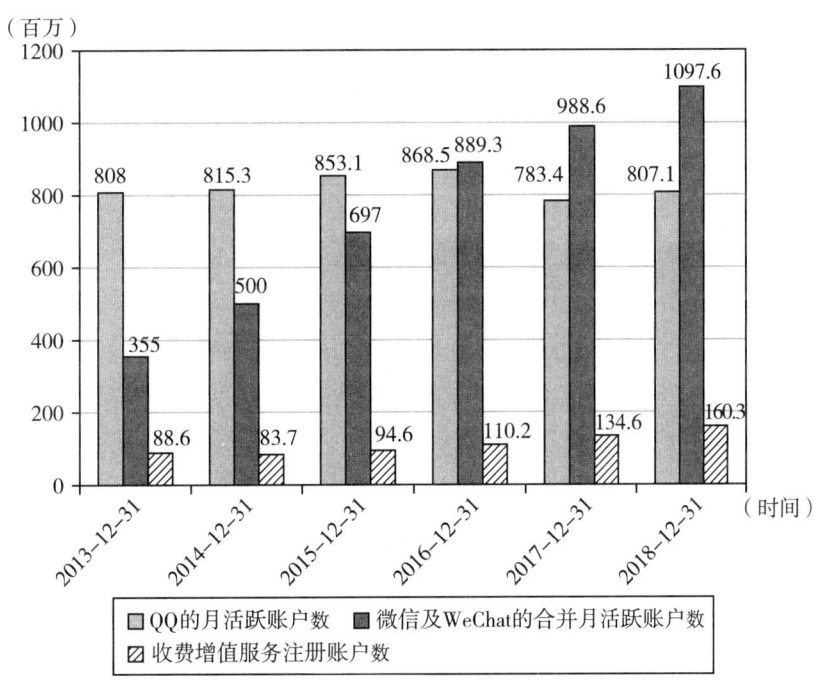

图 8-20 腾讯 2013—2018 年流量池部分数据

而在近期,如表 8-8 所示,在 2018 年前半年,腾讯 QQ 的月活跃账户同比与环比均下降,而智能终端月活跃账户走高,证明移动市场比 PC 端更加具有发展潜力。而 QQ 空间的月活跃账户与智能终端月活跃账户均走低,同比降低 9.5% 与 7.3%。微信互联网与传统移动互联网之间形成双极,成为用户增长的重要领域。微信及 WeChat 的合并月活跃账户数达到 105.77 亿,增长 9.9%。通过将小型程序与其他数字工具(如微信支付)相结合,小型程序的功能和用途得到扩展,每日活跃账户的增长率超过了每月活跃账户的增长率,反映了用户参与度和黏度的增加。

表 8-8　　腾讯 2018 半年度活跃用户同比变化与环比变化① 　　　　单位:百万

账户	2018/6/30	2017/6/30	同比变动(%)	2018/3/31	环比变动(%)
QQ 的月活跃账户数	803.2	850.1	-5.5	805.5	-0.3
QQ 的智能终端月活跃账户数	708.6	662.3	7.0	694.1	2.1
微信及 WeChat 的合并月活跃账户数	1057.7	962.8	9.9	1040.0	1.7
QQ 空间的月活跃账户数	548.3	605.8	-9.5	562.3	-2.5
QQ 空间的智能终端月活跃账户数	542.7	585.7	-7.3	550.0	-1.3
收费增值服务注册账户数	153.9	118.1	30.3	147.1	4.6

在支付业务方面,截至 2018 年 6 月底,QQ 活跃账户超过 8 亿个。日均成交量同比上升逾 40%。离线商业支付数量保持快速增长,同比增长 280%。商业支付占交易总数的比例超过总数的一半。收费增值服务注册账户环比增长 4.6%,同比增长 30.3%。收费增值服务注册账户数同比增加至 1.54 亿,主要受视频订阅服务强劲增长的推动。受益于腾讯市场领先的视频和音乐订阅服务,以及实时和在线文学产品的正确应用和商业化,数字内容收入同比增长显著,同比增长率也高达个位数。腾讯的视频服务用户数已达到 7400 万,同比增长 121%,并继续保持公司在中国的行业领先地位。

从占有时长角度,腾讯一直保持着领先水平。如图 8-21 所示,2003—2004 年,平均每日用户在线时数从 5140 万增长至 11460 万。如图 8-22 所示,2005—2012 年在线时数一直处于增长状态。而 2018 年上半年,腾讯产品的总使用量比 2017 年同期下降 6.6 个百分点;标题产品的总使用时间迅速增加了 6.6

---

① 腾讯 2018 半年度报告。

个百分点,并上升到第二位。这就意味着头条系产品的出现,动摇了腾讯流量的地位。而由图 8 – 23 可知,中国用户上网总时长中,腾讯已经超过 47.3%,在 2018 年第三季度依旧保持着增长状态。由图 8 – 22 与图 8 – 23 可知,虽然互联网人口红利已经消失,其时长红利尚且存在,并成为互联网公司争夺的重点。中国移动互联网用户的月使用时长和日使用时长还存在较大的潜力空间。在 2017 年 9 月至 2018 年 9 月,月使用时长增加 32.2%,日使用时长增加 26.7%。

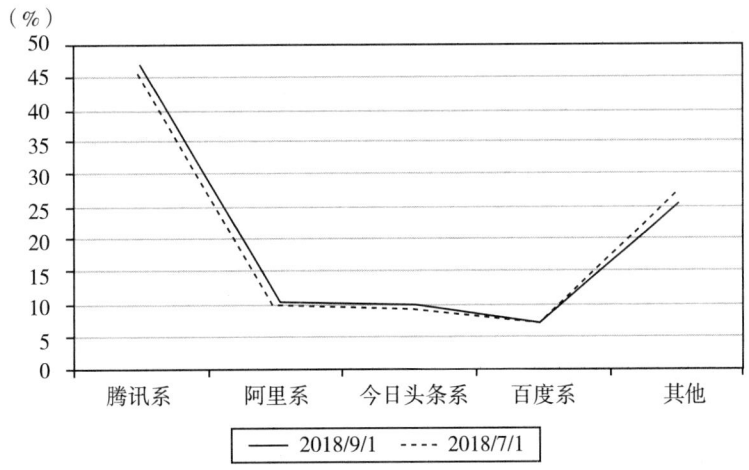

图 8 – 21　2018 年 Q3 中国移动互联网各巨头独立 APP 总使用时长占比

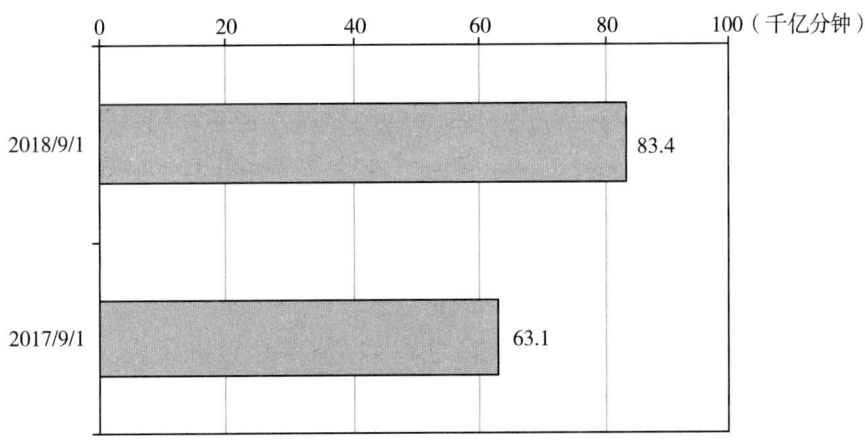

图 8 – 22　中国移动互联网用户月总使用时长

从使用频率角度,腾讯抓紧用户对短视频与小程序的需求,加大研发力度,增加用户使用频率。腾讯短视频和小视频流的载入,显著改善了 QQ 看点（QQ 新闻应用内置新闻流功能）和手机 QQ 浏览器（该公司的移动浏览器产品）的用户体验。QQ 看点和手机 QQ 浏览器每日总页面浏览量和每日短视频播放次数分别增加了 55% 和 3 倍以上。

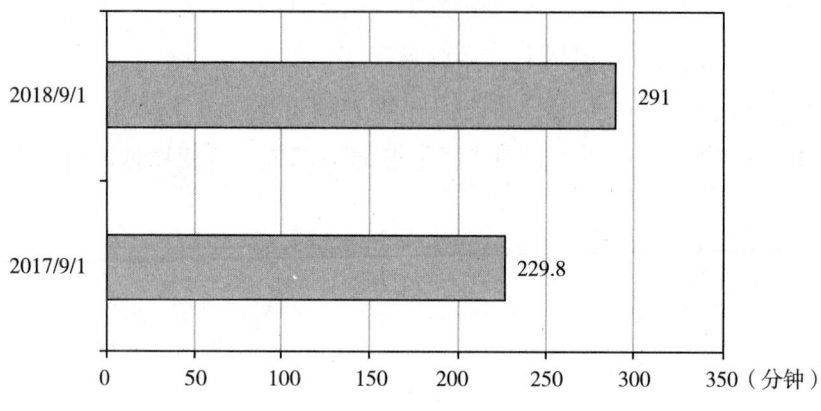

图 8-23　中国移动互联网用户日总使用时长

从用户市占率角度，腾讯利用自身免费产品的高市占率，打通其他产品的上升渠道。用户存量争夺已经成为互联网战场目前的主题。目前用户精力已经开始向更多 APP 类型分散，人均每月使用的 APP 类型个数由 2017 年同期的 13.7 个上升到 15.5 个；使用 21 个及以上 APP 类型的人群占比增长达 7.5%。如图 8-24 所示，通信社交、观看视频、阅读资讯及线上购物仍然占据着移动互联网用户大部分的使用时长。腾讯在获取红利方面，深度挖掘用户，促进其向付费用户进行转变，是更好的选择。

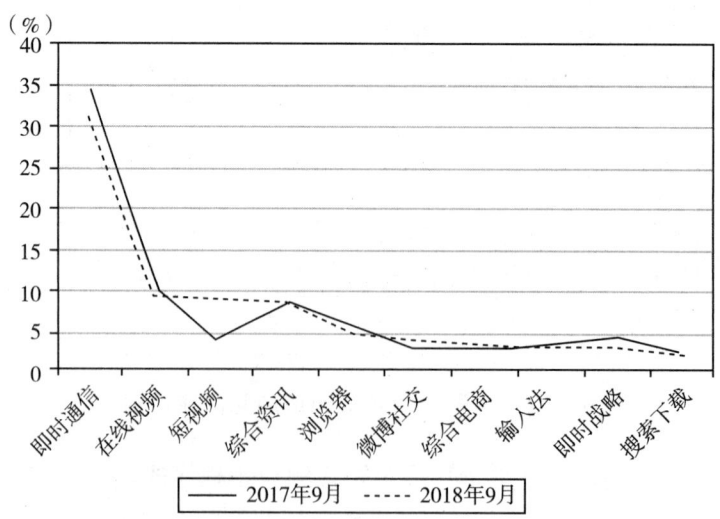

图 8-24　2018 年 9 月中国移动互联网二级细分热门行业总使用时长占比变化

由于对月活跃用户等都拥有极高的市场占有率，腾讯直接用流量切入其他市场，引导用户的使用习惯。2018 年，移动支付领域，微信支付市场占比 37.8%；网络视频领域，腾讯视频反超优酷，仅次于爱奇艺，活跃用户数 3.97 亿；新闻客户端领域，腾讯新闻行业第二，月活跃用户数 1.8 亿，仅次于今日头条；在线音乐领域，QQ 音乐市场占有率 9.957%，行业第二，仅次于酷狗音乐；游戏领域，《王者荣耀》《绝地求生》拉走绝大多数市场份额。由此可见，腾讯在即时通讯之外的其他领域，也通过流量建立了极高的市场占有率。

2.3.3 腾讯产品组合变现能力评估

现有变现力主要是从三个方面进行：付费率、付费用户单客收入、用户生命周期。最理想的状态是，"用户分类分级，付费从高到低"，达到经济学中"一级价格歧视"的状态，说直白点，就是让能够付费的用户都付费。

在付费率方面，腾讯的庞大用户，其实只有极少部分转换为了付费用户，还有很长的路要走。截至 2018 年第三季度，腾讯音乐的月活跃用户数已经超过 8 亿，然而其付费率只有 3.8%，付费用户规模为 6550 万个。不可否认，音频行业的特殊性，以及会员增值所涉及的权益等问题，会影响付费率的提升与付费用户的增加。而根据 2018 年腾讯控股发布的 Q3 财报显示，腾讯视频付费用户规模达到 8200 万个，同比增长 79%，环比增长 10%，但付费率也处于低迷。目前，腾讯视频与爱奇艺共处视频网站的前沿，腾讯所主打的产品，如即时通信产品，本身不具有强大的盈利能力，设计目的主要在于获取流量，这就要求腾讯不断向其他方向如视频、游戏、音乐等发展，将月活跃用户转变为付费用户。人们的付费意识已经开始逐渐觉醒，腾讯利用这种时机抓紧提升付费率，是盈利需要关注的重点内容。

在付费用户单客收入方面，腾讯在其他方面有所斩获，但受到了游戏方面的影响。由于受到国家政策的影响，2018 年后 8 个月游戏版号的发放暂停。这直接导致了游戏市场的低迷，并影响了腾讯的营业收入构成。智能手机游戏的每日活跃账户实现了两位数的同比增长，但随着用户将时间转移到尚未商业化的战术竞争性游戏，腾讯在每个用户身上所能获取的收入有所下降。

在用户生命周期方面，腾讯在现有基础上对产品不断进行更新换代。用户对 APP 的忠诚度正在不断走低，人们倾向于更加多元化的一个选择。腾讯社交类游戏不断更迭,产品线不断扩增,在 QQ 进入衰退期后,以 QQ 为跳板,助力微信称霸社交线,同时加快手游与网游推陈出新的速度。

2.4 腾讯产品组合策略中存在的问题与影响

从免费产品角度来说,腾讯 ToC 业务的盈利模式典型特点就是:将用户转变为流量,然后通过游戏、广告等将其转换成实际价值。这种实现过程相对较慢,其业务前景与用户积极性直接相关,类似于微信等产品,其用户无法取得替代产品,从而具有极高的忠诚度,因此具有很好的广告前景。然而,当微信每月活跃用户增加到 10 亿人时,他们不得不面对这样一种情况:平台成长性的有限导致随着业务发展,他们的增长很快就会达到上限。

在通信及社交方面,产品有部分功能重合,导致腾讯把部分资源向微信倾斜,QQ 部分功能取消,用户大量向微信转移,而微信作为一个即时通信 APP,有其局限性,并不适合重要文件等的传输和保存,但其小程序及微信支付的作用不断得到强化。朋友圈的作用逐渐部分取代了 QQ 空间,也是 QQ 空间目前走势低迷的原因之一。

从增值产品来说,增值的产品仍然存在不稳定性,受到政策和市场的干扰,流量的转换效率不高,变现能力有待提升,但极高的用户忠诚度和用户数量,给其时间与空间去涉及新的连接与场景。

在支付方面,2018 年业绩报告显示,支付与金融已经作为一个重要的版块步入腾讯的运营。对商业支付的重视与对食品与零售方面行业的渗透方面,腾讯透过自身强大的流量,打通自身与商家、个人之间的三方关系。这种方式的建立是腾讯进入人们生活场景的重要一步。

在游戏方面,腾讯产品组合策略受政策影响大,增值收入不够稳定。腾讯 2018 年全年的网络游戏为 1040 亿元,同比增长 6%。其中,智能手机游戏业务收入 778 亿元,同比增长 24%,PC 端游收入为 506 亿元,同比下降 8%。

2018 年 12 月份,游戏市场开始回暖,版号开始准备下发。这个消息直接导致港股腾讯控股股价大涨,从下跌 1% 直线拉升 4%,市值飙升超千亿元。至今共有 8 款(包括 7 款智能手机游戏及 1 款个人计算机游戏)腾讯游戏获批,包括角色扮演游戏、策略性、休闲型及功能性类别等。由于业界积存了大量版号申请，腾讯的游戏排期发布将较往年为慢。

近期腾讯游戏受各方面影响，产出不如预期，直接影响了投资者的信心，也证明了腾讯业务上具有不稳定因素。游戏版块的起色直接拖动了腾讯股价直线上升。政策和市场直接对腾讯的市场价值造成了可见的影响，导致其市值并不稳定，投资者信心不足。

除此之外，腾讯投资对外界的流量支持也值得关注。腾讯今年用于投资的总金额达到 900 亿元左右，相对放缓了投资的步伐。但以拼多多为首的招股说明书，不约而同提到了腾讯风险，意在提醒股东如在日后的运营中失去腾讯流量的支持，可能会造成毁灭性的后果。腾讯的流量优势在双边效应下，发挥了创造价值的作用，建立了腾讯投资王国，为腾讯对各大领域的控制起到了决定性的作用，而在建立了自身的网络效应之后，这些被投资者会对腾讯本身的体系产生怎样的影响，也是一个未知数。

近期市场环境和相关政策的实施，影响了外界对腾讯的评价。就外界而言，可能更需要将眼光放在它本身的一些设计、一些价值上面，单纯的升降只是一时的。而就腾讯本身而言，它手里的"金山银山"，其实还是社交。

案例9：机皇战略还是机海战略：苹果手机战略变革*

案例概览

苹果公司是手机行业中少有的使用机皇战略的公司，iPhone 通过一个品牌、一个产品系列、一个操作系统赚取了手机市场的大部分利润。机皇战略有助于塑造品牌形象，成功的机皇产品可以将品牌价值传递给下一代产品。机海战略是大多数手机公司使用的战略，带来产品同质化问题，因此差异化和性价比是公司的追求。机海战略通过销量赚取利润，当公司发展成熟后，会更加侧重于盈利能力更强的中、高端产品。本书以苹果公司为案例研究对象。将 iPhone 与其他手机进行比较，结合市场、品牌、产品、营销等策略，研究其如何在价格、销量、成本之间进行权衡，使得利润最大化。

本案例有三大研究重点。第一，基于清晰的市场细分和市场定位，苹果公司在 iPhone 诞生初期选择机皇战略。通过剖析其集中资源打造品牌形象的策略、产品组合策略、营销策略，探讨其获得成功的原因。第二，探究苹果公司从机皇战略向机海战略变革的原因和途径，分析苹果公司的战略变革是主动选择还是被动适应。第三，以财务角度为核心、以非财务角度为补充对苹果公司战略变革的效果进行评价，并提出苹果公司产品组合优化建议。

通过对案例的研究，本书得出手机公司面对内外部环境的变化进行战略变革具有防范风险的必要性和操作上的可行性，虽然国产手机公司不能盲目模仿苹果公司曾经的机皇战略，但在实施机海战略时可以学习苹果公司做高端手机的经验：

---

* 本案例由吴玥瑭、王华完成初稿撰写，王华进行了案例改编。

一是建设有特色的品牌形象,加强品牌维护意识,通过其他策略支持品牌的壮大;二是加大研发投入,主动研发,完善人才引入计划,建立健全鼓励创新的公司制度;三是经营思维从满足消费者需求转变为创造消费者需求,建立长期目标,提高服务质量;四是灵活运用营销策略,谨慎使用饥饿营销、降价促销等措施。

1 苹果公司机皇战略实施

1.1 背景介绍

1.1.1 智能手机行业发展趋势

如图9-1所示,全球智能手机销量在2015年以前高速增长,2015年当年,全球智能手机出货量首次突破14亿台,2016年,全年智能手机出货量以14.72亿台触顶,2017年,全球智能手机市场首次下滑至14.63亿台。

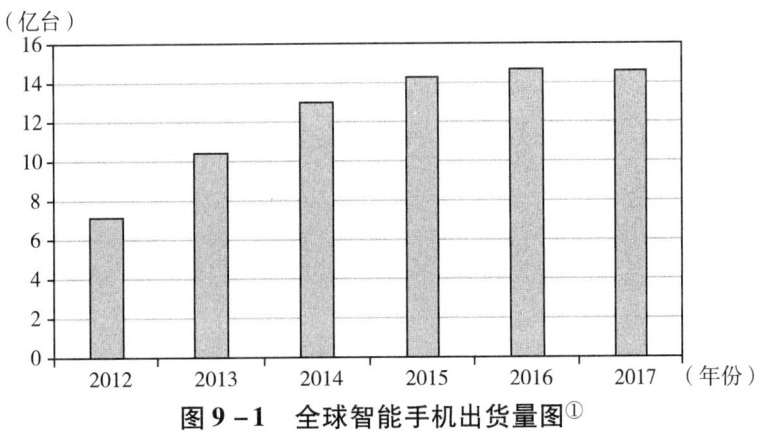

图9-1 全球智能手机出货量图①

---

① 2018年中国智能手机行业发展现状行业发展趋势分析,网址:http://www.chyxx.com/industry/201806/646243.html。

处理器和手机屏幕的变化是智能手机发展的两大特征。iPhone 是智能手机行业发展的引领者，iPhone 4s 的横空出世推动了全球范围内功能手机向智能手机的全面升级。2011 年 10 月，iPhone 4s 从单核升级为双核，开启了智能手机的多核处理器时代。之后，智能手机处理器发展到四核、八核，手机性能不断提高，能够同时处理多个程序、应用。同时，手机屏幕尺寸不断变大，从 3.5 英寸为主，到现在 6.5 英寸的手机比比皆是。

移动通信技术的发展支持了智能手机的更新换代，2014 年是智能手机发展的重要一年，消费者偏好从 3G 手机转向 4G 手机，后者通信质量更高，信息加载速度更快，能提供无线服务，使用成本较低，只能满足用户浏览文本信息的 2G 手机逐渐被淘汰。这一时期，中国的智能手机品牌蓬勃发展，市场走向成熟，手机公司与欧洲、北美的差距逐渐缩小。2015 年以后，智能手机进入创新引领需求时代，手机市场竞争加剧，推动了手机功能的升级，高清摄像头、超大电池容量、指纹识别、金属机身成为智能手机升级的主要方向。

2016—2017 年，双摄像头逐渐开始流行，全面屏成为智能手机的主流，手机变薄的同时智能化水平提高；2018 年，一些具有前瞻性眼光的手机公司开始布局 5G 物联网移动通信技术。

1.1.2 苹果公司介绍

苹果公司是美国的一家高科技公司，经营业务为设计、生产和销售高科技电脑、便携式数字音乐播放器和移动通信工具，由乔布斯、韦恩和沃兹尼亚克共同创办于 1976 年 4 月，原名为"美国苹果电脑公司"，2007 年 1 月正式改名为"苹果公司"。苹果公司是公认的信息行业的先驱者和创新者，推动世界进入了智能时代。

乔布斯带领苹果公司走向了成功，他在 1996 年回归濒临破产的苹果公司后发动了大范围的改革，对外，苹果公司与竞争对手如微软公司合作；对内，在业务领域精简冗余的产品线，并相继推出 iMac、iBook 等外观别致、性能领先的产品，迅速获得了消费者的认可，短短一年就使公司扭亏为盈。苹果公司在 2011 年福布斯全球最具价值品牌排行榜夺冠，到 2018 年已连续 8 年登顶排行榜。

苹果公司股价迎来爆发式增长是在苹果公司推出爆款产品 iPhone 之后，

2007年6月29日苹果公司的股价是15.4美元；2012年9月21日，其股价翻了6倍，达到89.34美元；2015年4月28日，其股价达到125.97美元；2018年10月13日，其股价达到历史最高的232.01美元[1]。从长期来看，苹果公司的股价呈现波浪式上涨形态。随着公司发行股数的增加，苹果公司的市值迅速扩张。在2006年，其市值仅有约600亿美元，短短一年时间内苹果就实现了市值的翻倍。2012年4月，苹果公司的市值以5200亿美元占领世界第一的位置，2018年8月2日，苹果公司市值历史性地突破1万亿美元。2018年其主要财务指标维持稳定增长。年报显示，苹果公司2018年营业总收入为2655.95亿美元，相比2017年2292.34亿美元，同比增长16%；2018年净利润为595.31亿美元，相比2017年483.51亿美元，同比增长23%；2018年基本每股收益为12.01美元，相比2017年的9.27美元，同比增长了29.32%；2018年经营活动现金流量为774.34亿美元，相比2017年的635.98亿美元，同比增长了21.76%[2]。当年苹果公司的财务表现超过预期。

虽然iPhone为苹果公司带来巨大的利润，但是其市场占有率从来没有达到过第一，根据IDC公布的2016年全球智能手机销售数据，iPhone排名世界第二，这是它的历史最好成绩。后乔布斯时代，苹果公司遇到了两个问题：第一是如何使iPhone维持盈利能力；第二是如何解决对iPhone的过度依赖。

1.2 苹果公司机皇战略实施路径

1.2.1 高端市场定位

iPhone面向的消费者群体是那些追求时尚、科幻感、创意感的人。苹果公司通过追求极致美感的设计、强大的研发能力和现代化的工业技术，成功地创造出能满足用户体验的外形优美、性能强大的智能手机。

---

[1] Wind金融终端苹果公司K线图。
[2] Wind金融终端苹果公司数据库，深度资料，财务数据。

从外形角度来看，iPhone 是手机行业的颜值巅峰之作。乔布斯的审美连比尔·盖茨都称赞不已。苹果公司为 iPhone 外形设计提供了大量的资金保障。阳极氧化技术使金属充满质感同时还能着色，搭配不锈钢、玻璃三件套机身成型，一体化设计减少了手机多余的质量使其轻便易携带。充满流质动感的机体与屏幕的视频显示功能相辅相成，是技术与美学的完美结合。苹果对手机外观的不断优化做到了精益求精，受到了追求时尚的年轻人、追求专业的商务人士和追求卓越的高收入群体的青睐。

从娱乐角度来看，iPhone 是硬件产品与软件应用的集合体。乔布斯在初代 iPhone 发布会上说将推出手机、音乐播放器和电脑三款产品，其实仅仅是一款整合了三种产品功能的 iPhone。对于 iPod 播放器音乐播放功能，iPhone 完全具备甚至可以取代，Apple EarPods 是苹果品牌延伸创造出的耳机产品，配合手机使用能使音质大大提高。iPhone 还具备照相机的拍照功能，研发的 ISight 不仅支持拍照、摄影，搭配降噪麦克风还可以视频聊天。此外，iPhone 还可以连接无线网络，使用网络地图进行定位导航。用户还能通过 App Store 获取数百万 App 应用软件，各种程序应有尽有，能够满足娱乐型用户的需求。一大批忠实的娱乐型智能手机粉丝也推动了 iPhone 销量快速增长。

从办公角度来看，iPhone 受到商务人士的追捧。IOS 系统提供的指纹解锁功能是相对于密码解锁功能的一大进步，有效防止了手机内部数据丢失、被盗等安全问题。同时 iPhone 不用下载软件就能扫描文件、打印文档、共享文件，为商务人士提供了便利。此外，iPhone 的系统总是在不断地升级，这使得手机系统的功能越来越强大。最后，商务人士具有一定的社会地位，iPhone 这类高档的产品与他们的身份相匹配。总之，商务人士也是 iPhone 的目标客户群体。

从售价角度来看，iPhone 的售价属于智能手机中的高层次价位，大部分 iPhone 的售价在 600~700 美元之间，价格相当于一台中档电脑。虽然别的手机也有上万元的产品推出，但 iPhone 对细节的完善和对极致体验的追求被消费者认可，其市场地位无法撼动。对于有经济实力的社会富裕群体，他们不愿意使用价格低廉、品质较低的手机，而 iPhone 不仅是一台智能手机，俨然已经成为身份和地位的体现，能彰显他们的身份，富裕群体也是 iPhone 的目标客户群体。

iPhone 从 2007 年诞生至今，每一款都是最顶尖的智能手机，进一步归纳手机的特点，可以总结为以下几点：第一，外观设计简约、时尚，受到年轻人的追捧；配置顶尖，功能强大，使用体验一流，能提供个性化服务，面向追求时尚和娱乐的年轻群体。第二，手机价位很高，与撇脂定价策略不同，发布手机后价格弹性较小，优惠活动的折扣幅度不大，且部分产品在过季后会停产，面向对价格敏感性不高的高收入群体。第三，手机智能化程度较高，能提供文档处理、数据分享、及时通信等办公功能，系统稳定，操作方便，一定程度上能代替电脑，面向商务人士。总之，在细分市场的基础上，苹果根据用户的不同需求，将目标客户选定为以青年和中年商务人士为主，以及追求时尚与高科技且对价格敏感度不高的群体。

iPhone 使用自主研发的 IOS 操作系统，使用起来流畅便捷，虽然不及 Android 系统包容开放，但是大大减少了手机被不法分子侵害的可能。苹果强大的工业设计技术使得 iPhone 具有硬件优势，同时 iPhone 能从独立的 App store 获取来源安全的应用，软件与硬件在不断升级的系统中得到完美结合。在此基础上，苹果公司将自己的 iPhone 准确定位成凝聚高科技的时尚智能通信产品，清晰、有力地向目标群体传递了"iPhone 的定位是在科技的最前沿""想拥有时尚必先拥有 iPhone""客户的所有体验，iPhone 都可以满足"等信息，这些信息通过忠实"果粉"的口口相传，达到准确阐述，进一步提升了果粉对品牌的忠诚度。

通过上文的分析可以看出，iPhone 对自身市场定位非常明确，它是凝聚高科技和创造力的时尚产品，向用户释放"iPhone 走在科技的最前沿""iPhone 是时尚的引领者""iPhone 可以带给你最好的体验"等信号，这些信息通过粉丝群体的主动传播，进一步扩大，提升了消费者对 iPhone 这一品牌的认可度。

1.2.2 单品战略

在当今手机行业，许多手机公司具有众多手机品牌，如华为手机旗下有华为和荣耀两大品牌，小米手机旗下有小米和红米两大品牌，各个品牌下设多个系列的手机产品。但是苹果公司坚持只做 iPhone 一个品牌，只做一个系列的手机，这就是苹果公司的单品战略。单品战略是一种聚焦战略，公司集中资源打造一个品质优良的精品产品。苹果公司的单品战略不仅取得了成功，还屹立多年不倒，使用户主动分享自身物超所值的产品使用体验。

公司实施单品战略时，成功塑造出的具有战略意义的品牌叫作战略单品。

苹果公司在手机领域实行单品战略，每年仅发布一款手机产品，iPhone 就是苹果打造出来的战略单品。单品战略使苹果公司在机皇战略的道路上脱颖而出有以下几个原因。

第一，差异化。差异化不仅仅是指提供差异化的产品和服务，更是一种差异化的思维。其他手机品牌在想方设法满足消费者的不同需求时，手机行业因此变得竞争激烈，手机产品同质化严重，供过于求。苹果公司却引领消费者的需求发生变化，而不是满足消费者的需求。这也是苹果公司优势所在，单品战略比多品战略使公司更容易成为行业的引领者，无论市场上有多么丰富的产品和服务，消费者偏好怎样的变化，行业的引领者只有一个，红米品牌和荣耀品牌无论如何发展，其中低端市场定位注定了它们不可能成为手机市场的引领者。当然，担任着引导消费者需求改变角色的苹果必须走在行业的前列，如果其创造力被其他公司赶上，其地位就会受到危及。

第二，高品质。产品的品质是决定了一个品牌能否成功，无论苹果的市场定位多么精准，品牌战略和营销战略多么出众，如果手机的品质不能使消费者觉得可靠、有价值，iPhone 也得不到市场的认可。其他手机品牌只能做到高市场占有率、低产品利润率，而苹果能实现低市场占有率、高产品利润率，本质差距还是在产品品质上。iPhone 产品具有创新型、开创品类型的特质，决定了其品牌具有独创性的价值。

第三，品牌力强。iPhone 的成功，产品高品质是基础，差异化是武器，打造成功的品牌则是关键。品牌力的建设既需要在产品上投入资源，也需要在平时经营时下功夫。应该说初代 iPhone 产品的成功使得 iPhone 这个品牌获得了成功，而公司通过不断的经营，无论是商标的设计、广告的宣传、公关的策划，都使得 iPhone 的品牌个性更加鲜明，品牌形象更加突出。iPhone 品牌的成功使得其后续的手机产品更容易获得成功。

1.2.3　产品整合一体化

产品整合一体化就是将多种产品的功能集中到一种产品上。最初的手机只有打电话、发短信的功能，发展到智能手机时代，手机的功能多种多样，iPhone 集中了多种产品的功能，是产品整合一体化的代表。在设计创意阶段，乔布斯就产生了这样的构想，将 iPhone 打造成手机、音乐播放器、互联网通信设备的结合体。当 iPhone 问世后，它完全符合原本设定的整合一体化构想，能为用户提供各种服务。

这款革命性的手机是硬件产品的组合，它装备着不可拆卸的超长待机电源，打电话、发短信自不必说，支持多点触控触摸屏输入，能像电脑一样连接互联网，能像 iPod 一样播放音乐，装有高清摄像头，能像照相机、摄像机一样拍照摄影，装有 GPS 系统，能进行定位与导航，还能连接无线网络，满足用户游戏、阅读、办公需求；另一方面，它也是应用资源的组合体，将类似于 App Store 苹果应用商店和 iTunes 苹果音乐商店的苹果外挂资源有效一体化整合。

产品功能集合的本质是技术的集合，机皇战略时期，苹果主要采用外部引进的创新方式，其特点是风险可控、投资回报期较短、成本较低。许多应用于 iPhone 的技术并不是苹果最先发明的，其成功是站在许多家公司的肩膀上。表 9-1 是苹果公司披露了收购金额并且已将技术应用于 iPhone 的收购情况，这些收购大部分集中在机皇战略时期，除了收购 Beats，其他公司的收购金额都在 5 亿美元以下。

表 9-1　　　　苹果公司收购与外部技术引入情况表[①]

收购时间	收购公司名称	收购价格（亿美元）	应用于 iPhone 的技术
2007 年 4 月	Siri	2.00	基于语音的个人数字助手服务
2008 年 4 月	P. A. Semi	2.78	A6 处理器
2011 年 10 月	C3 Technologies	2.67	地图技术
2012 年 1 月	Anobit	3.9	大容量闪存硬盘
2012 年 7 月	AuthenTec	3.56	指纹识别技术
2013 年 12 月	Topsy Labs	2.00	搜索引擎技术
2014 年 4 月	Renesas Electronics	4.83	液晶显示芯片
2014 年 4 月	Quattro Wireless	2.75	iAd 平台
2014 年 5 月	Beats	30.00	流媒体音乐订阅和耳机生产
2015 年 4 月	Linx	0.2	数字图像处理

2016 年以后，苹果公司收购了 Emotient、Flyby Media、Realface、Senso Motoric 等公司，引入空间感知与标致识别、头显设备、面部表情识别等技术，意在布局进军 VR、AR 等新领域。

---

① 360 百科，网址：https://baike.so.com/doc/870224-920179.html。

1.2.4 营销策略

体验式营销是苹果公司的一种营销策略。体验式营销的核心是通过零售店使顾客能与 iPhone 零距离接触,在购买之前就能体验到试用手机的感觉,吸引消费者下决心购买产品。iPhone 零售店设计与建造投入了大量的成本,每一家店铺都是苹果进行品牌宣传的基地。零售店的工作人员不仅能让顾客享受宾至如归的服务,还懂得各种营销技巧,能够提升顾客的购买意愿。同时,零售店还能为顾客提供产品使用培训,帮助顾客获取手机的维护知识,解决消费者使用手机时遇到的困难。苹果公司的电视广告也围绕着体验式营销策略开展,广告画面从消费者的角度展示一双手操作 iPhone 的情景,通过屏幕传递手机的使用情景,吸引观众注意力,创造一种亲身体验手机的广告效果。苹果的体验式营销策略将手机产品赋予了品牌文化,使 iPhone 成为传播企业文化的载体,对手机的推销也成为文化传递的过程。

饥饿营销是苹果另一种营销策略,销售者通过控制产品流通在市场上的数量,故意形成产品供不应求的卖方市场,促使消费者争相购买产品。在新 iPhone 上市前,苹果公司会对新产品大力宣传,先引起市场关注,再调动人们的购买欲望。乔布斯在苹果发布会上的每一句台词,每一张幻灯片都是精心设计好的。每一代新 iPhone 销售时,苹果公司都会严格控制各种销售渠道的产品库存数量,不会让所有购买者在第一时间买到 iPhone 产品,这样才会突显出 iPhone 的珍贵。饥饿营销的前提是消费者对公司产品的高度热爱,如果一个公司的产品得不到市场认可而使用饥饿营销,只会打击消费者的积极性,造成市场份额的流失。

苹果公司的第三大营销策略是口碑营销。消费者使用 iPhone 后觉得满意,会将自身对产品的推崇传播给别人,通过一传十、十传百扩大"粉丝"基数,推动产品的销量上涨。口碑营销的前提是产品质量保证,如果一款手机不能让受用者带来愉悦的使用体验,用户不可能自觉向别人推荐产品;此外,苹果公司的高端定位也被主流认可,如果大众不以使用 iPhone 为荣,则不可能通过社交媒体对产品性能、特征、使用体验进行主动宣传。

苹果的三种营销策略各有侧重,体验式营销为正在观望的潜在消费者人群创造手机试用体验,促使其下定决心购买产品。饥饿营销给消费者创造一种物以稀为贵的感觉,激发消费者购买欲望。口碑营销是消费者在使用手机产品之后，基于自身的使用体验发自内心地宣传手机产品，使其得到更广泛的关注，三种营销方式共同作用，最终提高产品销量。

2 苹果公司机皇战略变革

2.1 机皇战略面临的困境

2.1.1 机海厂商瓜分市场

2012年是苹果公司实行机海战略的前一年，当年全球手机总销量约17.5亿台，相比2011年下降了约1.7%。如表9-2所示，三星以22.0%的市场份额，从诺基亚手中夺走了全球手机销量冠军的位置，至此诺基亚在手机市场长达14年的统治时代结束了，智能手机逐渐取代功能手机成为主流手机。苹果在手机市场占有率方面表现一般，继续保持第三的排名，与前两名差距较大，全球销量前十的手机品牌有中兴通讯、华为、TCL、HTC等中国品牌。

表9-2　　　　　2011—2012年全球手机销量排行表[①]

厂商	2012年（千部）	2012年份额（%）	2011年（千部）	2011年份额（%）
三星	384631	22.0	315052	17.7
诺基亚	333938	19.1	422478	23.8
苹果	130133	7.5	89263	5.0
中兴通讯	67344	3.9	56881	3.2
LG	58015	3.3	86370	4.9

---

① 市场研究公司Gartner，网址https://www.gartner.com/en。

续表

厂商	2012年（千部）	2012年份额（%）	2011年（千部）	2011年份额（%）
华为	47288	2.7	40663	2.3
TCL	37176	2.1	34037	1.9
RIM	34210	2.0	51541	2.9
摩托罗拉	33916	1.9	40269	2.3
HTC	32121	1.8	43266	2.4
其他	587399	33.6	595886	33.6
总计	1746175	100	1775712	100

表9-3列示了部分手机品牌的产品系列情况，除了苹果公司实行机皇战略，别的手机公司都实行机海战略。三星是苹果最大的竞争对手，虽然三星和诺基亚占据了40%的市场份额并遥遥领先于其他手机，但手机市场的大部分利润被苹果和三星垄断，两家手机公司也形成了长达数年的双雄争霸局面。在高端市场领域，Galaxy S 系列旗舰机价格昂贵、性能优越，能与 iPhone 相抗衡而不落下风；在中端市场，有做工精良的 E 系列手机；在低端市场，有 C 系列手机，部分产品在中国的售价只有千元左右。摩托罗拉也在中、低端市场进行过尝试，如 SLVR 系列是追求超薄特点的中低端手机，WX 系列手机是面向年轻一代的低端产品。高端产品则以走娱乐路线 XT 系列智能手机为代表。诺基亚手机的价格分布广泛，产品梯度合理，如5系列手机属于低端机，6系列属于中端机，9系列属于高端机。诺基亚手机定位并不固定，如 E 系列属于商务型手机，C 系列属于娱乐型手机，N 系列属于游戏机型。同时，诺基亚手机使用的 Symbian 系统已经十分成熟，操作方便，具有群众基础。黑莓手机使用自主研发的操作系统，既有面向白领人士的高端机型，也有面向普通大众的低端机型。

表9-3　　　　　　　　　手机品牌系列一览表[①]

手机品牌	手机系列
三星	A系列、B系列、C系列、D系列、E系列、F系列、G系列、I系列、L系列、M系列、N系列、U系列、V系列、W系列、X系列、Z系列、Ultra Smart系列、Galaxy系列、女士手机系列

---

① 百度百科。三星手机，网址 https：//baike.baidu.com/item/三星手机；https：//baike.baidu.com/item/摩托罗拉；https：//baike.baidu.com/item/诺基亚；https：//baike.baidu.com/item/黑莓；https：//baike.baidu.com/item/中兴通讯；https：//baike.baidu.com/item/华为。

续表

手机品牌	手机系列
摩托罗拉	XT 系列、WX 系列、明系列、RAZR 系列、ROKR 系列、SLVR 系列、AURA 系列、ME 系列、Droid Razr 智能手机、T 系列、V 系列、C 系列、E 系列、R 系列、S 系列、MP 系列、Q 系列
诺基亚	1 系列、2 系列、3 系列、5 系列、6 系列、7 系列、8 系列、9 系列、N 系列、E 系列、X 系列、C 系列、T 系列、Oro 系列、Asha 系列、X 系列、Lumia 系列
黑莓	5000 系列、6000 系列、7000 系列、7100 系列、8000 系列、9000 系列
中兴通讯	中兴天机 Axon 系列、BLADE 系列、ZTE 系列、V 系列、U 系列
华为	P 系列、Mate 系列、Nova 系列、畅想系列、G 系列/麦芒系列、D 系列/Y 系列、荣耀系列、V 系列、Note 系列、畅玩系列/畅想系列

2012 年在全球智能手机市场中，中国市场份额占比达 26.5%，美国占 17.8%，中国超越美国成为全球最大智能手机市场。在全球手机市场销量排行最靠前的国产手机品牌同样都实行的是机海战略。中兴通讯 U、V 系列都属于价格便宜的低端机，但中兴天机 Axon 系列是手机中的精品。华为更是创造了华为手机和荣耀手机两个品牌，其中华为手机品牌下的 P 系列、Mate 系列都是配置顶尖的高端机，直接与苹果三星竞争，而荣耀手机相对价格较低，属于中低端手机。

在如此多的手机公司中，唯有苹果的 iPhone 只有一个品牌，一个系列，一个操作系统。苹果用机皇战略打败了机海战略，获取了手机市场最多的利润，但其中低端市场还是一片空白，其市场占有率仍有上升空间。随着智能手机频繁更新换代，市场竞争趋于白热化，最后的结果必然是优胜劣汰，适者生存，苹果必须开始新的尝试。

2.1.2 高端手机拓展受限

作为高端手机的代表，iPhone 的价格自然十分昂贵。这使 iPhone 在一些发展中国家难以拓展市场，iPhone 在印度市场就遭遇了失败，市场占有率不足 2%，出货量不足百万台，即使在当地建立生产基地，改进销售策略也难以改善局面。在中低端手机市场上竞争也十分激烈，千元机也有千元机的战斗，华为、小米等国产手机的技术超过了大多数发展中国家的水平，品牌得到了消费者的认可，那些性价比高的手机往往更具有竞争力。

在中国这样的市场，中低端手机更是前景广阔。小米手机 2015 年的巨大成功，就是因为其以性价比享受到了人口红利带来的优势。如果一个消费者购买手机只有 2000～3000 元的预算，那么他们不可能选择买 iPhone。对于年龄较大的群体在买手机时对手机的性能没有过高的要求，甚至只要能打电话、接电话就行了，这时他们需要的就是中低档的手机。同时，iPhone 没有与其他品牌的手机抢占中、低端产品市场，但其他的品牌却在与其争夺高端产品市场，使得高端市场逐步饱和。对于高档手机，性能越好，价格越高，消费者购买时的预期使用时间就越长，手机档次越高，更新周期越长。

在中国市场中，降价是非常重要的促销手段，iPhone 售价虽高，但折扣力度普遍不能和国产手机相比。对于过季的手机产品，虽然部分手机降价出售，但是还有一些 iPhone 还没完成从新产品向旧产品的过渡，就被公司停产了。

2.1.3 创新能力难以为继

Android 一直在追赶 iPhone 的技术，如果说初代 iPhone 问世时其创新能力远远领先其他手机，那么现在 iPhone 的创新能力已经被竞争对手赶上。2007 年 iPhone 发布后，电容触屏、玻璃屏幕、环境光传感器、接近传感器、重力加速计、大容量内置闪存全是领先的技术。看到苹果公司推出的 iPhone 后，Google 认为与其差距太大放弃了已经研发成型的工程机，模仿 iPhone 研发 Android 手机。Google 的优点在于其善于模仿，在 2008—2010 年这关键的三年中，没有被苹果公司拉开差距。当苹果公司每年更新一款手机时，Android 每几个月就进行一次版本升级，它的合作伙伴 HTC 也足够高产，每几个月就推出一款新的 G 系列手机。Android 系统与 iOS 系统的差距逐渐缩小，用户使用起来同样具有较好的体验。同时 Android 手机价格便宜，性价比更高，因此 Android 也成功地积累了一批忠实的用户。虽然 iPhone 一直是行业中的标杆，但是当今时代信息的透明程度越来越高，一项新技术的问世很容易被竞争对手模仿，同时随着其他的手机公司越来越重视技术创新，iPhone 在部分领域甚至被竞争对手领先，如 iPhone6s 发布前压力屏技术就被华为手机超前使用了。随着技术的不断进步，iPhone 的创新阻力越来越大，现在新技术的应用已经很难再给用户创造惊艳的感觉了。乔布斯留给库克的创新余地太少了，库克将重心从技术创新转向了供应链创新。

2.1.4 新款产品更新缓慢

随着时代的发展，尽管 iPhone 用户到了更新产品的时点，但是由于新 iPhone 和旧 iPhone 的升级程度越来越小，产品辨识度不明显，无法满足用户对新手机有所突破的期待。这种趋势会影响每年 iPhone 的销量，由于 iPhone 产品的营业收入在公司整体营业收入中占据举足轻重的位置，因此会影响公司经营。以下几个原因导致 iPhone 升级周期速度变慢。

第一，苹果公司早期与美国四大运营商 T-Mobile、Verizon、AT&T、Sprint 合作销售合约机：消费者以远低于官方售价的价格购买 iPhone，同时可以每两年升级新手机，但是需要每个月支付数据套餐。这相当于运营商为手机用户提供补贴，并与用户形成两年的捆绑关系。这种合作将 iPhone 用户的手机更新周期固定为两年，消费者也接受这种手机购买和升级方式。但是从 T-Mobile 开始，运营商不愿意再支付补贴，取消合约机后，供应商发现并没有损失客户，同时减少了补贴成本，运营商的竞争领域从补贴大战转向了服务和资费。同时客户在选择供应商时能有更大的灵活度。这样，取消合约机也导致 iPhone 升级周期变长。

第二，随着其他手机品牌的发展，其他智能手机也能满足用户的需求，iPhone 并不是消费者的唯一选择，iPhone 用户的流失，直接导致了 iPhone 升级周期变长。

第三，苹果公司希望更多的低收入群体能够使用 iPhone，iPhone 本身价格昂贵，如果频繁更新换代，新款手机将会对旧手机使用体验造成影响，没有经济能力的客户将难以追随 iPhone 成为忠实的果粉。

2.2 机皇战略向机海战略变革

2.2.1 市场重新定位并细分

iPhone 在市场取得巨大的成功，源自其精准的市场定位，以及具有针对性的营销策略。iPhone 的销量是苹果取得高额利润的核心，但因为其昂贵的价格限制了销量的增长，使得 iPhone 的市场份额难以实现突破。2013 年以前，对于苹果公司来说，中低端手机市场都是遗漏的市场，具有帮助公司提高手机销量、扩大利润的潜力。

苹果公司的发展已经进入了成熟期，任何公司都会进入衰退期，苹果公司必须早做打算，设法延长公司的成熟期。公司在这种时候对产品进行重新定位，有实力开发新的市场。苹果公司原本将手机市场划分为高端、中端、低端三个层次，如果直接从高端市场向中端市场渗透，变革节奏太快，难以把握风险，同时，可能会对原来的粉丝群体带来冲击，假如 iPhone 不再是高端的代名词，可能会造成追求高端手机的用户流失。因此，苹果在高端产品和中端产品之间添加了一个过渡的中高端阶段，推出配置并不是顶尖，但也处于同类手机前列的产品，同时价格略微下调。

如果苹果公司推出中高端手机的做法能使手机业务给公司带来更多利润，苹果很有可能会继续实施机海战略，推进产品变革步伐，推出更多价格相对较低、性价比较高的手机产品。相反，如果机海战略影响了 iPhone 的销量，造成公司利润下降，苹果公司必定会放弃其他市场，重新聚焦高端市场。

2.2.2 品牌延伸与品牌创新

苹果每发布一款手机都是对 iPhone 品牌的延伸，但是机皇战略时期 iPhone 品牌是高档品牌，与中低档品牌完全无关，机海战略时期的 iPhone 则从高端领域延伸到了中高端领域，增加了 iPhone 品牌的市场覆盖率。以往的 iPhone 只有同价位的手机形成直接竞争关系，现在其竞争对手还多了部分售价较低的手机。苹果公司并不需要增加额外的宣传成本，将原本属于高端手机的粉丝转化为低端手机的粉丝。

如果说初代 iPhone 是革命性的产品，现在的 iPhone 很难认同仍然具有革命性。一个品牌要想获得长盛不衰必须坚持品牌创新，技术的创新推动产品的创新，产品的创新推动品牌的创新。机海战略时期，苹果公司的研发方式转变为自主创新，其特点是风险较大、前期投入成本较多，但后期收益更多。苹果公司开始停止使用部分长期合作的供应商之间的零件，改为自主研发：如高通的 CPU 模块、调制解调器、Imagination 的 GPU 图形处理器、Dialog 的电池节能芯片。苹果公司目前已经有充足的资金投入自主研发,从长远来看,一旦研发成功,能节省巨额专利使用费,永久性减少产品成本,避免从供应链上受制于人。

同时,苹果公司在全球多个国家建立研发中心,吸引全世界的优秀人才,打破创新能力的瓶颈,目前,苹果公司在中国的北京市、深圳市、上海市、苏州市先后成立4家研发中心,在印度、日本、意大利等国已经建立或正在建立研发中心。不同地区的研发中心专攻不同领域的技术,能够加强保密工作,防止技术泄露。

2.2.3 差异化产品组合

如表9-4所示,苹果公司的智能手机产品线目前只有一个产品系列iPhone,共发布了21款手机,产品组合深度①为188。iPhone从初代产品发布以来基本保持每年一机的频率发布,从2013年增加到每年两机,又从2016年增加到每年三机,品种总数呈现明显的增加趋势,能够支持本书苹果公司从机皇战略向机海战略变革的观点。

表9-4　　　　　　　　iPhone的产品组合深度一览表②

时间	款式	颜色	容量（GB）	型号数
2007年	iPhone	黑白	4、8	2
2008年	iPhone 3G	黑色、白色	8、16	4
2009年	iPhone 3GS	黑色、白色	16、32	4
2010年	iPhone 4	黑色、白色	8、16、32	6
2011年	iPhone 4s	黑色、白色	16、32、64	6
2012年	iPhone 5	黑色、白色	16、32、64	6
2013年	iPhone 5c	红色、蓝色、黄色、绿色、白色	8、16、32	15
	iPhone 5s	深空灰、银色、绿色	16、32、64	9
	iPhone 6	深灰色、金色、银色	16、64、128	9
2014年	iPhone 6 Plus	深灰色、金色、银色	16、64、128	9
	iPhone 6s	深灰色、金色、银色、玫瑰金色	32、128	8

---

① 产品组合深度,是指一条产品线产品型号的总数。iPhone每一款手机的型号数是颜色种数和容量种数的积。
② 中关村在线信息整理,网址http://www.zol.com.cn/。

续表

时间	款式	颜色	容量（GB）	型号数
2015年	iPhone 6s Plus	深灰色、金色、银色、玫瑰金色	32、128	8
	iPhone SE	白色、金色、黑色、粉红色	16、32、64、128	16
2016年	iPhone 7	金色、银色、玫瑰色、黑色、亮黑色、红色	32、128、256	15
	iPhone 7 Plus	金色、银色、玫瑰色、黑色、亮黑色、红色	32、128、256	15
2017年	iPhone 8	黑色、银色、金色、红色	64、256	8
	iPhone 8Plus	黑色、银色、金色、红色	64、256	8
	iPhone X	深灰色、银色	64、256	4
2018年	iPhone XS	深灰色、金色、银色	64、256、512	9
	Max	深灰色、金色、银色	64、256、512	9
	iPhone XR	珊瑚色、白色、红色、蓝色、黄色、黑色	64、256、512	18
合计		—		188

手机颜色变多是机海战略的一大特征，智能手机发展到今天，技术创新的阻力变大，新款手机与旧款手机区分度与辨识度有限，难以给消费者带来升级的体验。消费者规模难以持续增长，为了吸引那些具有颜色偏好的消费者，iPhone经历了从黑白双色向多色的变化。

色彩营销的理论基础是著名的七秒定律，色彩是消费者是否愿意购买商品的决定因素。与技术创新相比，颜色创新的成本有限。独特的颜色能给公司带来差异化的竞争优势。如表9-5所示，具体实施起来，颜色营销有两种方式：一种是增加不同颜色，另一种是相同的颜色在特征上有所创新，即对普通的颜色进行包装，如黑色变为亮黑色，蓝色变为宝石蓝。

表9-5　　　　　　　　部分新款手机颜色一览表[①]

手机	颜色
华为mate20	正红色、极光绿、藏蓝色、极光蓝
三星 Galaxy A9s	撒浪黑、柠沁蓝、泡泡粉、花木蓝、锦鲤红、鱼子黑
OPPO R17	新年红、流光蓝、雾光渐变、雾光金、霓光紫
小米8	黑、白、金、蓝
索尼 Xperia XZ2	深绿、光银、澈黑、尘粉

---

① 中关村在线信息整理，网址 http：//www.zol.com.cn/。

随着技术的进步，现在的手机普遍采用铝制外壳的设计，手机屏幕的坚硬程度和耐摔性已经大大减少了使用手机外壳的需要，手机本身的颜色更容易展现；同时，无论是喷涂上色技术还是阳极氧化上色技术都已经成熟，着色的稳定性有长足保障，苹果即使生产更多颜色的手机也不会再重蹈"掉漆门"的覆辙。

然而，过度聚焦颜色竞争也会产生负面效应。首先，颜色的多样化会给消费者原来对品牌根深蒂固的印象带来冲击。提起苹果，大多数人的第一印象是黑色、白色，这与 iPhone 时尚、商务、高端的品牌内涵相契合，而粉红色、绿色、红色的颜色过于活泼，给消费者带来的体验可能和消费者本身的预期存在偏差；另外，在手机颜色方面的竞争中没有哪一家公司能建立难以被竞争对手复制的优势，无法成为公司的核心竞争力，一款畅销颜色的手机产品很快会被别的公司模仿；最后，过多颜色的需求给供应链带来了生产压力，其投入市场后的效果会受到不同文化、地域的影响。

2.2.4　以旧换新促销

iPhone 的以旧换新项目诞生于机海战略时代，于 2013 年 8 月在美国市场首次推出，2015 年 3 月 31 日引入中国，当时的以旧换新方案中，旧手机并不局限于 iPhone 系列手机，其折抵价值通过现场评估的方式确定。

2018 年底，iPhone 新款手机中国市场销量增长乏力，使得 2018 年第四季度中国市场对苹果公司整体的营收贡献不佳，受市场环境影响，苹果公司的股价短暂下跌近 40%。为了刺激 iPhone 销量增长，iPhone 在中国市场四次降价：

2018 年 12 月 25 日，苹果公司在官网推出标准化的以旧换新活动方案，iPhone 6 及其以后发布的旧款 iPhone 可以通过补足一定的差价换取 iPhone XR 和 iPhone XS；2019 年 1 月 11 日，京东、苏宁，将 iPhone 8、iPhone 8 plus、iPhone XR 等产品价格下调 1000 元以上；2019 年 3 月 6 日，京东、国美、苏宁三大电商渠道的 iPhone 再次大幅度降价，最高直降 1700 元；4 月 1 日，受增值税减让政策①影响，4 月 1 日苹果公司的中国官网调整旗下产品的售价，iPhone XS、iPhone XS Max 价格均下调 500 元，iPhone XR、iPhone 8 plus、iPhone 8、iPhone 7

---

① 按照财政部、税务总局、海关总署出台的《关于深化增值税改革有关政策的公告》，增值税一般纳税人发生增值税应税销售行为或者进口货物，原适用 16% 税率的，税率调整为 13%。

降价 300 元，iPhone 7 plus 降价 400 元。表 9-6 是 iPhone 价格调整后的以旧换新方案。这四次降价活动中，两次是苹果官方推出的，两次是苹果零售渠道推出的。京东、天猫、苏宁等电商平台的售价远远低于苹果官网，在短期内起到了立竿见影的效果。

表 9-6　　不同旧款 iPhone 更换 iPhone XR 价格表①

折抵设备	iPhone XR 换购价	iPhone XS 换购价
iPhone X	116 元/月起或 2789 元起	200 元/月起或 4789 元起
iPhone 8 Plus	139 元/月起或 3329 元起	222 元/月起或 5329 元起
iPhone 8	171 元/月起或 4099 元起	254 元/月起或 6099 元起
iPhone 7 Plus	176 元/月起或 4229 元起	260 元/月起或 6229 元起
iPhone 6s Plus	193 元/月起或 4629 元起	276 元/月起或 6629 元起
iPhone 6s	201 元/月起或 4829 元起	285 元/月起或 6829 元起
iPhone 6 Plus	214 元/月起或 5129 元起	297 元/月起或 7129 元起
iPhone 6	214 元/月起或 5129 元起	297 元/月起或 7129 元起

3　苹果公司战略变革效果评价

对苹果公司战略变革的效果评价主要通过财务角度和非财务角度开展。财务角度包括经营规模、收入构成、杜邦分析、估值分析 4 个方面，非财务角度包括市场占有率、技术创新、波士顿矩阵和股价波动 4 个角度。2013 年和 2016 年是公司战略变革的关键年份，效果评价重点反应这两年的指标变化和长期的趋势。

---

① 苹果公司官网，网址 https://www.apple.com。

3.1 苹果公司战略变革财务效果评价

3.1.1 经营规模分析

苹果公司在战略变革的过程中,公司规模持续扩张,财务杠杆有所增加。如表9-7所示,自iPhone诞生以来,苹果公司保持轻资产的资产结构,资产规模保持高速增长,明显高于同类科技公司;负债方面,由于公司建立起了优良的品牌和信誉优势,2007—2018年资产负债率从42.67%增长至70.70%,且非流动负债比例明显增大。

表9-7　　苹果公司2007—2018年资产负债表比较[①]　　单位:万美元

年份	流动资产	非流动资产	资产总计	流动负债	非流动负债	负债总计	股东权益
2007	2195600	339100	2534700	929900	151600	1081500	1453200
2008	3469000	488200	3957200	1409200	445000	1854200	2103000
2009	3626500	1758600	5385100	1928200	673700	2601900	2783200
2010	4167800	3350500	7518300	2072200	667000	2739200	4779100
2011	4498800	7138300	11637100	2797000	1178600	3975600	7661500
2012	5765300	11841100	17606400	3854200	1931200	5785400	11821000
2013	7328600	13371400	20700000	4365800	3979300	8345100	12354900
2014	6853100	16330800	23183900	6344800	5684400	12029200	11154700
2015	8937800	20110100	29047900	8061000	9051400	17112400	11935500
2016	10686900	21481700	32168600	7900600	11443100	19343700	12824900
2017	12864500	24667400	37531900	10081400	14045800	24127200	13404700
2018	13133900	23438600	36572500	11686600	14171200	25857800	10714700

苹果公司在战略变革的过程中,2016年的营业收入、营业利润较上年均有所下滑。如表9-8所示,在营业收入方面,公司2007—2018年营业收入从

---

① Wind金融终端苹果公司数据库,深度资料,资产负债表。

2400600 万美元增长至 26559500 万美元,增长了近 10 倍,2010—2012 年 3 年营业收入增长速度最快,分别为 52.02%、65.96%、44.58%,2013 年公司营业收入增长速度大幅降低,减少为 9.20%,2016 年营业收入较上年减少了 7.73%;营业支出方面,公司 2007—2018 年的营业总支出从 1959700 万美元增长至 19469700 万美元,增长了近 10 倍,在此期间仅 2016 年略有减少;营业利润方面,公司 2007—2018 年的营业利润从 440900 万美元大幅度增长至 7089800 万美元,在公司从机皇战略向机海变革的关键财年 2013 年和 2016 年,公司营业利润分别降低了 11.30%、15.73%。尽管从绝对数来看战略变革对公司利润产生了影响,但销售净利率却从 2007 年的 18.37% 增长至 2018 年的 26.69%。

表 9-8　　苹果公司 2007—2018 年利润表比较①　　　　单位:万美元

年份	营业收入	营业支出	营业利润
2007	2400600	1959700	440900
2008	3247900	2620400	627500
2009	3653700	2887900	765800
2010	6522500	4684000	1838500
2011	10824900	7445900	3379000
2012	15650800	10126700	5524100
2013	17091000	12191100	4899900
2014	18279500	13029200	5250300
2015	23371500	16248500	7123000
2016	21563900	15561500	6002400
2017	22923400	16789000	6134400
2018	26559500	19469700	7089800

3.1.2　收入构成分析

如图 9-2 所示,每当苹果公司发布新产品时,该季度的销量就会呈现爆发式增长。总体来看,iPhone 各财季的销量图呈现出一条非常清晰的"S"曲线,苹果公司向机海战略变革的 2013 年大致处在该"S"曲线的拐点,苹果公司手机销量增值速度达到峰值,之后趋于平缓。

---

① Wind 金融终端苹果公司数据库,深度资料,利润表。

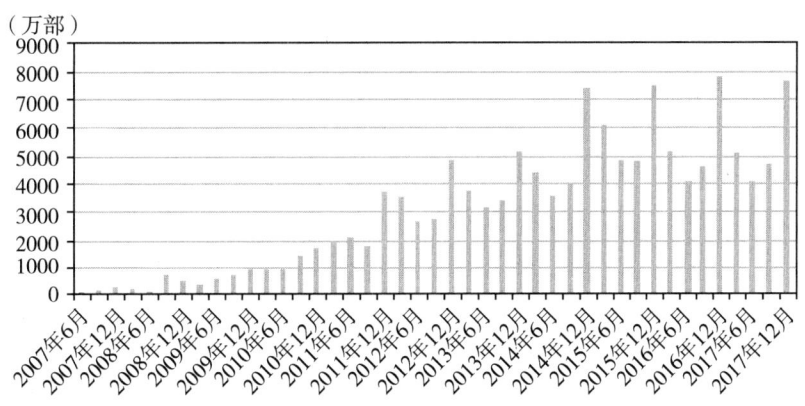

图 9-2　iPhone 历年各财季销量图①

如图 9-3 所示，自 2007 年 iPhone 刚进入市场时 ASP② 为较低的 522 美元，之后 3 个季度都维持在 400 多美元，从 2008 年二季度高点 674 美元到 2016 年四季度高点 695 美元间徘徊，在此期间内，苹果公司的产品战略变革并未对 iPhone 的 ASP 带来显著影响。大部分时间 iPhone 的 ASP 都在 500~700 美元之间，2017 年第四季度，源于新手机 iPhone X、iPhone 8、iPhone 8 plus 的售价显著提高，iPhone 的 ASP 大幅度上涨至近 800 美元，虽然 2018 年第一季度、第二季度有所下降，但是仍然保持在 700 美元以上。由于苹果新款手机售价保持着上涨趋势，2018 年以后 iPhone 的 ASP 会继续上移。

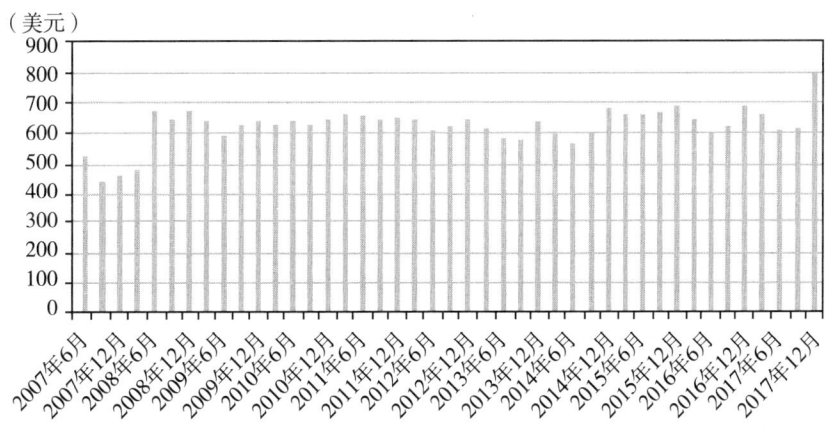

图 9-3　iPhone 历年各财季 ASP 图③

---

① 招商证券行业研究报告，网址 http：//www.newone.com.cn/researchcontroller/detail？id=221511。
② Average selling price。
③ 招商证券行业研究报告，网址 http：//www.newone.com.cn/researchcontroller/detail？id=221511。

自 2007 年以来,苹果的 iPhone 营业收入保持高速增长,2013 年苹果公司开始尝试产品战略变革,首次在 1 年内发布两款手机产品,iPhone 的营业收入增速放缓,之后在 3 年内营业收入稳步上升。2016 年,苹果公司开始在 1 年内发布 3 款手机产品,iPhone 产品营业收入首次出现过一次下滑。之后的 3 年里继续保持良好的增长态势。

如图 9-4 所示,苹果公司的战略变革在短期内对 iPhone 产生不利影响,但从长期来看为 iPhone 产品带来了正面效果。从 2010 年开始,iPhone 产品成为苹果公司第一大收入来源,2012 年,iPhone 带来的营业收入占苹果公司总营业收入比例超过 50%,之后该比例一直保持在 60% 左右。

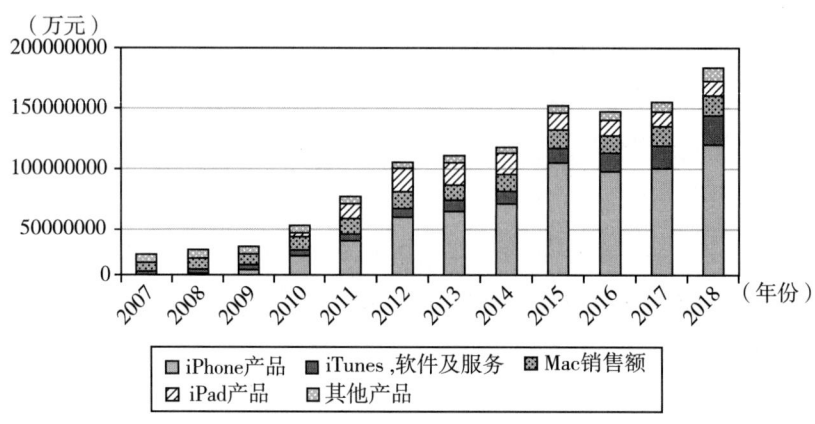

图 9-4 苹果公司主营构成图①

3.1.3 杜邦分析

如表 9-9 所示,整体来看,公司权益净利率逐年向好,但战略变革还是对其产生了一定的负面影响。2013 年公司首次推出两款手机,当年权益净利率下降 12.2%,销售净利率和总资产周转率分别下降了 5% 和 0.18%,2016 年公司继续推进机海战略,首次推出 3 款手机,当年权益净利率下降 9.35%,销售净利率和总资产周转率分别下降了 1.66% 和 0.19%。可见向机海战略变革短期会影响公司的经营效率,但并不影响公司的财务效率。战略变革对公司权益净利率的影响与其对 iPhone 产品营业收入的影响是一致的。

---

① Wind 金融终端苹果公司数据库,深度资料,主营构成。

表 9-9　　　　　　　　　苹果公司杜邦财务分析表①

年份	销售净利率（%）	总资产周转率（%）	权益乘数	权益净利率（%）
2007	14.56	1.13	1.74	28.52
2008	14.88	1.00	1.83	27.19
2009	15.61	0.78	1.91	23.35
2010	21.48	1.01	1.71	37.06
2011	23.95	1.13	1.54	41.67
2012	26.67	1.07	1.50	42.84
2013	21.67	0.89	1.58	30.64
2014	21.61	0.83	1.87	33.61
2015	22.85	0.89	2.26	46.25
2016	21.19	0.70	2.47	36.90
2017	21.09	0.66	2.66	36.87
2018	22.41	0.72	3.07	49.36

3.1.4　估值分析

对苹果公司整体价值的预测同样反映了市场对于公司所做战略变革的反应，公司在扩大产品组合后，市场对其估值的不断修正，反映出公众对公司实施战略变革的认可度的变化。作者选取了市场对苹果公司 EPS 和市盈率的数据，再将公司当年发行在外的股票总数与之相乘，得出市场对于企业价值的一致预期。如公式（9-1）所示：

$$企业价值 = 实际 EPS \times P/E 一致性预测 \times 企业发行在外股数 \qquad (9-1)$$

公式（9-1）中，EPS 表示 Earnings Per Share，即每股收益。P/E 表示 Price Earnings Ratio，即市盈率。

表 9-10 是对苹果公司企业价值的测算，可以看出苹果公司从机皇战略向机海战略变革短期对企业价值造成了负面影响。2013 年之前，苹果公司整体企业价值逐年上涨，一度达到 6544.57 亿美元，但 2013 年公司开始实施机海战略后，企业整体价值下降为 4186.34 亿美元。2016 年苹果公司继续推动机海战略，当年企业价值较前年再次下降。由于企业实际的 EPS 因为经营能力的提升和经营

---

① Wind 金融终端苹果公司数据库，深度资料，杜邦分析。

状况的改善有了较大幅度的增加，加之市场对其整体发展的前景持看好态度，企业价值从 2018 年一举突破万亿美元。

表 9-10　　　　　　　　　苹果公司企业估值分析表

年份	实际 EPS①	P/E 一致性预测②	企业发行股数（亿股）③	企业价值（亿美元）
2007	4.04	42.59	8.76	1507.28
2008	5.48	24.69	8.89	1202.83
2009	6.39	31.57	9.01	1817.61
2010	15.41	27.51	9.17	3887.43
2011	28.05	15.88	9.29	4138.08
2012	44.64	15.58	9.41	6544.57
2013	40.03	11.62	9.00	4186.34
2014	6.49	15.65	58.65	5956.99
2015	9.28	12.89	55.75	6668.77
2016	8.35	12.71	53.32	5658.77
2017	9.27	17.06	50.87	8044.90
2018	12.01	19.43	47.45	11072.66

综上所述，由财务效果的各项分析可知，在进行了产品战略变革之后，苹果公司在短期数据上出现了一定程度的下降，但是在中长期体现出了很强的竞争力，并且财务指标表现良好，取得了市场对其战略变革的广泛认可，很好地适应了行业以及资本市场的发展要求。

3.2　苹果公司战略变革非财务效果评价

3.2.1　市场占有率分析

如图 9-5 所示，公司推进机海战略对 iPhone 的市场占有率产生了影响。

---

① Wind 金融终端苹果公司数据库，深度资料，每股指标。
② Wind 金融终端苹果公司数据库，深度资料，PE/PB-Band。
③ 同花顺金融网苹果公司，股本结构历史变动，网址 http://stockpage.10jqka.com.cn/AAPL/equity/#change。

2009—2012 年，iPhone 的手机市场占有率都呈现上涨趋势。但在 2013 年苹果首次推出两款手机，2016 年首次推出 3 款手机，这两年 iPhone 市场占有率均出现了下滑，该趋势不能被每年发布新产品的第四季度带来的突增所掩盖。iPhone 的市场占有率下降主要受美国之外的市场影响，一方面是因为 iPhone 变得越来越贵而用户的更新周期变长，另一方面则确实体现苹果公司向机海战略变革导致了部分用户的流失。

图 9-5　全球 iPhone 市场占有率图①

iPhone 在发达国家市场，如英国、德国、法国、意大利、西班牙等欧洲国家以及日本这一亚洲国家的市场份额下降，又在发展中国家如印度市场迟迟不能打开局面，共同造成了 iPhone 市场份额受挫。对战略变革可能面临的风险早有考虑，苹果公司才选择渐进性的方式实施机海战略，尽管市场占有率短期受到了一定的影响，iPhone 依然是手机行业利润最高的品牌。由于苹果公司的手机销售数量不断被竞争对手赶超，iPhone 的市场份额俨然成为自身的短板，苹果公司决定从 2019 年起不再公布各产品的销售数量。

3.2.2　技术创新分析

从公司技术创新的角度来看，苹果公司研发费用的增大使苹果公司旗下产品的认可度提升，营业收入更有保障。自 2017 年以来，苹果公司的研发投入始终处于上升通道，但其占营业收入比例却先减后增，在 2012 年苹果公司从机皇战略向机海战略变革前，研发费用占营业收入的比例从 3% 降到 2%；变革之后，

---

① 市场研究公司 Gartner，网址 https://www.gartner.com/en。

该比例从2.2%逐年上涨至5.4%，其研发投入的力度可见一斑。苹果公司开始实施战略变革之后，日益重视研发投入，其营业收入也得到了有力保障，因此巨大的研发投入也对苹果公司的发展贡献巨大（参见图9-6）。

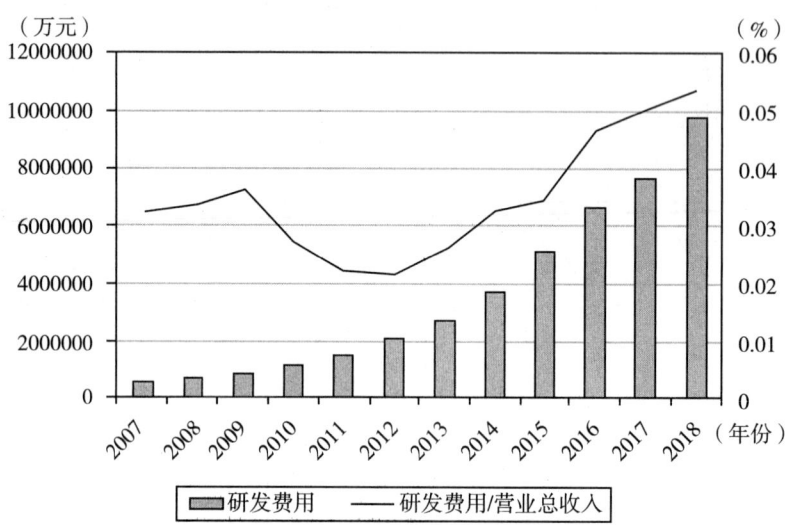

图9-6 苹果公司研发费用与其占营业收入比重图①

3.2.3 波士顿矩阵分析

波士顿矩阵是常用的分析一个公司产品组合的工具，它以两个关键指标建立坐标轴：市场增长率用来衡量产品的前景，相对市场占有率②则以竞争对手为尺度来反映产品的市场竞争力。两个关键指标分别以10%和1.0③为界限将公司产品划分为四种类型：第一，明星产品，高市场增长率、高相对市场占有率，受到消费者追捧且前景广阔；第二，现金牛产品，市场增长率低但相对市场占有率高，这类产品能帮助企业赚钱但是没有可持续性；第三，问题产品，市场增长率高但相对市场占有率低，这种产品具有发展空间但是尚未在市场上流行；第四，瘦狗产品，低市场增长率且低相对市场占有率，这类产品在市场上既不

---

① Wind金融终端苹果公司数据库，深度资料，财务摘要。
② 以企业某项业务的市场份额与该业务市场上最大竞争对手的市场份额之比来表示。iPhone市场份额选取三星为最大竞争对手，Mac市场份额选择lenovo为最大竞争对手，iPad市场份额选择三星为最大竞争对手，iTunes市场份额以亚马逊对最大竞争对手。
③ 企业某项产品的市场份额与最大竞争对手市场份额相等。

受欢迎也没有潜力。

如表 9-11 和图 9-7 所示，iPhone 销售额增长率较高但市场占有率无法与竞争对手抗衡，属问题业务；iTunes 销售增长率和相对市场占有率都较高，属明星业务；iPad 具有竞争对手难以比拟的相对市场占有率，但销售增长率较低，属现金牛业务；Mac 销售增长率和相对市场占有率都较低，属于瘦狗业务；iPhone 虽然是苹果公司收入的主要来源，但却是问题产品，只有在保持销售增长率的同时提高市场占有率，才能真正成为明星产品。

表 9-11　苹果公司产品线销售增长率与市场增长率表①

产品	iPhone	Mac	iPad	iTunes
销售额（万美元）	16669900	2548400	1880500	3719000
销售增长率（%）	17.96	-1.42	-2.17	24.05
相对市场占有率（%）	63.16	29.58	200	110

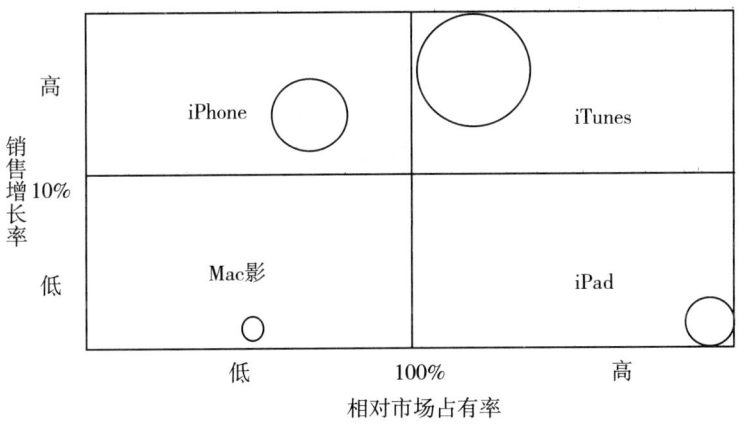

图 9-7　苹果公司产品波士顿矩阵图

3.2.4　股价波动分析

对于苹果公司从机皇战略向机海战略变革的股价变动分析，本书采用事件研究法考察本次战略变革的效应。在手机新产品发布的前几个月，就已经传出

---

① Wind 金融终端苹果公司数据库，深度资料，主营构成；市场研究公司 Gartner，网址：https：//www.gartner.com/en。

苹果公司将实施机海战略,扩大新手机款式的消息,但市场对新手机的最真实反应是用户在接触新手机后是否满意,因此本书选择手机新发布日 2013 年 9 月 10 日①和 2016 年 9 月 8 日②作为事件日。

本书选择的考察期限是事件日的前 15 个交易日和后 15 个交易日,通过市场调整模型考察超额收益率和累计超额收益率这两个指标。以当天市场指数为正常收益率,即道琼斯工业平均指数为市场指数。

相关计算公式:

超额收益率 = 苹果公司日收益率 − 道琼斯工业平均指数日收益率　　(9 − 2)

超额累计收益率 = $\sum$ 超额收益率　　(9 − 3)

在本案例中,第一事件日前 15 个交易日为 2013 年 8 月 19 日至 9 月 9 日之间的交易日,后 15 个交易日为 2013 年 9 月 11 日至 10 月 1 日之间的交易日。

由图 9 − 8 可以看出,在 2013 年 9 月 10 日前 15 个交易日内,苹果公司股价日收益率和道琼斯指数日收益率保持稳定,几乎没有产生超额收益率和累计超额收益率,9 月 10 日后 15 个交易日内,苹果公司股价先大幅度下降后小幅度上

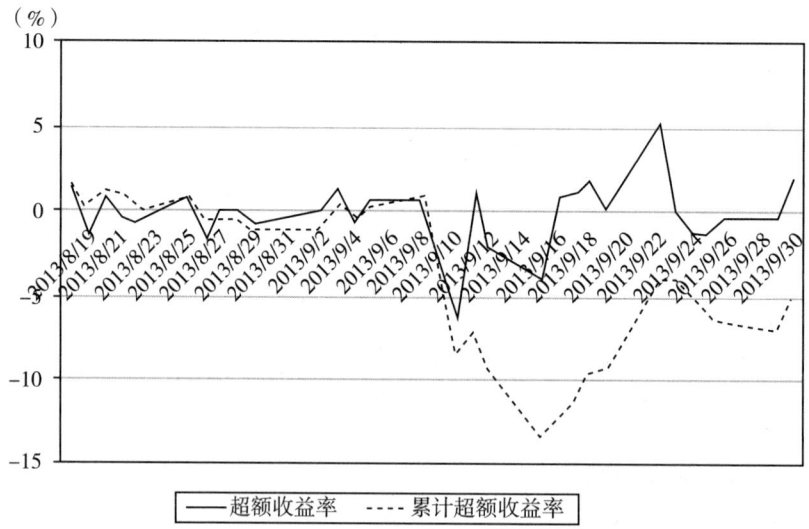

图 9 − 8　苹果公司第一事件日附近超额收益率和累计超额收益率图

---

① iPhone 5s 及 iPhone 5c 于 2013 年 9 月 10 日发布。
② iPhone 7 及 iPhone 7 Plus 于北京时间 2016 年 9 月 8 日发布,iPhone SE 于美国时间 2016 年 3 月 21 日发布。

升,导致超额收益率先负后正,累计超额收益率一度扩大到接近-15%,之后逐渐上升到-5%附近。这也说明了市场对苹果公司初次向机海战略变革视为利空消息,造成了股价短期的下跌,但是苹果公司的股价很快就重回正轨。

在本案例中,第二事件日前15个交易日为2016年8月19日至9月9日之间的交易日,后15个交易日为2016年9月11日至10月1日之间的交易日。

由图9-9可以看出,在2016年9月8日前15个交易日内,苹果公司股价出现小幅度下降,出现了微小的负累计超额收益率,9月8日后15个交易日内,苹果公司股价先出现了两天的下跌,然后开始了连续4天的上涨,超额收益率最大接近4%,之后股价保持稳定,累计超额收益率一度上涨到8%附近,之后下降到5%附近。与第一时间日相反,苹果公司在2016年继续推进机海战略的行为被市场视为利好消息,新手机的发布刺激了股价的上涨,这一定程度上说明苹果公司的机海战略得到了市场的认可,其战略变革的阻力在变小。

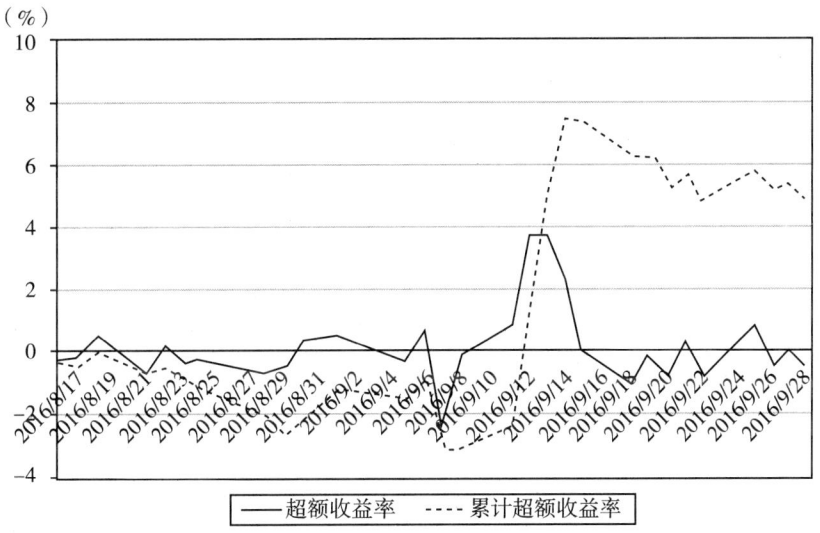

图9-9 苹果公司第二事件日附近超额收益率和累计超额收益率图

案例 10：O2O 平台的 E + 盈利模式： 58 到家用户免费、企业收费

案 例 概 览

随着互联网信息时代的到来，线上与线下信息的传递、互动显得尤为重要。58 到家的建立正是一种推动线下与线上交流的平台，通过建立闭环的信息平台，使顾客和服务直接连接，解决了原有的 58 同城只提供分类信息的问题。

该商业模式有以下三个特点：一是重构了企业内部传统的运营成本，使其重新分配到员工和顾客手中，二是转变了传统的盈利模式，而且劳动者通过技能不断提升换取更丰厚的报酬，帮助和解决了地区就业，三是通过标准化的轻资产管理能够更好地实现信息闭环。针对其特点，O2O 模式未来发展方向应注重专业技能的培训和市场需求的甄别。

因此本书以 58 到家为例，重点研究 E + 服务下的 O2O 综合平台模式，并对该电子商务模式盈利结构的特点进行总结，对于互联网企业建立良好的信息传递、互动平台，以及合理降低互联网企业运营成本、优化企业盈利结构有重要的借鉴意义。

1 案例企业背景——58同城与58到家

1.1 58同城简介

58同城是一个分类信息网站,相当于是一个生活服务信息的平台,它的价值就是将背后信息的需求与供给进行结合。它创立于2005年12月,以为用户提供"本地、免费、真实、高效"的生活服务为宗旨,其服务覆盖生活的各个领域,提供房屋租售、招聘求职、二手物品买卖、二手车交易、宠物、票务、旅游、交友、餐饮、娱乐等多种生活信息。截至目前,58同城的网站内容已经覆盖全国约380个城市。

1.2 58同城发展现状

1.2.1 "用户免费,企业收费"的盈利模式

58同城采用"用户免费、企业收费"的盈利模式,个人用户免费发布生活服务信息,注册的会员或企业发布信息需要收费。它的收入主要来源于三部分:一是会员费收入,付费会员规模大幅度增加,如表10-1所示,会员费收入从2012年的4790万美元增加到2014年的13950万美元,占总营业收入的52%,形成58同城的盈利增长点。二是在线推广收入,包括商家投入广告信息的相关业务如精准推广、置顶服务等,这是传统的互联网企业盈利模式,2014年上升

至 12500 万美元，占营业收入比重为 47%；三是其他收费项目的收入，例如以团购为主的服务，主要靠收取交易佣金，随着 58 同城对该业务的投入减少，其产生的盈利逐渐降低，从 2012 年的 1070 万美元下降至 50 万美元。

1.2.2 市场营销费用为主的成本结构

58 同城的成本结构主要包括营业成本、市场营销费用、研发费用和管理费用，其中，营业成本只占总成本的极少部分，而市场营销费用在 2014 年为 18010 万美元，占据营业费用的 70%。58 同城的市场营销费用主要由用户推广费和商家推广费构成。用户推广费是指 58 同城通过线上线下的广告进行宣传推广与竞争对手争夺市场份额。在 2012 年及 2013 年用户推广费不超过 3000 万美元，而随着信息分类网站的增加，58 同城需要投入大量资金吸引用户，在 2014 年上升至 7340 万美元，占总市场营销费用的 41%，是 2012 年的两倍。商家推广费包括线下代理人团队、进行信息审核及投诉的呼叫中心等系统的支出，随着平台信息不可靠程度的加深，处理信息不真实带来的成本导致该部分费用在 2014 年上升至 10670 万美元，占总市场营销费用的 59%，是 2012 年的两倍。具体如表 10 – 1 所示。

表 10 – 1　　　　　　　　　58 同城财务数据　　　　　　　单位：百万美元

项目		2012 年	2013 年	2014 年
营业收入		87.1	145.7	265
收入来源	会员费	47.9	85.7	139.5
	在线推广	28.5	58.5	125.0
	其他服务	10.7	1.6	0.5
营业成本		10.4	8.5	13.8
营业费用		108.0	122.7	244.5
其中：市场营销费用		76.5	84.5	180.1
市场营销费用结构	用户推广费	25.1	22.7	73.4
	商家推广费	51.4	61.8	106.7
净利润		-30.4	19.6	22.6
市场份额（%）		38	49	40.6

1.2.3 58同城面临的挑战

58同城模式的关键在于"广度"。58同城作为分类信息网站，发展模式是横向的，涵盖范围十分广泛，业务扩张几乎不受地域限制，可依赖互联网的平台快速复制到各个城市中去，扩张成本基本就是各地的销售人员。但是由于信息分类网站的局限性，58同城逐渐显现出了很多缺陷：

首先，58同城的收入来源受限。58同城搭建的平台并不是闭环，用户获取信息后没有提供更进一步的交易服务，只能以需求比较集中的租房、招聘、二手的相关信息为主运营，不能在更多的细分领域上形成充分的市场规模。因此收入来源只能依靠提供信息的直达，要想提高收入必须扩大付费会员以及在线推广的规模，而没有其他现金流入方式。

其次，58同城的用户推广成本大幅增加。58同城在信息提供的路径上容易受到欺诈的影响，而且没有相应的用户评价反馈机制。信息的真实性往往是用户首要关注的焦点，基于不信赖的因素用户可能会转向其他细分垂直领域的信息提供商，导致用户量的下降。而58同城要想提高用户量就必须加大投入大量人员和资金进行人工审核，增加了用户推广成本。

最后，58同城市场竞争力逐渐下降。细分垂直领域的O2O平台模式不断涌现，提供上门服务的互联网企业的品类变得越来越多，市场正在逐渐细分化，如果在本地生活服务行业中58同城仅仅提供信息分类服务，会逐渐失去市场份额。

2 E+下58到家O2O盈利模式的实施

2.1 58到家简介

在内外部双重压力和生活服务发展趋势的引导下，结合自身在二手交易市场的流量优势，58同城选择了到家服务作为发展的方向。2014年7月，该项目开始启动，11月20日，58同城正式宣布成立新的品牌——58到家。58到家构建了一个以居家场景为核心的上门服务体系，采取构建线上平台直接连接劳动者和用户的方式，并定义服务流程和价格，目标是为用户提供方便、放心、实惠的标准化到家服务。58到家主要提供家庭保洁、上门美甲、搬家速运三大服务，并且它允许用户在手机端就近寻找阿姨、搬家师傅、维修师傅、美甲师等各个服务门类的服务人员来提供到家服务，是典型的上门类O2O平台模式。

目前，58到家在北京地区已经开通了8个品类的服务，包括家庭保洁、清洗/养护、家庭做饭、上门美甲、车内空气净化、搬家、维修、开锁/换锁。而在其他12个城市中只开通了部分服务。在每一项服务中，58到家的APP展示给用户的是：透明的、完全标准化的价格细则，与服务人员相关的一系列信息，包括距离、排期、评价等。用户下单后，58到家将根据服务人员的评价和距离派一位最合适的给用户。服务结束后，用户则需要给服务人员做出评价，58的客服也会定期做电话回访。

2.2　O2O平台模式分析

O2O平台模式，即Online To Offline（线上到线下），是指将线下的商务机会与互联网结合，让互联网成为线下交易的前台。它的核心就是把线上的消费者带到现实的商店中去——消费者可以在线上筛选线下的服务、成交、在线支付、结算，然后自主去线下享受服务。它与传统的信息分类平台不同的是通过直接连接用户和服务而搭建一个闭环信息平台。如图10-1，O2O模式共有4个环节：线上撮合、线上支付、消费反馈、线下消费，通过这4个环节的过程形成了闭环的信息平台。相对于传统的线下搬家公司和家政公司，O2O模式通过去掉了层层中介，直接连接劳动者和用户，降低企业的运营成本，还可以让用户享受更低廉的价格和更高质量的服务，也让劳动者获得更高的回报。

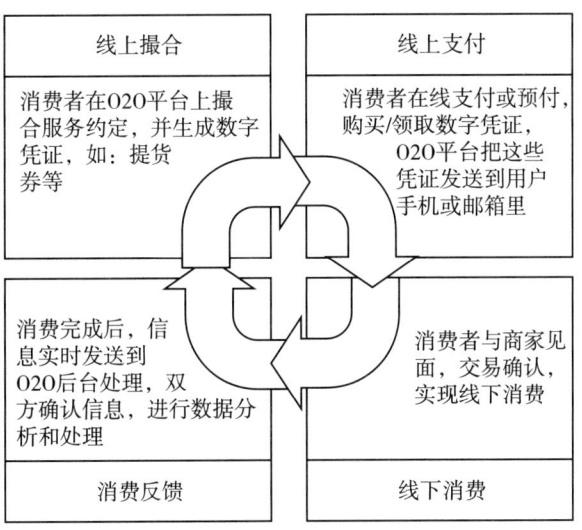

图 10-1 O2O 模式的闭环信息平台

2.3 58到家盈利模式分析

2.3.1 "基础服务免费、增值服务收费"的盈利模式

58到家现阶段采取"基础服务免费、增值服务收费"的盈利模式,收入主要来源于线下服务的中介费用。对一般的基础服务人员并不收取中介费用,只有在服务人员通过培训提高专业技能达到高一级别的标准后,从高于行业平均年收入水平部分中收取一部分中介费用。58到家也采用了类似转型前的会员费收入模式,但这部分在初期阶段创造的收入极少。58同城转型到58到家,收入主要来源从会员费、在线推广费和其他收费项目等线上收费转为了服务中介费的线下收费。

2.3.2 降低中间费用的成本结构

重构传统的运营成本模式对58到家来讲很重要,在传统的模式下,实体门店的租金成本占了运营成本的绝大部分,此外是服务人员的工资,因此除去这两部分后企业的利润所剩无几。而如果建立一个在线平台,绕过传统门店,一端直接吸引服务人员,另一端吸引用户,这样会减少大概30%成本,而这节省下来的成本一方面补贴给服务人员,使他们的收入提高。另一方面再返给用户,使消费价格更便宜。

如表10-2,以家政服务业为例,传统的家政服务是以中介机构为平台,服务人员通过中介机构的中间桥梁作用介绍到用户家中。然而作为中介机构,其运营成本的大部分来自服务人员的薪酬、房屋的租金以及中间的流通费用,假设家政服务业的毛利为30%左右,那么这部分成本就会有20%,最后商家得到的净利润只有10%。通过建立在线平台直接打通服务人员和用户则完全不需要租金和中间费用的付出,相比之下就会减少5%~20%的成本。

表10-2　　　　　　成本结构的转变(以家政服务为例)

	毛利	运营成本	净利润	形式
传统	30%	20%	10%	家政中介
O2O	30%	10%~15%	15%~20%	直接上门

因此,运营成本结构的转变主要包括三个方面:店铺的租金成本、中间流通费用和推广的成本。第一,降低了商家的租金成本。O2O模式在一定程度上降低了商家对店铺地理位置的依赖,利用互联网络的宣传优势,将有效的信息发到网上,消费者就可以筛选出需要的商家,消费者看重的是商家的产品信息,而不会对商铺的地理位置太过看重,这样商家就不必在客流量大的繁华黄金地段选址来吸引顾客,也就省去了高额的店面选址和租金成本。第二,降低了中间成本。O2O模式缩短了中间渠道,而且在很大程度上免去了繁杂的销售流程和快递物流成本,因此可以大大降低中间的流通费用。第三,降低了推广成本。O2O模式利用网络的优势,节省了营销推广成本,对消费者而言,也意味着可以享受到更丰富、更全面和更及时的商家折扣信息,也能够快速筛选并订购适合的商品或服务,在提高用户自身的体验的同时也大大降低了消费支出。

从图10-2中可以看到,原有的传统成本结构中占据主要部分的房屋租金、中间流通费用和推广费用在O2O模式下大大降低,因此员工薪酬的比例得到了很大的提升。

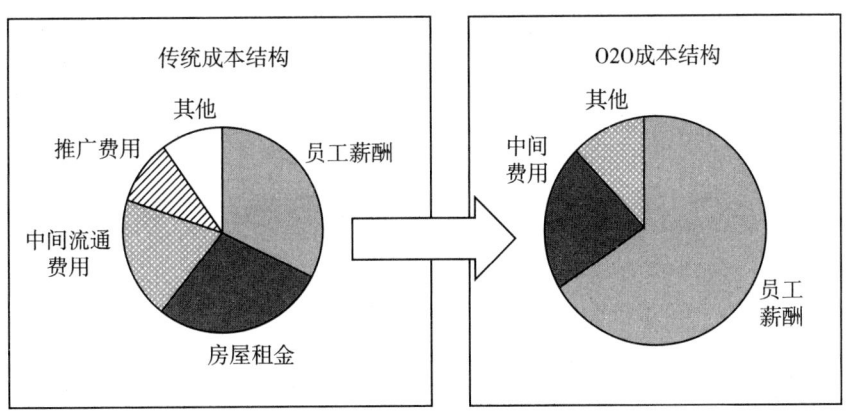

图 10－2　成本结构的转变

2.4　58 到家带来的转变

58 到家通过转型创造了企业、服务人员、用户的三赢局面,为企业带来新的收入来源,节省的成本重新分配到服务人员和用户手中,为服务人员带来更高的工资、为用户提供更低的价格。

首先,58 转型改变了企业的盈利模式。58 同城的转型使其收入不再单纯地依赖广告的投入和推广,转向以收取服务的中介费用为主,以服务为主的轻资产变成企业的核心价值。O2O 的商品主要是服务,可以在短期内收到即时的收益。企业可以通过控制服务的水平和标准来实现收入增长。

其次,58 转型提高了服务人员的收入水平。相比于传统中介机构,互联网平台更加透明化和标准化,服务人员通过提供服务获得报酬,而 58 到家作为中间平台只收取部分中介费用。在现阶段"基础服务免费、增值服务收费"的模式下,提供基础服务的服务人员并不需要交中介费用,服务者在通过培训提升专业技能通过提高收费标准后还可以赢得更多的报酬,该模式促使服务人员不断地提升技能水平与服务质量。

最后,58 转型优化了用户的决策成本。O2O 平台提供了公开透明的交易流程和标准规定的交易价格,并且建立完整的用户评价反馈系统,通过用户的反馈将服务质量的好坏透明化,很大程度解决了平台信息不可靠的问题。因此,

58到家不仅在服务价格方面，也在服务质量方面降低用户的决策成本。

3 E+下58到家O2O盈利模式的经验

3.1 识别市场需求

对于一线城市而言，58同城需要解决的是优质服务人员的数量和标准，以及如何区别传统行业切入市场，而对于二三四线城市，需要解决的问题还有需求离散和市场规模。

一线城市生活节奏极快，客户更加注重对生活品质的提升，对价格不是很敏感，上门家政的需求是高度密集在富裕片区的，这部分消费者显然更为重视的是体验和专业的服务。这也是上门家政不得不争夺的高毛利市场。因此决定这个市场胜负手的关键，在于服务人员的数量和专业技能。而对于其他城市而言，要识别市场中存在的真正需求，而不仅仅是伪需求，如果市场中的用户并没有形成刚性消费，那么企业通过加大投入而改变消费者的习惯就很能做到持续的增长。

3.2 轻资产标准化运营模式

58到家建立的是一个将顾客与服务直接连接在一起的平台，而该平台的关键问题是服务的质量与服务的能力，因此对于这种以服务为重点的轻资产管理应该采取标准化的运营模式，也就是通过标准化的服务制定标准化的价格表，使顾客通过APP下单时更好地进行选择以及在完成服务时更好地反馈及评价。

进行标准化管理的运营模式主要有以下两点原因：

一方面，O2O 模式的好处在于可以快速地撮合交易，虽然成单的概率尽管可能很低，但是因为有足够的用户规模，成单规模则不可小窥。这样的平台模式，对劳动提供者大都采取的是招募制，不会内化成自己的员工，一是可以降低自己的成本，二是能够引入足够规模的社会化员工快速的形成服务交付能力，满足尽可能多的用户的多样性需求。对招募制下产生的员工，要快速地提高技能水平，最好的办法就是通过培训达到标准要求。

另一方面，作为主要承担交易撮合的平台方，对质量的控制会存在很多风险。比如劳动者的生产工具质量控制、服务响应时间控制、服务技能控制，受限于规模庞大的社会员工，平台如果想做到精细化的质量管理，就面临巨大的时间、专业知识、资本三方面的困境。作为服务产品本身，由于其主要依赖于劳动者的专业技能和职业精神。这也就决定了 58 到家在最开始的服务是以基础的家政服务为起点的，因为其并不包含复杂的专业技能，可以通过统一标准、统一价格、统一规定来进行约束，也更利于客户进行评价反馈，建立完整的监督机制，完成信息闭环。

3.3 提高专业化服务

58 到家所建立的是一个综合平台模式，与其他细分垂直领域的上门服务相比涵盖的范围更加广泛，所以难以做到垂直方向的深化，只能追求用户的规模扩大。因此未来上门经济业态将是以轻服务为主，客单价较低、以劳动力和专业知识销售为主、日常消费频次较高的产品为主。

因此，在未来的发展方向上，58 到家仍然应该以培训为主，提高专业人员的服务能力和服务质量。由于 58 到家轻资产管理的特点，要求服务做到标准化管理，因此 58 到家只靠简历库里的信息是不够的，为了保证为用户提供高品质的服务，58 到家要对自身的家政人员在服务水平、业务能力上进行专业培训，从而达到服务标准化的目标。虽然培训的巨额投入会使得 58 到家业务的前期运营成本高昂，但通过制定标准化服务和培训机制，实现规模化扩张，逐步扩大一二三线城市的用户规模，实现盈利。

58 同城的信息服务平台只是完成了用户获取服务的第一步，而搭建 58 到家这样的 O2O 综合模式平台才可以有能力做闭环的垂直信息服务平台，并占领市场。也就是说，通过 58 到家的平台把线上的营销、宣传和客流引到线下，再将线下用户引到线上，在线上交流反馈消费体验，从而形成线上与线下的闭环。而采用 O2O 综合平台模式，可以有效地重构企业内部成本结构，将实体门店的租金费用、中间流通费用和推广成本中节省下来的部分重新分配到员工与消费者身上，提高员工积极性和顾客满意度，提高资源的利用效率。

O2O 的核心价值之一，就是把互联网信息流的高效率传递应用到传统的服务业中，比如通过客户的评价可以使员工服务效率、水准、能力都得到提高，同时让消费者得到实惠，体会到服务质量的提高。因此，将这个新兴的商业模式打造成一个安全、可靠的商业闭环，真正做到降低成本、重构新型的盈利模式才是企业采用 O2O 模式的最终目标。

第三篇
管理会计工具应用小案例

案例卡片一：武钢集团间歇式生产的运用[①]

（一）案例背景

武汉平煤武钢联合焦化有限责任公司（前身为武钢焦化厂、武钢焦化公司，以下简称"焦化公司"）是由武汉钢铁（集团）股份有限公司与平顶山煤业（集团）有限责任公司（现为中平能化集团）联合组建而成的全国首家煤钢联合焦化企业，公司于2008年6月28日正式挂牌成立。焦化公司是生产冶金焦炭和多种化工产品的大型现代煤化工企业。1958年建成投产，为武钢炼铁炼钢等后工序提供冶金焦炭和焦炉净化煤气，并从焦炉荒煤气中回收、精制生产化工产品。

2013年8月14日至8月23日，武汉平煤武钢联合焦化有限责任公司化产三分厂苯加氢作业区根据轻苯原料库存状况，精心安排停产检修10天，10天里降成本98万元。这是该公司优化生产、降低成本所采取的一项举措。

（二）间歇式生产的运用

规模经济理论是指在一特定时期内，企业产品绝对量增加时，其单位成本下降，即扩大经营规模可以降低平均成本，从而提高利润水平。其根源在于，随着生产规模的扩大，生产资料价值在更大数量产品上分摊而带来的单位产品

---

① 岳兵，吴恒喜. 公司苯加氢"间歇生产"降成本，http://www.ucoking.com/plus/view.php? aid=400.

生产成本的节约。

间歇生产就是当生产始终处于供产非协调状态时，生产进行适当的歇息，降低机械损耗、节约能源，在原料充足的情况下再进行生产，提高生产效率，实现规模效益。焦化公司根据自己的实际情况，合理的确定了间歇生产工作制度。

化产三分厂的武钢苯加氢装置于 2009 年 11 月份投产，以轻苯为原料生产加氢苯等产品。该装置实际产能为 10 万吨，由于原料来源等原因，一直以来产能只有 7.6 万吨。针对该装置"吃不饱"的状况，几年来，该公司曾采取"长期作战"的战术——让其长时间而且按 7.6 万吨的低负荷生产。虽然"饿着肚子"工作，但每天还要消耗水、电、蒸汽 9.8 万元。此外，该装置的自动化程度很高，如果某个部位出现了故障，其他部位也要跟着停摆。每次处理故障，然后又利用几天重新开工，这样的损耗也比较大。

公司决定从 2013 年 7 月底尝试让其按 10 万吨的产能进行满负荷生产，在原料不足的情况下，则让其停下来"歇息"，避免"看起来是成天干活，实际效率不高，消耗又大"的情况。

（三）运用间歇式生产的点评

焦化公司间歇生产工作制度的确定，给其带来多重好处。首先，长期的非满负荷生产会带来设备易损坏、安全风险高等一系列问题，而在装置停下来的时间里，设备可以得到适当的休息，降低了机械的损耗。分厂和作业区的干部职工可以利用这个机会对设备进行维护、对隐患进行整改，从而降低安全风险；其次，工厂节约了能源、降低了产品成本，据测算，装置"休息"的 10 天里，节约了水、电、蒸汽等能源介质消耗 98 万元，同时，工厂进行满负荷生产，提高了产品产量，从而摊薄了成本，单位成本降低；最后，职工在得到适当的休息同时，工厂还可以对职工进行培训，以提高职工的专业技术能力。

该公司化产三分厂有关负责人介绍，根据实际生产需要，公司可能 3~4 个月要让苯加氢进行一次间歇生产。合理的间歇生产可以有效地提高生产效率、降低机械磨损、节约能源、降低产品成本。该生产工作制度主要适用于生产时始终处于供产非协调状态、生产可中途停止的工厂。

案例卡片二：美国伯利恒钢铁厂作业管理的运用

（一）案例背景

19世纪末的美国，工业化发展已经达到相当高的程度，生产规模与科学技术迅速发展。由于生产专业化、社会化程度的提高以及竞争日益激烈，管理效率的重要性日益凸显。人们缺乏科学的管理方法和技术，劳动生产率增长缓慢，同时劳资关系日趋紧张，工人缺乏生产积极性，"磨洋工"现象普遍存在。如何有效地提高劳动生产率，已经成为各个企业共同关心的问题。

泰勒是美国古典管理学界，科学管理的创始人，被管理界誉为科学管理之父。作业管理是泰勒科学管理的基本内容之一。

（二）作业管理的运用

作业管理是由一系列的科学方法组成。首先，制订科学的工作方法，制订各种标准，指导生产、改进生产管理；其次，制订培训工人的合理的方法，挑选合适的人，教他们合理的工作方法，最大限度地挖掘他的潜力；最后，实行激励性的报酬制度，实行差别工资制，让员工干得越多，收入越高。

泰勒通过三次试验，提出科学的管理理论，三次试验的具体内容如下：

铁锹实验，泰勒在钢铁公司发现以下现象。当时，不管铲取铁石还是搬运煤炭，都使用铁锹进行人工搬运，雇佣的搬运工动辄达500~600名。在一次调查中，泰勒发现搬运工一次可铲起 3.5 磅的煤粉，而铁矿石则可铲起 38 磅。为了获得一天最大的搬运量，泰勒开始着手研究每一锹最合理的铲取量。泰勒找了两名优秀的搬运工用不同大小的铁锹做实验，每次都使用秒表记录时间。最后发现：一锹铲取量为 21.5 磅时，一天的材料搬运量为最大。同时也得出一个结论，在搬运铁矿石和煤粉时，最好使用不同的铁锹。进一步地，还设定了一天的标准工作量，对超过标准的员工，给予薪资以外的补贴，达不到标准的员工，则要进行作业分析，指导他们的作业方式，使他们也能达到标准结果，在 3 年以后，原本要 500～600 名员工进行的作业，只要 140 名就可以完成，材料浪费也大大降低。

搬铁块实验，泰勒从伯利恒钢铁厂开始他的实验。这个工厂的原材料是由一组计日工搬运的，工人每天挣 1.15 美元，这在当时是标准工资，每天搬运的铁块重量有 12 吨。后来泰勒观察研究了 75 名工人，从中挑出了 4 个，又对这 4 个人进行了研究，调查了他们的背景习惯和抱负，最后挑了一个叫施密特的人，这个人非常爱财并且很小气。泰勒要求这个人按照新的要求工作，每天给他 1.85 美元的报酬。通过仔细地研究，使其转换各种工作因素，来观察它们对生产效率的影响。例如，有时工人弯腰搬运，有时他们又直腰搬运，后来他又观察了行走的速度、持握的位置和其他的变量。通过长时间的观察实验，并把劳动时间和休息时间很好地搭配起来，工人每天的工作量可以提高到 47 吨，同时并不会感到太疲劳。他也采用了计件工资制，工人每天搬运量达到 47 吨后，工资也升到 1.85 美元。这样施密特开始工作后，第一天很早就搬完了 47.5 吨，拿到了 1.85 美元的工资。于是其他工人也渐渐按照这种方法来搬运了，劳动生产率提高了很多。

金属切削实验，为了解决工人的怠工问题，泰勒进行了金属切削实验。他自己具备一些金属切削的作业知识，于是他对车床的效率问题进行了研究，开始了预期 6 个月的实验。在使用车床、钻床、刨床等机床切削金属时，无论何时都必须决定适用什么样的刀具、用多大的切削速度，以便获得最佳的金属加工效率。

（三）运用作业管理的点评

作业管理以提高作业效率、降低生产成本为目的，其要点是研究工人操作的时间和动作构成；实习差别计件工资制；按标准操作方法对工人进行训练；明确划分管理职能和作业职能，使管理工作专业化。泰勒的三大试验可以说取得了巨大的成功，它提高了企业的生产效率、减少了生产成本。

目前，市场竞争日趋激烈，我国企业普遍生产效率不高，作业管理的方法运用可以使我国企业很好的提高生产力、降低成本，持续挖掘内部潜力。

案例卡片三：家乐福存货管理方法的应用

（一）案例背景

家乐福成立于 1959 年，是大卖场业态的首创者，是欧洲第一大零售商，世界第二大国际化零售连锁集团。现拥有 11000 多家营运零售单位，业务范围遍及世界 30 个国家和地区。自从 1995 年进驻中国的零售市场后，从最开始的不为人知到如今的人人知晓，家乐福无疑是给中国零售业界提供了一个很好的典范。

在百货零售企业中存货无疑是最重要的流动资产，组织好存货管理是保证经营正常运行的前提。存货管理从某种意义上来说决定了零售企业的订货水平高低，事实上存货就是流动资金的占用。

（二）存货管理方法的运用

存货管理就是对企业的存货进行管理，主要包括存货的信息管理和在此基础上的决策分析，最后进行有效控制，达到存货管理的最终目的提高经济效益。

家乐福的存货管理模式主要有以下几个方面：

家乐福拥有自己的商品管理信息系统，透过该信息系统的整理分析，家乐福可以了解消费者喜爱的商品和不喜欢的商品，然后再根据收银台的商品条码与进口商品的品项核对，找出畅销品及滞销品，充分掌握畅销品销售情况并分析。

家乐福有商品货架试卖的形式，假设卖得不好，那么如果货架长度原来是50cm，就会缩短为30cm，销售如果还上不去，将会继续缩减货架，通过汇总和分析刚上架的商品，监控每一件货品的实际销售情况，单位销售量和毛利率，不断的优化商品结构。

家乐福将产品分为ABC三类，存放物品按主次之分，并分类管理，将平均日销量大于8的商品定义为A类，4~8的商品定义为B类，小于4的商品定义为C类。根据这样的划分，有助于管理部门为不同的分类品种建立不同的存货战略。

家乐福本身有一个信息部门，自行研发出适用的信息系统，主要包括销售系统、订货系统、进货系统、存货管理系统、商品管理系统、会计系统、中央付款、IT管理等系统。其中P4（太平洋四号）系统是家乐福进销存中枢系统，它将供应商、物流中心、总部、各分店乃至所有电子资讯系统构造成一个完整的循环，具有整合各分店电脑IT管理、数据链接、存货、出货及品类管理等功能，也是家乐福总部掌握各部门情况的重要途径。

除此之外，家乐福还采用了能提高存货管理效率的商层货架、出入库输送机、叉车、托盘等存货设备。

（三）运用存货管理方法的点评

家乐福存货管理模式可以充分了解畅销品的销售情况，从而及时地找到处理方法，提高商品的流通率和资金的周转效率；可以很好地优化的商品结构，满足了顾客的需求变化，同时减少了资金的占用；可以更好地让管理部门给每一个不同的品种确立合适的存货方法，最大可能减少存货的积压；信息系统覆盖的信息非常广，细到每一个单品，每一个供应商，每一次进货、存货状况以及出货都能够查询，大大提高了家乐福库存管理效率；存货设备的使用加快了货物出入库的时间，提高了企业的经营效率。

家乐福在中国取得如此成就，离不开其优秀的存货管理模式，通过对畅销和滞销商品的管理、对商品的监控、ABC 分类法的运用、信息系统的运用、存货设备的使用，来达到提高经济效益的目的。家乐福的存货管理模式为我国百货零售商提供了很好的学习和借鉴经验。

案例卡片四：美国梅森医疗中心精益生产系统的运用

（一）案例背景

弗吉尼亚梅森医疗中心是美国华盛顿州西雅图市的一家著名医院。已经有 90 多年的历史。她的创立者是 6 位勇敢而富有远见的医生，他们的创始口号就是"团队医疗"。可以这样说，梅森医院与生俱来就有改革的"基因"，追求卓越，永不满足。

梅森医院已经发展成为一家有 300 多张病床、400 多位医生、多个分支机构和门诊部的大医院。然而在这时，梅森医院出现了连续两年亏损，这在梅森医院的历史上还是首次。显然梅森医院到了需要改革，需要创新的时候了。

（二）精益生产系统的运用

精益生产，是衍生自丰田生产方式的一种管理哲学，精益生产方式的基本思想就是在需要的时候，按需要的量，生产所需的产品。它的核心思想主要有追求零库存、追求快速反应、企业内外环境的和谐统一、人本主义、库存是"祸根"五个方面。弗吉尼亚梅森医院 CEO 卡普兰先生和医院的 200 名员工访问了丰田公司和雅马哈公司的生产车间。他们主要了解如何降低浪费上。按照精益生产体系的理论，共有 7 种浪费。在医院，最为严重的 3 种浪费分别是时间浪费，如患者等待医生或者是化验结果；库存浪费，即资料和信息超出需要；过度生产浪费，即产量超出了所需。

为了减少时间浪费，医院通过建立先进的就诊系统，完全消除了预约单积压。预约等待过长一直是医院的难题。建立先进的就诊系统有了详细的分析资料，医生们可以预先得知每天上午会有多少患者来就诊，并据此安排工作日程。同时，医院记载了接受物理治疗的患者的活动能力的活动挂图。活动挂图会说明患者可以做什么、不能做什么。每一位走进病房的护士或医生看到活动挂图就会清楚患者的情况，而不必再浪费时间寻找图表或者是询问问题。

此外，医生们每看完一位患者就会立即写下意见和建议，然后才去看下一位患者，而不是要等到一天的诊疗结束后再看厚厚的一摞病历。节省下来的时间可用于增加医生用在每一位患者身上的时间。

为了减少库存浪费，医院安装了在需要重新进货时给出信号的看板系统，控制了医院所保有的各种小册子的数量。医院过去会超出需要大量订购小册子，然后塞满橱柜，这一举措为医院节省了开支，也降低了过度储存小册子的混乱。

为了减少生产浪费，医院研制了标准的手术和检查用医疗器械托盘。在过去，未使用但已拆封的器械不得不被丢弃。同时，医疗中心将精益原理用于设计建造新的高压氧舱治疗中心。通过细致分析在现有的建筑物内找出场地建造新的中心。不仅节约 200 万美元的建造费用，而且更多的病人可以同时接受治疗，减少病人的等待时间。

（三）运用精益生产系统的点评

弗吉尼亚梅森医院建立精益生产系统后，一年内，加班和人工成本就减少了 50 万美元，生产率提高了 93%，医院的整体效率得到了极大的提升。

梅森医疗中心精益生产系统的运用对降低成本，提高质量效率，应对医院人力资源短缺和提高员工及患者满意度方面,均产生了良好的效果。我国的医疗体系以公有制为主,市场缺乏竞争,我国医院偏于注重医疗技术水平的高低,对医院管理重视不够,因此面临着诸多的难题,如组织机构臃肿,不增值业务过多,效率低下;医院在设施规划与布置方面不科学,导致病人要在不同的科室往返奔波、排队;缺乏有效的激励机制,导致医务人员缺乏积极性,服务态度欠佳等等。

精益管理的一个长期目标是追求长期的社会效益与经济效益的统一,我国医院的主体是以承担公益事业为主要任务的公立医院,以社会效益为长期发展目标。梅森医疗中心精益生产系统对我国医院提高管理水平具有很好的借鉴意义。

案例卡片五:中兴通讯财务共享服务中心的运用

(一) 案例背景

中兴通讯是全球领先的综合通信解决方案提供商。公司通过为全球160多个国家和地区的电信运营商和企业网络客户提供创新技术与产品解决方案,让全世界用户享有语音、数据、多媒体、无线宽带等全方位沟通。公司成立于1985年,在香港和深圳两地上市,是内地最大的通信设备上市公司。

中兴通讯公司规模逐步扩大、组织结构日益复杂,无论总部还是各分子公司的财务人员数量都在急剧增长,但与人员增加相对应的却不是服务和效率的提升,而是业务流程冗长、人员效率低下,财务运营成本不断增加。同时随着公司国际市场的不断拓展及国际业务的持续增长,对于财务支持提出了新的课题。哪种财务管理模式更有利于国际化业务拓展?一方面是从内部科学管理的需要出发,另一方面是为适应国际业务拓展的要求,双向驱动下,中兴通讯于2005年正式拉开建设中兴通讯财务共享服务中心的序幕。

（二）财务共享中心的建设

财务共享服务中心作为一种新财务管理模式正在许多跨国公司和国内大型集团公司中兴起与推广。财务共享服务是指将分散式的财务基本业务从企业集团成员单位抽离出来，集中到一个新的财务组织统一处理，这个新的财务组织——财务共享服务中心以业务伙伴的形式，通过网络为分布在不同国家和地区的集团成员单位提供标准化、流程化、高效率、低成本的共享服务，并为企业创造价值。

财务共享中心成功实施的一些因素非常关键。首先，实施共享服务成功的最重要因素是有效的管理创新和思维方式的改变，这需要高层管理人员、基层经理和工作人员强有力的支持。其次，共享服务在技术上要有统一的系统支持，企业的财务信息系统是实现财务共享服务的基础和保障，统一的ERP系统是保证共享服务平台顺利搭建的关键因素。最后，财务共享服务中心作为一个独立的运营实体，需要有一个非常好的商业模型。

中兴通讯实施财务共享服务一共经历三个阶段：

财务统一阶段。集团存在多个分、子公司，需要对子公司的基础会计编码、基础数据录入、业务处理流程、数据的集中度和报告的要求进行了统一的梳理和完善。通过实现四统一，即统一会计编码、统一会计数据、统一财务制度、统一财务流程，为下一步财务集中和流程再造打下了坚实的基础。

财务集中阶段。通过构建集中式网络化的新型财务系统，实现财务核算的电子化和资金管理的数字化、财务系统与ERP的无缝连接、财务业务一体化和协同化管理。经过整合的财务信息化网络平台，包括以ERP为核心的基础信息系统、与财务接口的业务系统、决策支持系统等，提高了财务信息的效率和质量。系统的整合为财务人员的集中和共享服务提供了可能。

财务共享阶段。财务的集中只是让人在异地处理原驻地的业务，仍然无法实现人员和信息的充分共享。通过借助先进的信息系统工具，例如影像系统、条码系统等，经过流程再造，共享服务中心将财务核算打造成一条流水线：按照有效的方式重新划分岗位，合并所有驻外机构和子公司的同质业务，成立了各专业费用组、账务组、资金组等，每个财务人员只需完成整个账务处理中的一个或某几个环节。财务核算工作变得更简单、更标准、分工更为细化，保证了业务效率和信息质量的可靠的同时，大量节省成本。

2006年2月，中兴通讯国内各地分、子公司财务核算人员全部剥离，集中到深圳，并在深圳为全国几万名员工的日常费用处理和几十个分支机构的财务业务提供共享服务，中兴通讯共享服务中心正式建立。

建立财务服务共享中心之后，富余的财务人员被安排到财务采购、研发、设计，到生产、销售各业务领域，成为公司业务的财务队伍，在公司整个价值链的过程当中发挥的作用。这支财务队伍不从事任何的财务业务，但是拥有与业务单位总经理相当的数据权限，不做政策，但是负责执行政策，负责反馈政策当中出现的问题。这批财务人员突破了传统的财务领域，发挥了更大的价值创造作用。

（三）建设财务共享中心的点评

中兴通讯对财务共享服务的人员成本和服务效率进行了调查统计，结果显示，第一，业务处理成本显著下降，成立财务共享中心后，国内财务基础业务处理人员由87人减少到43人，总成本也由原来的619万元减少到296万元，共节约323万元，每个单据所耗用的成本由15.35元降为4.34元。第二，财务运作效率大大提高。业务处理时效从原来需要6.2天，提高到现在仅需要3天即可完成付款到账，效率提高了50%。第三，标准化程度的提高，也使得基础业务处理能力从以前每天的1300单，提高到每天2000单的水平，工作效率取得显著提升。

中兴通讯通过建立财务共享服务模式取得如此大成效，主要有以下关键因素：首先，对财务组织进行变革，构建财务共享服务中心，同时增加了与之并行的两个部门：业务财务部、战略财务部；其次，建立集成网络财务系统，运用强大的信息系统来支持财务共享服务中心；最后，建立财务共享服务中心的考评体系，让每个财务共享服务中心的每个员工都有积极性创造价值。

中兴通讯的财务共享服务模式为正在探索如何构建企业集团财务共享服务，以及如何确立其关键要素和路径的我国企业集团来讲，具有一定的借鉴意义。

案例卡片六：海尔集团内部控制环境的建设

（一）案例背景

海尔集团是全球领先的整套家电解决方案提供商和虚实融合通路商。公司1984年创立于青岛，经过持续的创新，从一家资不抵债、濒临倒闭的集体小厂发展成为全球最大的家用电器制造商之一。

1984年，海尔年生产电冰箱740台，销售收入348万元，固定资产500万元，年亏损147万元，出口为零。当时企业面临的市场环境是，全国生产电冰箱的厂家近100家，国外产品蜂拥而入，各种牌号的电冰箱充斥市场，竞争十分激烈。面临如此严峻的形势，海尔通过不断健全自身内控管理体系，重视内部控制环境建设，使自己逐渐摆脱危机，并在短短几年，成为国内家电行业的旗舰。

（二）内部控制环境的建设

企业内部控制是现代企业管理的重要手段。内部控制有效与否，直接关系到一个企业的兴衰成败。控制环境是内部控制的关键。控制环境是指对建立、加强或削弱特定政策、程序及其效率产生影响的各种因素，主要是指重大影响因素。控制环境的好坏直接影响到企业内部控制的贯彻和执行以及企业经营目标及整体战略目标的实现。控制环境因素主要包括：员工的诚信度、道德观和能力；管理哲学和经营风格；管理层授权和职责分工、人员组织和发展方式；以及董事会的重视程度和提供的指导。

海尔集团内部控制环境的建设，主要体现在以下几个方面：

海尔集团注重建立自己的特色文化体系，树立自己的目标，从而在企业中形成很好的环境氛围。海尔文化的核心就是创新，目标是创中国的世界名牌，为民族争光。这使海尔的发展与海尔员工个人的价值追求完美地结合在一起，每一位海尔员工将在实现海尔世界名牌大目标的过程中，充分实现个人的价值与追求。

海尔集团的管理层积极开展组织变革，创新企业管理体系，实行 OEC 账表化管理，做到"日事日毕，日清日高，事事有人管，人人都管事，管人凭业绩，管事凭考核；坚持管理高质量，不做表面文章，注重管理实效，以法治厂，无一例外"。

海尔集团推行高效的人力资源管理制度，实现赛马机制，其具体而言，包含三条原则：一是公平竞争，任人唯贤；二是职适其能，人尽其才；三是合理流动，动态管理。在用工制度上，实行一套优秀员工、合格员工、试用员工"三工并存，动态转换"的机制。在干部制度上，海尔对中层干部分类考核，每一位干部的职位都不是固定的，届满轮换。

海尔集团推行合理的组织结构及明确的职责划分方法。海尔有一套层次分明、内容完整、责任明确的目标计划体系。每年 12 月集团公司根据市场变化情况和本年度目标完成情况，制订下一年度的总目标，然后将总目标分解到各个部门，由各个部门再分解为月度目标和计划，各部门将子目标分解为各车间控制的项目，由各车间再分解到每个岗位、每个员工每天的工作项目和责任。

（三）建设内部控制环境的点评

1984 年，海尔集团曾一度亏损 147 万元，濒临破产倒闭。目前，海尔 2014 年全球营业额实现 2007 亿元，同比增长 11%；实现利润 150 亿元，同比增长 39%，利润增幅是收入增幅的 3 倍，同时线上交易额实现 548 亿元，同比增长 2391%。

海尔集团通过内控控制环境建设，健全企业内部控制制度，取得如此大成效，主要有以下关键措施：首先，建立了自己的特色文化体系，树立明确了企业的目标；其次，积极开展组织变革，创新企业管理体系；再次，推行高效的人才资源管理制度；最后，推行合理的组织结构及明确的职责划分方法。

总之，海尔集团的成长离不开强有力的内部控制制度的支持，而内部控制环境的建设起到了关键的作用。

案例卡片七：英国希尔顿国际酒店平衡计分卡的运用

（一）案例背景

希尔顿国际酒店集团，为总部设于英国的希尔顿集团公司旗下分支。希尔顿国际酒店集团经营管理 403 间酒店，它与希尔顿酒店管理公司组合的全球营销联盟，双方旗下酒店总数超过了 2700 间，其中 500 多间酒店共同使用希尔顿的品牌，在全球 80 个国家内有着逾 71000 名雇员。

随着希尔顿国际酒店不断地发展壮大，以及市场竞争的日趋加剧，传统的企业绩效评价现已难以适应酒店发展的客观需要，为了弥补传统绩效评价中财务指标的不足，希尔顿国际酒店于 1997 年在酒店业率先引入平衡计分卡。

（二）平衡计分卡的运用

平衡计分卡是从财务、客户、内部运营、学习与成长4个角度，将组织的战略落实为可操作的衡量指标和目标值的一种新型绩效管理体系。设计平衡计分卡的目的就是要建立"实现战略制导"的绩效管理系统，从而保证企业战略得到有效的执行。

酒店行业最大的特点是服务性，它并不生产和销售有形的物质产品，而是凭借物质设施向客人提供一种无形的服务，客人最终得到的只是一种服务的效用和服务过程的一种体验。

酒店行业的特点影响着平衡计分卡的指标设计：财务层面的主要目标是实现酒店利润最大化；客户层面要求应该站在客户的角度来考虑酒店需要提供什么样服务才能满足客户的需求，提升客户的满意程度；酒店的内部业务流程决定着为客户提供的服务质量的高低，应该关注对客户满意度和财务目标有重大影响的内部流程方面的因素；平衡计分卡的学习与成长层面是实现财务层面、内部流程层面、客户层面目标的基础，学习与成长层面包括实施战略所需的组织资本、人力资本和信息资本。酒店人力资本方面主要是指核心人才的引进和保留，以及通过培训提高员工的综合素质。

希尔顿酒店平衡计分卡设计了4个维度及具体指标，主要体现在以下几方面：

第一，财务维度，设置了每间可用房收入、总收入、收入增长率、市场收入指数、息税前利润、净利润、利润增长率、应收账款回收率、成本降低率、低值易耗品节约率、能源消耗降低率、资产负债率、竞争对手相对成本、投资报酬率等指标。与时代的发展相适应，希尔顿酒店十分关注能耗、碳排放及可持续发展能力，率先施行环境报告系统，追踪每家酒店的相关表现，各家酒店的燃气用量减少了12%，用电量减少了3%。

第二，顾客维度，设置有市场占有率、顾客满意度、宾客意见卡、顾客回头率、新产品或服务开发能力等指标。顾客维度要求酒店以现有顾客及潜在顾客的需求为出发点，制订具体而准确的市场营销策略，在满足顾客需求的同时达到满意的财务业绩,实现酒店与顾客的双赢。

第三,内部运营维度,评价的一般指标有希尔顿标准、第三方公司质量调查、资本计划实现、服务等待时间等。希尔顿酒店认为,内部运营是酒店实现顾客满意、酒店利润或价值最大化的基础,是在激烈竞争的酒店业长盛不衰的关键,也是其改善战略业绩的重点。

第四,学习与成长维度,指标有员工的满意度、员工忠诚度、程序和激励机制、员工的创新能力、信息的反馈与沟通、员工的技能、IT系统、每年每人接受的培训课时数、员工流动率等。这是从人力资源、组织架构等方面评价酒店的战略绩效。

(三) 运用平衡计分卡的点评

据统计,2001年年末,希尔顿集团的市场收入指数从104%增长到106%,增长了2个百分点;顾客忠诚度从48%提高到53%,提高了5个百分点;顾客满意度由7分制的6分提高到6.25分,距离满分仅差0.75分;反映顾客回头率趋势的顾客忠诚度提高了12%;顾客保持从6%上升至56%;有效客房利润上升了2.7%;希尔顿EBITDA高于工业平均水平的300个基点;希尔顿平均毛利率较同业高出3个百分点。

平衡计分卡绩效管理的运用起到了极大的作用,财务维度体现业绩评价的宗旨,是战略绩效评价的落脚点或归结点,顾客、内部运营、学习与成长3个维度反映了影响和制约希尔顿酒店实现财务目标以及长远发展的内部因素和外部环境。

目前,我国酒店业绩评价普遍以财务评价作为主要手段,在非财务评价方面,尚未建立起一套科学完整和行之有效的方法。随着同行竞争加剧,消费者需求日新月异,酒店内部经营条件和外部环境都发生了巨大变化。希尔顿国际酒店使用平衡计分卡取得显著成效的成功经验,对我国酒店业科学运用平衡计分卡进行业绩评价具有很好的借鉴意义。

案例卡片八：桂冠电力 EVA 业绩评价的运用

（一）案例背景

广西桂冠电力股份有限公司创立于 1992 年 9 月，当时负责开发建设经营广西红水河百龙滩水电站，是全国第一家以股份制形式筹集资金进行大中型水电站建设的企业，是目前国内第二大水电上市公司。

长期以来，桂冠电力的绩效评价体系都以净利润为主，并没有考虑资本成本，忽视了权益成本的存在，从而导致管理层只考虑短期效益、不重视长期效益，造成投资失误、低效益投资等错误决策。为此，广西桂冠电力股份有限公司于 2008 年开始运用 EVA 对企业业绩进行评价。

（二）EVA 业绩评价的运用

EVA 是指从税后净营业利润中扣除包括股权和债务的全部投入资本成本后的所得。EVA 在一定程度上弥补了以净利润为中心的传统财务指标的片面性，可以更加真实可靠地评价企业的业绩，与传统的业绩指标相比，更具有现实的经济意义。

根据 EVA 的公式：EVA = 税后营业净利润 - 资本总成本，以及桂冠电力公司 2008—2012 年的财务数据得出这 5 年公司的税后营业净利润分别是 48.286 万元、71.551 万元、75.535 万元、78.371 万元、107.323 万元，而 EVA 分别是

-1.296 万元、18.331 万元、18.247 万元、18.354 万元、39.790 万元。

桂冠电力在实施 EVA 时，首先，在企业中不断强化 EVA 管理意识，对 EVA 体系及价值管理观念大力宣传和培训，让各级管理层和员工明白，任何资本都是有成本的；其次，在新的绩效评价中，利润总额指标仍然不变，EVA 取代原有的净资产收益率成为业绩考核的核心指标，占到 40% 的考核权重。从上面数据可知，由于扣除了资本成本，经济增加值普遍比利润水平低，甚至出现了利润为正数，但经济增加值却为负数的现象。说明表面上企业在盈利，但从资本投入成本的角度来说，股东是亏本的；最后，实践经济增加值考核办法，制订 EVA 挂钩工资的兑现方式，成立了 EVA 奖金库，在 EVA 薪酬方案中：固定基本工资和效益年薪占 45%，EVA 将近占 10%。将员工的激励性薪酬与股东创造价值紧密联系在一起，避免了传统激励机制只关注短期目标的弊端。

（三）运用 EVA 业绩评价的点评

EVA 在一定程度上弥补了以净利润为中心的传统财务指标的片面性，净利润只考虑债务资本成本，而忽略了权益资本成本。从净利润的角度看，桂冠电力的企业业绩在逐渐变好，但如果结合 EVA 来看，企业所创作的价值与巨大的投资成本显然不符，可以说明 EVA 比传统的业绩评价指标更能深刻的揭示企业的效益和效率以及企业的价值创造能力。

EVA 在桂冠电力公司的运用更好地反映了企业业绩水平，并为企业的管理者提供更为真实、可靠地会计信息。这也为其他企业引用 EVA 评价体系提供了很好的经验：第一，EVA 管理的推进，企业高层管理领导的决心非常重要，要得到管理层和员工的认可；第二，企业应根据自己的情况，合理的确定 EVA 在企业业绩考核中的比重；第三，EVA 应建立在透明、公开、公正的平台上，企业业绩能够影响员工的收入激励，企业业绩越好收入激励越高。

参 考 文 献

[1] 毕孝贤,唐立强. 互联网企业品牌价值分析 [J]. 合作经济与科技, 2015 (20): 122-123.

[2] 蔡恩泽. 格兰仕再挥"价格屠刀" [N]. 上海证券报, 2012-12-27 (F12).

[3] 蔡瑞林,陈万明. 低成本创新驱动制造业高端化的路径研究 [J]. 科学学研究, 2014 (32): 384-391.

[4] 柴宋博. WL 公司战略成本管理研究 [D]. 广东财经大学, 2018.

[5] 陈博翔. 基于价值链的战略成本管理探讨 [D]. 江西财经大学, 2018.

[6] 陈国栋,陈圻. 低成本创新的形成与创新途径选择 [J]. 自然辩证法研究, 2013 (29): 36-41.

[7] 陈军君. 梁昭贤:格兰仕还不够大 [N]. 中国经济时报, 2015-07-24 (008).

[8] 陈莉. 从 300 亿元到 1000 亿元 格兰仕新发展战略启动 [J]. 电器, 2010 (5): 56-57.

[9] 陈明,乐涵,王金平等. 品牌延伸:基于产品组合理论的新解释 [J]. 品牌研究, 2017 (1): 33-36.

[10] 陈庞斌. 战略成本管理在 GKXS 公司中的应用研究 [D]. 厦门大学, 2018.

[11] 陈平,冷元红. 高科技企业创新问题比较研究——以苹果公司和三星公司为例 [J]. 技术经济与管理研究, 2012 (5): 50-54.

[12] 陈圻,任娟. 创新型低成本战略的科学研究纲领方法论基础 [J]. 科学学研究, 2013 (29): 349-358.

[13] 陈茜. 格兰仕 中国品牌的价值成长之路 [J]. 商学院, 2017 (12): 73.

[14] 陈思佳. 浅析多品牌战略的内部协同机制 [J]. 新经济, 2015 (2):

26-27.

[15] 陈晓梅,许海晏. 我国电商企业创业期及成长期的战略成本管理——以酒仙网为案例 [J]. 财会月刊,2017 (31):82-87.

[16] 陈志红. 品牌资产会计初探 [J]. 会计与经济研究,2001,15 (3):14-16.

[17] 仇婧. 基于市场细分理论的苹果手机在华营销策略研究 [D]. 大连海事大学,2015:27-32.

[18] 崔婧. 格兰仕逆袭 [J]. 中国经济和信息化,2012 (15):63.

[19] 代安娜,江夏缓缓,李珊珊. 格兰仕集团降低成本战略剖析 [J]. 中外企业家,2011 (6):30.

[20] 戴天婧,张茹,汤谷良. 财务战略驱动企业盈利模式——美国苹果公司轻资产模式案例研究 [J]. 会计研究,2012 (11):23-32.

[21] 单祥茹. 英特尔扩展加速卡产品组合,显著提高数据中心效率 [J]. 中国电子商情(基础电子),2018 (11):19-20.

[22] 邓特号,赵明元. 浅谈工业企业如何构建品牌驱动型的管理会计体系 [J]. 财务与会计,2014 (7):61-61.

[23] 丁晨. 中国智能手机市场后入者的产品策略——以小米、华为、联想手机为例 [J]. 品牌,2015 (8):6-7.

[24] 丁雪,张骁."互联网+"背景下我国低成本制造业转型的微观策略及路径:价值链视角 [J]. 学海,2017 (3):86-90.

[25] 董丹丹. 会计信息系统的内部控制分析 [J]. 财经与管理,2011 (17).

[26] 段凤明. 从格兰仕成长谈低价策略在市场竞争中的功能 [J]. 企业研究,2011 (22):5-6.

[27] 冯鹏程. 从中国制造到中国创造——基于格兰仕技术跨越模式的国际化案例分析 [J]. 科技管理研究,2012,32 (18):1-4+9.

[28] 傅蕾洁. 云南白药集团多元化经营失败的案例研究 [D]. 江西财经大学,2017:26-28.

[29] 高飞,李昂. 互联网时代用户行为与互联网产品的关系研究 [J]. 中国管理信息化,2017 (4):40-41.

[30] 高飞. 万亿美元市值后,苹果公司的下半场 [J]. 清华管理评论,

2018 (10): 20-23.

[31] 高锡荣, 邓飞, 高露. 迭代创新模式下互联网产品迭代改进点筛选研究——基于用户满意度体验 [J]. 科学与管理, 2018 (4): 29-41.

[32] 佚名. 格兰仕挥舞"标准"大棒 [J]. 当代经理人, 2010 (6): 53.

[33] 葛翔曦. 五粮液、茅台品牌战略的得失比较 [J]. 经济管理, 2008 (5): 85-89.

[34] 龚轶, 顾高翔, 刘昌新. 技术创新推动下中国产业结构进化 [J]. 科学学研究, 2013 (31): 1252-1259.

[35] 龚志文. 陶瓷企业成本领先与差异化战略融合实施 [J]. 财会通讯, 2016 (26): 70-72.

[36] 管一杰. 汽车玻璃制造工艺发展趋势 [J]. 玻璃, 2017 (11): 18-19.

[37] 郭朝先, 王宏霞. 中国制造业发展与"中国制造2025"规划 [J]. 经济研究参考, 2015 (31): 3-13.

[38] 郭育妮, 饶佳宁. 云南白药品牌差异化战略及对传统企业的启示 [J]. 现代商贸工业, 2017 (5): 58-61.

[39] 国家统计局. 中国工业统计年鉴 (2017) [M]. 北京: 中国统计出版社, 2017: 13-15.

[40] 韩慧林, 孙国辉. 品牌价值对上市公司股票价格的影响研究 [J]. 价格理论与实践, 2016 (1): 143-145.

[41] 洪荭, 黄丽, 廖联凯. 基于企业生命周期的成本战略研究——来自格兰仕的启示 [J]. 财会通讯, 2014 (7): 6-9.

[42] 洪悦. 基于管理会计视角的品牌国际化战略研究——以贵州茅台集团为例 [J]. 财会学习, 2018 (9): 102-104.

[43] 黄标. 从"制造"到"智造"的跨越 [N]. 中山日报, 2013-10-14 (008).

[44] 黄海峰. 华为万飚: MateBook发展不靠低价和机海战略 [J]. 通信世界, 2017 (16): 59.

[45] 黄辉, 段龙昉, 何莉. 小米手机低成本战略的分析及启示 [J]. 财会通讯, 2016 (32): 73-76.

[46] 黄群慧, 贺俊. 中国制造业的核心能力、功能定位与发展战略——兼

评《中国制造2025》[J]. 中国工业经济, 2015 (6): 5-17.

[47] 黄群慧, 余菁, 王涛. 培育世界一流企业: 国际经验与中国情境 [J]. 中国工业经济, 2017 (11): 5-25.

[48] 黄小莉. 中国智能手机行业的市场分析与研究——基于SCP范式 [J]. 现代商业, 2018 (27): 14-15.

[49] 黄鑫汉. 基于品牌经营的企业核心竞争力研究 [J]. 现代商业, 2017 (18): 102-103.

[50] 黄雨歆. 高新技术企业的战略成本管理研究 [D]. 广东财经大学, 2018.

[51] 贾涛. 从苹果手机产业链看制造业回流美国的现实性 [J]. 经济导刊, 2017 (7): 80-87.

[52] 姜红德. 格兰仕: "定制"电商 [J]. 中国信息化, 2014 (6): 40-41.

[53] 蒋玉石, 骆婕茹, 赵丽娟. 新常态下的中国白酒行业发展趋势及应对策略研究 [J]. 四川理工学院学报 (社会科学版), 2015 (6): 46-55.

[54] 颉玲君. 我国智能手机在拉美地区的市场战略优化研究 [D]. 广州: 广东外语外贸大学, 2017: 33-35.

[55] 鞠凌云. 战略单品: 打造单品, 抢占心智, 持续赢利 [M]. 北京: 电子工业出版社, 2015: 68-72.

[56] 凯纳营销策划集团. 云南白药牙膏: 210个亿的跨界崛起 [J]. 声屏世界·广告人, 2018 (5): 45-48.

[57] 36氪专访58同城 姚劲波、陈小华: 2年内没打算赚钱, "58到家"是一次自我革命, http: //36kr. com/p/217075. html.

[58] 兰毓敏. 我国互联网经济的盈利模式分析 [J]. 商场现代化, 2018 (13): 180-181.

[59] 郎朗. "价格屠夫"格兰仕又走回头路 [N]. 21世纪经济报道, 2012-12-06 (004).

[60] 雷斌. 苹果手机规模利润双丰收多元时代单产品战略面临挑战 [N]. 通信信息报, 2012-2-8 (B06).

[61] 李飞. 中华老字号品牌的生命周期研究 [J]. 北京工商大学学报 (社会科学版), 2015 (4): 28-34.

[62] 李光斗. 为何两面针失败了而云南白药成功了 [N]. 重庆商报,

2018-02-08 (012).

[63] 李蛟. 从 iPhone 谈苹果公司营销策略的创新与应用 [J]. 江苏商论, 2010 (11)：118-120.

[64] 李靖, 张云. 劳拉·里斯：格力的"新路"有两个更好选择 [J]. 中外管理, 2017 (1)：104-105.

[65] 李静思. ERP 环境下企业会计信息系统内部控制设计研究 [J]. 内部控制, 2012 (24).

[66] 李立志. 会计信息系统内部控制特点的演变 [J]. 经济经纬, 2002 (1).

[67] 李敏. 门户网站未来盈利模式 [J]. 财会通讯, 2014 (35)：62-63.

[68] 李明妍. 国酒茅台的品牌现状浅析 [J]. 经济视角, 2013 (2)：51-53.

[69] 李启庚, 余明阳. 品牌组合战略对子品牌/品类间溢出效应的影响研究 [J]. 软科学, 2012 (10)：71-75.

[70] 李伟民, 易建刚. 互联网企业的盈利模式研究 [J]. 现代经济信息, 2016 (5)：330.

[71] 李文渝. 关于互联网企业盈利模式研究 [J]. 中国集体经济, 2018 (20)：53-54.

[72] 李现宗, 刘阳, 周茹. 服务于高质量发展的战略成本管理实践——基于中航光电的案例分析 [J]. 财务与会计, 2019 (4)：24-27.

[73] 李晓梅. 基于价值链分析的格力电器公司发展战略选择 [J]. 经营与管理, 2017 (3)：19-22.

[74] 李雅清. 公司战略成本管理问题探讨 [D]. 江西财经大学, 2018.

[75] 李永建. 考虑顾客分享的免费增值模式中产品最优定价研究 [D]. 西南交通大学, 2017：11.

[76] 李舟. 腾讯公司的盈利模式研究 [D]. 上海外国语大学, 2014：11.

[77] 厉春雷. "龟甲万"的营销策略——一个 300 多年的日本酱油公司给中国老字号的启示（一）[J]. 现代营销（学苑版）, 2010 (11)：5-7.

[78] 厉春雷. 中华老字号创新发展的路径与模式——基于日本"龟甲万"的案例思考 [J]. 北方经济, 2010 (19)：74-76.

[79] 林然. 鲁泰 A：越南项目降低原料及劳动力成本 [J]. 股市动态分析, 2015 (1)：33-34.

［80］林若枫．格兰仕做"价格杀手"更要做出品牌［N］．财会信报，2012-12-10（A02）．

［81］林文娣．免费增值模式下 SaaS 云服务定价策略研究［D］．首都经济贸易大学，2017：10．

［82］林毅夫．新结构经济学——重构发展经济学的框架［J］．经济学（季刊），2011（1）：1-32．

［83］林政伟．国产手机集体强攻中高端市场，破低利魔咒亟待优化品牌［N］．通信信息报，2015-12-30（3）．

［84］刘春，周杭．会计信息系统的流程再造［J］．企业改革与管理，2013（1）．

［85］刘芳．对集团企业多元化经营财务风险的研究［J］．财经界（学术版），2016（4）：195．

［86］刘戈．基于微笑曲线的供应链成本控制研究——以苹果公司为例［J］．财政监督，2017（22）：99-105．

［87］刘慧坡．苹果手机品牌战略案例分析［J］．北方经贸，2018（8）：42-43．

［88］刘洁，张晞．基于价格免费模式的盈利机制研究［J］．企业管理，2015（6）：116-119．

［89］刘世锦．我国经济"低成本竞争"模式形成的背景和特征［J］．经济社会体制比较，2005（6）：5-8．

［90］刘伟年．品牌延伸效应探析［J］．湘潭师范学院学报（社会科学版），2006（2）：53-55．

［91］刘潇潇．电子商务环境下会计信息系统的内部控制［J］．管理探索，2005（3）．

［92］刘欣．浅议电子商务盈利模式理论与应用［J］．知识经济，2018（2）：72-73．

［93］刘旭阳．P 面粉公司战略成本管理优化研究［D］．西安理工大学，2019．

［94］刘义鹍，汪超．春秋航空三维战略成本管理探析［J］．财务与会计，2017（21）：36-37．

［95］龙泽政．格兰仕电器有限公司低成本发展战略研究［D］．华中科技

大学，2004.

[96] 卢宏亮，李桂华. 基于B2B2C视角的B2B品牌资产影响因素研究[J]. 当代财经，2014（6）：75-86.

[97] 卢泰宏，高辉. 品牌老化与品牌激活研究述评[J]. 外国经济与管理，2007（2）：17-23.

[98] 卢优莎. 基于品牌核心价值提升的卷烟品牌延伸发展策略研究[J]. 中国市场，2017（10）：192-194.

[99] 吕宏，李昌振. 会计信息化环境下企业内部控制优化研究[J]. 财会通讯，2013（7）.

[100] 吕峻. 如何解释资本结构的调整方式和速度——基于福耀玻璃的案例分析与讨论[J]. 北京工业大学学报（社会科学版），2016（5）：27-36.

[101] 罗芳，李红江. 我国劳动密集型产业升级的路径依赖与路径选择[J]. 当代经济管理，2013（35）：58-62.

[102] 毛蕴诗，欧阳桃花，等. 中国家电企业的竞争优势——格兰仕的案例研究[J]. 管理世界，2004（6）.

[103] 毛蕴诗，孙赛赛. 技术创新与产品替代：中国企业国际化进程研究——基于格力空调的案例研究[J]. 当代经济管理，2016（4）：12-20.

[104] 梅小兵，彭彬，周洋宇. 致密气勘探开发战略成本管理思路与途径[J]. 中国总会计师，2019（3）：67-68.

[105] 孟春雨，向刚，龚黎明. 云南白药绿色持续创新实现机制要素分析[J]. 全国商情经济理论研究，2006（8）：96-97.

[106] 孟小欣. 桑克模式在公司战略成本管理中的应用——以青岛啤酒股份有限公司为例[J]. 财会通讯，2019（5）：109-112.

[107] 米黎钟，陈婧. 免费增值模式的研究[J]. 中国集体经济，2012（18）：41-42.

[108] 倪志军. 产品组合策略分析与评价[J]. 全国流通经济，2017（36）：6-7.

[109] 宁越，于浩洋. 基于内部价值链的战略成本管理——以小米公司为例[J]. 管理会计研究，2019，2（2）：72-78，88.

[110] 牛占文，荆树伟. 基于精益生产的制造业企业管理创新模式探讨[J]. 天津大学学报（社会科学版），2014（16）：481-487.

[111] 欧阳昳兰. 简论O2O商业模式 [J]. 商业文化, 2015 (9).

[112] O2O平台模式与垂直模式谁更胜一筹? http://www.pintu360.com/article/5541d1f7460b589709828f90.html.

[113] 彭成京. 58能否到家? [J]. 商界 (评论), 2015 (1).

[114] 戚英华. 轻资产运营模式下的企业财务战略——以小米手机为例 [J]. 财会通讯, 2017 (8): 58-62.

[115] 钱丽娜. 格兰仕创新发展40年, 向世界一流品牌进发 [J]. 商学院, 2018 (11): 83-84.

[116] 钱颜文, 孙林岩. 对经营模式的分类研究 [J]. 科学学与科学技术管理, 2013 (9): 117-119.

[117] 曲云. 从价格普及到价值洗牌 格兰仕微波炉领衔产业升级 [J]. 家用电器, 2012 (10): 61.

[118] 任志成, 戴翔. 劳动力成本上升对出口企业转型升级的倒逼作用——基于中国工业企业数据的实证研究 [J]. 中国人口科学, 2015 (1): 48-58.

[119] 商务部, 国家发展和改革委员会, 教育部人力资源和社会保障部, 住房和城乡建设部, 文化部, 国务院国有资产监督管理委员会, 等. 关于促进老字号改革创新发展的指导意见 [N]. 中国工商报, 2017-02-09 (003).

[120] 邵景波, 许万有, 张君慧. 社会网络视角下品牌延伸对母品牌顾客资产驱动要素的影响研究——基于多重因素的调节作用 [J]. 中国软科学, 2017 (11): 126-136.

[121] 邵云飞, 李巍. 制造型企业的超集群学习模式——基于"东汽"和"格兰仕"的案例研究 [J]. 技术经济, 2011, 30 (11): 1-6.

[122] 沈玉良, 彭羽. 全球价值链视角下中国电子产品的技术复杂度提升了吗?: 以智能手机为例 [J]. 世界经济研究, 2018 (6): 23-35.

[123] 盛朝迅. 改革开放40年中国产业发展成就与方向前瞻 [J]. 中国发展观察, 2018 (22): 5-9.

[124] 盛晓白. "免费经济"的理论模式 [J]. 审计与经济研究, 2006 (6): 67-69.

[125] 宋林. 苹果手机营销渠道与营销策略研究 [J]. 现代商业, 2012 (29): 80-82.

[126] 宋巍, 顾国章. 关于我国制造业产业升级路径的考察 [J]. 商业时

代,2015(2):103-104.

[127] 宋献中,彭美龄,李四海. 基于全价值链的成本领先战略研究——格兰仕竞争之道 [J]. 中国注册会计师,2015(6):45-49.

[128] 孙德升,刘峰,陈志. 中国制造业转型升级与新微笑曲线理论 [J]. 科技进步与对策,2017(15):49-54.

[129] 孙凡,李爱琴. 企业战略管理的价值链分析——以格兰仕公司为例 [J]. 江苏第二师范学院学报,2018,34(04):46-50.

[130] 孙国辉,韩慧林. 品牌延伸效应的研究评述与展望 [J]. 中央财经大学学报,2014(9):73.

[131] 孙庆豪. 基于价值链的瑞东农牧战略成本管理研究 [D]. 山东师范大学,2019.

[132] 孙永杰. WinHEC 背后:微软免费增值模式的困惑和隐忧 [J]. 通信世界,2015(8):13.

[133] 唐彬,唐小明. 关于国际生产折衷理论发展的新思考及对我国对外直接投资的启示 [J]. 知识经济,2012(3):7-8.

[134] 唐宁艺. 企业经营模式由 B2B 向 O2O 转变后的战略成本管理分析 [D]. 吉林财经大学,2018.

[135] 唐婉露. 企业的战略成本管理研究 [D]. 深圳大学,2018.

[136] 唐瑄,郑晓娜. 考虑成本信息披露和消费者策略行为的创新产品定价研究 [J]. 管理学报,2017(10):1538-1545.

[137] 田晓川. 基于价值链的成长型中小企业战略成本管理 [J]. 财会通讯,2017(26):77-81.

[138] 田永. 汽车玻璃的发展趋势 [J]. 汽车工艺与材料,2013(1):55-61.

[139] 涂义飞. 品牌塑造:放弃机海成就机皇 [J]. 商学院,2013(6):72.

[140] 王成荣,王玉军. 老字号品牌价值评价模型 [J]. 管理评论,2014(6):98-106.

[141] 王春豪,张杰,马俊. 精益库存管理对企业绩效的影响研究——来自中国制造业上市公司的实证检验 [J]. 管理评论,2017(5):165-174.

[142] 王方.58 同城不再神奇,58 到家呢,2014.

[143] 王高. 顾客价值与企业竞争优势——以手机行业为例 [J]. 管理世界, 2004 (10): 105-106.

[144] 王华. 低成本循环经济发展模式的培育——基于中国的实践和经验 [J]. 会计论坛, 2011 (1): 57-63.

[145] 王继东, 杨蕙馨. 中国汽车制造业市场结构与绩效关系 [J]. 经济与管理研究, 2016 (4): 78-85.

[146] 王玲. 中国高端白酒品牌文化建设策略——以茅台酒为例 [J]. 对外经贸, 2014 (4): 116-117.

[147] 王茜. 中国制造业是否应向"微笑曲线"两端攀爬——基于与制造业传统强国的比较分析 [J]. 财贸经济, 2013 (8): 98-104.

[148] 王秋红. 产权性质、管理者能力与品牌价值——基于2009~2014年沪深A股制造业上市公司的经验证据 [J]. 财会月刊, 2016 (27): 8-14.

[149] 王水龙, 汪锦熙. 构建三维动态企业战略绩效评价模型研究 [J]. 经营与管理, 2017 (12): 62-65.

[150] 王文华, 刘霞, 王圆. 企业财务能力协同度研究——以格力电器为例 [J]. 财会月刊, 2015 (29): 47-51.

[151] 王熹. 品牌价值评估体系及其方法选择 [J]. 价格理论与实践, 2012 (3): 85-86.

[152] 王小春. 苹果、三星双头竞争下华为手机知识吸收与创新战略研究 [D]. 南宁: 广西大学, 2017: 10-14.

[153] 王阳. 家电企业国际化战略研究 [D]. 天津商业大学, 2014.

[154] 王瑶. 云南白药集团行业竞争力营销策略分析 [J]. 中国集体经济, 2018 (20): 60-61.

[155] 王玉燕, 林汉川, 吕臣. 全球价值链嵌入的技术进步效应——来自中国工业面板数据的经验研究 [J]. 中国工业经济, 2014 (20): 65-77.

[156] 王占锋. 两面针深陷"多元化"战车陷阱 [J]. 企业观察家, 2015 (9): 88-90.

[157] 王珍. 掘金微博 腾讯拓展盈利模式 [J]. 中国投资, 2011 (7): 104-106.

[158] 文捷. 从贴牌到创牌 格兰仕蝶变 [J]. 中国品牌, 2014 (8): 44-45.

[159] 文娟. 全球智能手机市场陷入疲态性能、价格仍成为消费者首选

[J]. 中国战略新兴产业, 2018 (37): 53-55.

[160] 吴汉东. 中国制造业发展与企业品牌战略实施 [J]. 山东经济战略研究, 2016 (Z2): 56-57.

[161] 项蔚. 从苹果公司的生态系统看产品设计发展新趋势 [J]. 企业经济, 2013 (1): 18-20.

[162] 谢冰, 吴革. 价值驱动的格力电器轻资产运营模式研究 [J]. 国际商务财会, 2016 (8): 23-31.

[163] 谢家引, 王佳. 互联网产品品牌延伸的影响因素分析 [J]. 天津科技, 2018 (10): 27-29.

[164] 谢晓敏. 互联网企业剩余价值分析——以新浪微博为例的实证研究 [J]. 河北金融, 2017 (3): 46-50.

[165] 邢予青, Neal Detert. 国际分工与美中贸易逆差: 以 iPhone 为例 [J]. 金融研究, 2011 (3): 198-206.

[166] 熊瑛. 基于桑克模式的战略成本管理分析——以昆明佳晓股份为例 [J]. 会计之友, 2019 (15): 17-22.

[167] 徐学军, 周武静, 叶飞. TQM、TPM 与准时制生产实施的关系及对绩效的影响 [J]. 工业工程与管理, 2012 (15): 68-74.

[168] 许晖, 邓伟升, 冯永春等. 品牌生态圈成长路径及其机理研究——云南白药 1999—2015 年纵向案例研究 [J]. 管理世界, 2017 (6): 122-138.

[169] 许金叶, 杨翌, 许玉琴. 基于企业战略的绩效评价体系研究——以 F 公司为例 [J]. 会计之友, 2018 (6): 95-100.

[170] 许立栋. 基于"互联网+中华老字号"发展探究 [D]. 青岛: 青岛理工大学, 2017: 15.

[171] 许庆瑞, 郑刚, 陈劲. 全面创新管理: 创新管理新范式初探 [J]. 管理学报, 2013 (3): 135-142.

[172] 许忠明. 精益六西格玛在福耀玻璃公司的应用 [D]. 上海: 华东理工大学, 2013: 20-45.

[173] 薛可, 余明阳. 品牌延伸: 资产价值转移与理论模型创建 [J]. 南开管理评论, 2003 (3): 54-60.

[174] 寻帆, 庄伟兵, 杜凯州等. 中国互联网产品付费模式的现实困境与制度建构 [J]. 品牌研究, 2018 (6): 297-298.

[175] 阎海燕,徐波.供应链管理环境中的制造柔性[J].特区经济,2016(6):373-374.

[176] 杨超,宋迪."跨界经营"使公司价值提升还是损毁?——基于云南白药"跨界经营"的案例分析[J].新会计,2014(5):31-32.

[177] 杨飞.中美制造业技术差距及其影响因素研究[J].世界经济研究,2017(8):122-134.

[178] 杨鸣,李颖.苹果手机与华为手机在华营销策略比较研究[J].企业技术开发,2018(4):30-34.

[179] 杨鑫.基于市场需求的产品线规划模式研究[J].全国流通经济,2018(11):4-5.

[180] 杨洋.云南白药通过资本运作增强核心竞争力的实证分析[J].昆明理工大学学报(社会科学版),2004(2):45-47.

[181] 杨瑛哲,黄光球.基于企业转型目标的产品组合策略选择模型[J].中国管理科学,2018(7):179-186.

[182] 仪秀琴,姚强强."双驱动"下战略成本管理研究综述[J].财会通讯,2018(1):27-31.

[183] 尤子心.手机市场结构和厂商竞争策略分析[J].现代经济信息,2018(12):332-333.

[184] 于春玲,李飞,薛镭,等.中国情境下成功品牌延伸影响因素的案例研究[J].管理世界,2012(6):147-162.

[185] 余建彤,徐维祥,楼杏丹."微笑曲线"和高技术产业发展[J].经济问题探索,2005(9):86-88.

[186] 袁胜军,刘蕙荟,王世超.品牌延伸绩效的实证研究[J].企业经济,2015(7):14-19.

[187] 曾繁华,杨馥华,侯晓东.创新驱动制造业转型升级演化路径研究——基于全球价值链治理视角[J].贵州社会科学,2016(11):113-120.

[188] 曾媛媛.品牌延伸绩效评价指标体系研究[D].武汉:武汉理工大学,2008:18-32.

[189] 张德鹏,陈晓雁,黄聪.iPhone与小米:不一样的饥饿营销[J].企业管理,2014(5):44-47.

[190] 张浩.基于投资者视角的资本品牌研究述评[J].品牌研究,2017

(3)：60-65.

[191] 张佳. 老字号新动能：新时代下的自我革命与创新使命 [J]. 中国品牌, 2017 (5)：44-50.

[192] 张良. 格兰仕：掌控价值链 [J]. 财经界, 2010 (8)：106-109.

[193] 张林茵. 福耀玻璃品牌营销 [D]. 暨南大学, 2017.

[194] 张若男, 赵嘉玉, 巫佳琪, 房明琦. 当下"区块链+数字版权"盈利模式分析 [J]. 企业研究, 2018 (12)：44-48.

[195] 张沙莎. 格兰仕再祭价格战大旗 [N]. 新金融观察, 2013-08-12 (020).

[196] 张秀丹. 后危机时代中小企业的生存与发展——福耀玻璃应对金融危机的启示 [J]. 中国证券期货, 2010 (9)：95-96.

[197] 张学斌. 价值网视角下O2O企业盈利模式解析 [J]. 财会通讯, 2018 (2)：61-64.

[198] 张永锋, 杨相和. 饥饿营销探析——从苹果公司系列产品的持续热销谈起 [J]. 中国商贸, 2012 (19)：85-86.

[199] 张卓. 劳动力成本上升对中国制造业出口值的影响——来自中国省级面板数据的实证研究 [D]. 南京：东南大学, 2015：24-25.

[200] 赵明. 与改革开放同行, 从追跑者到领跑者——访格兰仕集团董事长梁昭贤 [J]. 电器, 2019 (3)：50-52.

[201] 赵小芸. 企业生命周期与多元化发展战略——基于资源、能力和市场机会动态匹配的视角 [J]. 上海经济研究, 2008 (7)：90-94.

[202] 赵玉勇, 顾玉萍. 苹果公司品牌策略是电子商务企业营销最好启示 [J]. 信息与电脑, 2011 (5)：69-71.

[203] 哲元. 走改革之路, 兴百年白药——云南白药集团改革纪实 [J]. 中国防伪, 2013 (12)：50-53.

[204] 甄艺凯, 孙海鸣. "腾讯QQ"免费之谜——基于消费者搜寻的厂商定价理论视角 [J]. 中国工业经济, 2013 (2)：130-142.

[205] 郑玮. 格兰仕模式的经验及持续发展的战略选择研究 [D]. 华中科技大学, 2013.

[206] 郑星, 张荣齐. 中外强势老字号品牌比较研究 [J]. 山西财经大学学报, 2010 (S2)：166.

［207］"中国企业成功之道"云南白药案例研究组. 云南白药成功之道［M］. 北京：机械工业出版社，2013：12-24.

［208］周兵，钟廷勇，徐辉，任政亮. 企业战略、管理者预期与成本粘性——基于中国上市公司经验证据［J］. 会计研究，2016（7）：58-65.

［209］周琦萍，杨芳. 基于局部网络效应的数字信息产品竞争兼容策略研究［J］. 科技和产业，2017（6）：42-48.

［210］朱国超，刘凤军. 格力打造互联网渠道新格局［J］. 企业管理，2017（2）：68-70.

［211］宗计川. 刻板印象下的比较陷阱：产品捆绑策略实验研究［J］. 南开管理评论，2018（2）：210-218.

［212］左晓萌. 腾讯网的盈利模式及发展趋势［J］. 中国广播电视学刊，2010（7）：90-91.

［213］Allen R. S., M. M. Helms, and M. B. Takeda. Porter's Generic Strategies: An Exploratory Study of Their Use in Japan［J］. Journal of Business Strategies, 2007, 24（1）：69-89.

［214］Arnold M., S. J. Fink, and D. Grove. A Survey of Adaptive Optimization in Virtual Machines［J］. Proceedings of the IEEE, 2015, 92（2）：449-466.

［215］Auer R. The Globalization of Inflation: The Growing Importance of Global Value Chains［J］. CESifo Working Papers, 2017, 1（1）：39-48.

［216］Charles C., B. David, GU Huini. In China, Human Costs Are Built Into an iPad［N］. New York Times, 2012-1-26（1）.

［217］Claudio G., L. Joseph, L. P. Stefano. Red Queen Competitive Imitation in the U. K. Mobile Phone Industry［J］. Academy of Management Journal, 2017, 60（5）：1882-1885.

［218］Dess G. G., P. S. Davis. Porter's Generic Strategies as Determinants of Strategic Group Membership and Performance［J］. Academy of Management Journal, 1984, 27（3）：467-488.

［219］Dosi G. Technological Paradigms and Technological Trajectories: A Suggested Interpretation of the Determinants and Directions of Technical Change［J］. Research Policy, 1982, 11（3）：147-162.

［220］Dunning J. Toward an Eclectic Theory of International Production: Some

Empirical Tests [J]. Journal of International Business Studies, 1979, 11 (1): 9 - 31.

[221] Furlong C. Risk Management, Financial Evaluation and Funding for Wastewater and Storm Water Reuse Projects [J]. Journal of Environmental Management, 2017, 191 (1): 83 - 89.

[222] Gersick G. Time and Transition in Work Teams: Toward a New Model of Group Development [J]. Academy of Management Journal, 1988, 31 (1): 9 - 41.

[223] Goold M., A. Campbell. Corporate Level Strategy [M]. New York: New York Press, 1994: 183 - 201.

[224] Hambrick D. C., I. MacMillan, and D. L. Day. Strategic Attributes and Performance in the BCG Matrix: a PIMS-based Analysis of Industrial Product Businesses [J]. Academy of Management Journal, 1982, 21 (3): 510 - 521.

[225] Keller K. L.. Building Strong Brands in a Modern Marketing Communications Environment [J]. Journal of Marketing Communications, 2009, 15 (2 - 3): 139 - 155.

[226] Lane V., R. Jacobson. Stock Market Reactions to Brand Announcements: The Effects of Brand Attitude and Familiarity [J]. Journal of Marketing, 1995, 59 (1): 63 - 77.

[227] Laurent Tournois. Too Many Products? Reaching the Next Billion Customers of the Beauty Market [J]. Journal of Business Strategy, 2014, 35 (5): 3 - 13.

[228] Linder J., S. Cantrell. Five Business-model Myths That Hold Companies Back [J]. Strategy & Leadership, 2012, 3 (1): 61 - 92.

[229] Porter M. E. Competitive Strategy [M]. New York: Free Press, 1980: 40.

[230] Porter M. E. The Competitive Advantage of Nations [M]. New York: Free Press, 1990: 8 - 20.

[231] Prahalad K., G. Hamel. The Core Competence of the Corporation [J]. Harvard Business Review, 1990, 10 (1): 79 - 91.

[232] Rubio A., L. Marin. Innovation Management to Market Performance: The Effect of Consumer Identification in the Evaluation of Brand Extensions [J]. Procedia-Social and Behavioral Sciences, 2015, 181 (5): 269 - 275.

[233] Sayed A. Review of Six Sigma DMAIC Methodology [J]. International Journal of Advance Research in Engineering, 2016, 60 (1): 233-244.

[234] Tennant G. Six Sigma: SPC and TQM in Manufacturing and Services [M]. Oxford: Gower Publishing, 2001: 6.

[235] Tripat G., L. Jing. Convergence in the High-technology Consumer Markets: Not All Brands Gain Equally from Adding New Functionalities to Products [J]. Marketing Letters, 2009, 20 (1): 91-103.

[236] Verganti R. Design as Brokering of Languages: Innovation Strategies in Italian Firms [J]. Design Management Journal, 2013, 13 (3): 34-42.

[237] Verganti R. Design, Meanings, and Radical Innovation: a Meta Model and a Research Agenda [J]. Journal of Product Innovation Management, 2014, 25 (5): 436-456.

[238] Yamin S., F. Mavondo, and A. Gunasekaran. A Study of Competitive Strategy, Organizational Innovation and Organizational Performance among Australian Manufacturing Companies [J]. International Journal of Production Economics, 2005, 52 (1): 161-172.

[239] 吴玥瑭. 机皇战略向机海战略变革研究 [D]. 中南财经政法大学, 2019.

[240] 徐剑韬. 老字号企业多元化经营模式与效果评价 [D]. 中南财经政法大学, 2019.

[241] 吴翘楚. 互联网企业产品组合策略与盈利分析 [D]. 中南财经政法大学, 2019.

[242] 李艳红. 母子品牌战略的延伸效应研究 [D]. 中南财经政法大学, 2019.

[243] 向竞杰. 低成本经营新模式、路径与效果评价 [D]. 中南财经政法大学, 2018.